中文社会科学引文索引（CSSCI）来源集刊

珞珈管理评论

LUOJIA MANAGEMENT REVIEW

2017年卷 第3辑（总第22辑）

武汉大学经济与管理学院主办·

WUHAN UNIVERSITY PRESS
武汉大学出版社

图书在版编目(CIP)数据

珞珈管理评论.2017 年卷.第 3 辑:总第 22 辑/武汉大学经济与管理学院主办.—武汉:武汉大学出版社,2017.9
ISBN 978-7-307-19660-5

Ⅰ.珞… Ⅱ.武… Ⅲ.企业管理—文集 Ⅳ.F272-53

中国版本图书馆 CIP 数据核字(2017)第 216930 号

责任编辑:陈 红 责任校对:汪欣怡 版式设计:韩闻锦

出版发行:**武汉大学出版社** (430072 武昌 珞珈山)
(电子邮件:cbs22@ whu. edu. cn 网址:www. wdp. com. cn)
印刷:武汉中科兴业印务有限公司
开本:787×1092 1/16 印张:12.75 字数:301 千字
版次:2017 年 9 月第 1 版 2017 年 9 月第 1 次印刷
ISBN 978-7-307-19660-5 定价:28.00 元

目　录

CONTENTS

政府治理、董事会资本及其匹配
与企业投资效率*

● 许为宾[1]　周　建[2]　周莉莉[3]

(1，3　贵州大学管理学院　贵阳　550025；2　南开大学商学院　天津　300071)

【摘　要】文章检验中国地方政府治理差异如何改变企业董事会资本配置以及两者的匹配性对企业投资效率的影响是什么。研究发现：政府治理状况越差，企业对董事会社会资本的诉求越强烈，而这一影响在固定资产比例较高的企业中更显著；政府治理状况越好，企业对董事会人力资本的诉求越强烈，但这一影响并不依赖于企业的固定资产比例而发生变化；同时，就企业董事会资本配置与政府治理水平的匹配性问题而言，在政府治理水平较好的情况下，企业强化董事会人力资本建设有助于改善投资效率；在政府治理水平较差的情况下，企业则需要通过强化董事会社会资本建设来促进企业投资效率的提升。

【关键词】政府治理　董事会资本　投资效率

［中图分类号］F272.91，F271　　　［文献标志码］A

1. 引言

当前中国宏观经济发展的下行压力，使得微观企业投资效率问题的重要性再次凸显。而在中国"权力+市场"的转型体制中，企业投资效率的改善需要在两个方面有所突破：一是要提升作为决策主体的董事会在投资决策中的治理有效性(内治)；二是要积极应对外部的政府干预行为(外攘)。

中国企业在"内治"与"外攘"之间的投资决策及其经济后果，在很大程度上取决于其所处的制度环境。制度会影响企业的投资行为函数，在决定企业资本投资和配置的微观机

* 基金项目：国家自然科学基金面上项目"差异化组织治理、董事会战略决策权配置与企业战略决策有效性研究"(71672088)；贵州省科技厅软科学项目：贵州省"城市矿产"基地建设研究(黔科合 R 字(2014)2027)；贵州省教育厅高校人文社科研究基地项目：食品安全供应链研究(12JD019)；教育部人文社科重点研究基地重大项目：政府治理对我国企业董事会资本配置与战略决策机制的影响研究(15JJD630002)。

通讯作者：周建，E-mail：284934797@ qq. com。

1

制中发挥规范、激励和约束的作用(斯蒂格利茨,曹荣湘,2001)。而当前中国制度环境中最重要的变量之一是:构建国家治理体系。政府治理作为国家治理体系的重要组成部分,不可避免地会涉及政企之间的边界与行动规则问题。那么,摆在研究者面前的问题是:中国企业的公司治理变革如何适应政府治理情境的变化?它们的投资决策行为及其经济后果如何?

事实上,近年来,公司治理与企业投资决策问题的研究,虽然成果颇丰,但已有成果重点关注的是传统的两类代理问题,即股东与经理人之间的第一类代理问题,以及大小股东之间的第二类委托代理问题,而忽视了政企之间的代理问题。政府如何与企业内部人交互作用,进而影响企业投资行为的研究,尚未在现有研究中得到充分重视(Durnev,Fauver,2009)。而这一问题更进一步的延伸则是:企业董事会治理与投资效率关系问题的研究,没有考虑外部政府治理情境的嵌入性及其影响。在此背景下,本研究从企业自身对政府治理和董事会资本的内生反应入手,剖析政府治理、董事会资本与企业投资效率之间的关系。

2. 理论分析与研究假设

2.1 政府治理与企业董事会资本配置

2.1.1 政府治理与企业董事会社会资本

理论上,政府治理职能的有效发挥可以弥补市场机制存在的缺陷与不足,市场机制和政府治理相结合,才能更好实现社会资源的有效配置。但在现实经济生活中,政府组织并不总是运行良好和富有成效的。根据公共选择理论的观点,政治市场中的政府官员,同经济市场中的个体没有差异,都是具有利己动机的"理性经济人",而并不是以追求社会福利最大化为目标的"理性公共人"(Mueller,1989)。由追求个人利益最大化的官员组成的政府机构,自然会把个人偏好带入政府决策及政府行为过程中,从而使得政府运行出现低效率和浪费严重的现象。同时政府也并不总是代表公共利益,政府的政策倾向取决于官员之间,以及利益集团之间的利益冲突和协调。政府政策可能符合社会公共利益,也可能只代表少数人利益。因此,政府对经济活动的干预并不总是会取得预期效果,有时还会妨碍市场机制的正常运行,影响经济发展,带来一系列负面影响。对于企业来讲,当政府治理水平较低时,会引发如下问题:

一是政府治理水平较低,会导致规范市场经济运行的各种正式制度供给不足,并缺乏有效的执行机制。根据已有研究,企业与其他组织之间交易契约的顺利签订和执行,需要清晰可靠的法律保障。市场自身也可以发展一套解决纠纷与惩罚的机制,但这一机制的出现与维持,需要依靠一个社会的政治和司法制度。而政府作为最主要的公共制度供给者,需要为此提供稳定的秩序,并在该交易机制被违背时充当最后的执行机构的角色。地方政府治理水平是地方市场生态环境中的一个关键要素,政府行为在很大程度上影响市场交易机制的正常运行与功能发挥。当地方政府治理水平较低时,难以为市场交易合约的顺利签订与执行提供可靠的保障,从而会增加经济主体之间的交易成本。在此情境下,企业有动机通过董事会社会网络关系来缓解企业交易成本。

二是政府或者更准确地说，官僚机构及官员对企业利益的侵占，是转型经济国家发展过程中常见的社会现象。由于政府部门及其官员拥有资源分配或自由裁量的权力，这种权力便可能成为政府部门及其官员谋取私利的工具(Shleifer，Vishny，1994)。在政府治理水平较低的情况下，政府机构及官员为谋取私利，而滥用政府权力的行为出现的可能性更高。政府机构及官员会利用其所掌握的政治权力，通过立法保护、禁止性政策、行业管制、财税政策甚至索取贿赂等方式，来侵占企业利益或特殊照顾"部分"企业。当企业面对政府的侵占或帮扶时，作为一种理性选择，企业会构建社会网络关系来应对政府代理的负面效应(Tan，2007)。

因此，就公司治理而言，政府治理水平低下将导致企业难以依靠公共制度供给，构建起有效的外部治理机制。而根据North(1990)和Scott(1995)的研究，当正式制度缺乏时，非正式制度将会弥补正式制度的缺失，来约束行为主体的行为。那么，当政府难以提供有效的正式制度供给时，非正式制度将会替代正式制度发挥作用。在此情景下，企业的交易行为更多的是关系行为，而不是市场行为。

Xin和Pearce(1996)的研究表明，在正式制度缺失的情况下，企业会通过其社会资本来寻求非正式的制度性支持，以降低企业的经营风险和交易成本。Fukuyama(1999)的研究指出，社会资本的经济功能之一是降低交易成本。而中国正处于经济转型的重要时期，传统文化惯性和转型时期的制度环境，都会使中国企业更倾向于通过社会关系网络获取资源和政府支持(Peng，Luo，2000)。Danis(2010)和Ismail(2012)的研究均表明，在新兴经济体中，政府所提供的正式制度越不完善，企业越倾向于构建和利用自己的社会资本。而董事会作为企业的边界中介者之一，是企业与外界联系的重要行为主体。如前文所述，一方面，对外部社会而言，董事会是企业的最高管理层和象征，是企业与外部社会联系的纽带；另一方面，对企业内部而言，董事会成员的社会资本也能够为企业所用。因此，在政府治理水平较低的情况下，企业会通过强化董事会社会关系网络的形式，与其他商业组织和政府机构及其官员建立关系，以此获得企业发展所需的资源和政治庇护，降低外部环境不确定性给企业发展带来的风险。基于上述分析，我们提出如下假设：

H1：政府治理水平越低，企业对董事会社会资本的诉求越强烈。

2.1.2　政府治理与企业董事会人力资本

边燕杰和邱海雄(2000)的研究指出，在经济转型时期，企业需要通过非正式关系渠道来缓解体制间隙和漏洞所引发的问题，因此，企业社会资本的作用会越发重要；而随着市场经济的日渐成熟，企业社会资本的作用会相应减弱。依此类推，在政府治理水平较差的情况下，企业需要通过强化董事会社会资本建设来获得企业发展所需的资源和政治庇护。而随着政府治理的改善，政府能够为市场经济的规范运行提供良好的制度保障；能够为企业与其他组织之间交易契约的顺利签订和执行提供可靠的政治和司法保障，从而有利于市场交易机制的正常运行(陈晓红等，2012)。

同时，政府治理水平的改善，也有利于提高政府行政效率，规范政府机构及官员的资源分配和自由裁量权的行使，从而有助于减少政府机构及其官员利用行政权力，对企业进行侵害或提供特殊照顾的行为，降低企业所面临的政府代理成本。在此情况下，企业会相应地减少对社会关系网络的依赖性。在这种情况下，董事会社会资本发挥的作用越来越小，董事会人力资本则会产生越来越大的影响。事实上，进一步来看，董事会是否强化其人力资本配置，取决于制度环境对企业董事会人力资本配置的约束和激励（Bohren，Strom，2010）。

在政府治理水平较低时，企业可以通过强化董事会社会资本建设来降低交易成本和获取市场收益。在此情况下，即便企业董事会人力资本水平不高，企业仍旧可以通过董事会社会资本获得可观的收益。而在政府治理水平较高的情况下，经济发展的规范化程度越来越高，市场逐渐在资源配置中发挥主导作用，企业通过董事会社会资本获取收益的空间变小。

而外部市场竞争的压力，要求企业董事会提高其决策质量，提升企业的市场竞争力，这就在客观上要求企业必须配置高质量的董事会人力资本，低质量的董事会人力资本将被市场淘汰。那么在此情况下，外在的压力将会迫使企业强化其董事会人力资本配置。同时，在一个规范运作的市场经济环境中，每个企业都会通过各种方式使自己的董事会人力资本由效率较低的状态，转移到效率较高的状态。然而，假若外在的体制环境状态不理想，如个体流动受限、经理人市场的歧视与分割，那么企业优化董事会人力资本配置的成本就会比较高。

而政府治理水平的改善，则有助于上述体制环境的改善，从而能够缓解企业优化董事会人力资本配置的体制性困难。同时，良好的政府治理，能够为市场经济的规范运作提供诸如产权保护、法律保障等良好的制度供给（方军雄，2007），能够确保董事会人力资本的创造性成果收益的未来预期，从而能够保障和提高董事会人力资本配置的边际收益。那么，在此情况下，企业有动力强化董事会人力资本建设。基于上述分析，我们提出如下假设：

H2：政府治理水平越高，企业对董事会人力资本的诉求越强烈。

2.2 董事会资本与政府治理的匹配对企业投资效率的影响

权变理论认为企业组织是社会大系统中的一个开放型的子系统，企业组织必须根据其所处的环境，采取相应的组织管理措施，使组织保持对环境的最佳适应（Woodwards et al，1980）。因而，组织环境是组织形式的重要决定因素。战略管理的任务就是如何让组织更好地与环境相匹配（何铮等，2006）。而就董事会治理研究来看，企业的董事会资本配置是否适当并有效，可以从该董事会资本配置状况是否实现了企业与其所面对的组织权变因素之间的良好匹配（Fitor Alignment）来衡量。

Hillman 和 Dalziel（2003）在整合代理理论和资源依赖理论的基础上，提出董事会资本概念时指出，董事会资本与董事会治理能力之间存在清晰的关系，但对于董事会资本与外部环境及企业经济后果之间的关系，并未进行深入探究，而是潜在地认为无论在何种情况下，董事会人力资本和社会资本都有助于企业经济后果（本文研究主要聚焦于企业投资效率这一经济指标）的改善。一般来讲，尽管匹配有时可能是偶然或运气的结果，但对处于转型经济背景下的中国企业来讲，政府依然控制着市场资源的微观配置权，从而能够在一定程度上影响企业部门的生产经营活动（赵静，郝颖，2014）。因而，企业仍然需要根据外部政府治理情境的变化来调整董事会资本配置，使其成为企业重要而稀缺的组织资源。所以，企业董事会资本配置与政府治理情境密不可分。

而从研究现状来看，关于企业董事会资本与政府治理情境之间的匹配对企业投资效率影响的研究尚不多见。多数研究集中于探析企业社会资本与投资效率或其他经济绩效的关系，如何依赖于政府所提供的制度环境的问题。此类研究尽管与本研究并不直接相关，但其研究逻辑却可以为本研究提供间接证据。具体如下：

从已有相关研究来看，在法律和金融等正式制度不完善的地区，企业的社会资本更有利于提高企业投资效率。辛明磊和高勇强（2014）的研究表明，企业的政治关联等政治性资本有助于企业进行公司债融资，但这种影响会随着地区市场化程度的提高而降低。石军伟和付海燕（2010）的研究表明，在经济欠发达地区，企业更偏向于利用等级制社会资本获取市场权力，但在市场化程度较高的地区，等级制社会资本与企业经营效率显著负相关。陈倩倩和尹义华（2014）的研究证实，制度环境越差，企业越渴望加强其社会资本建设。同时，在制度环境较差的情况下，权力性社会资本对企业价值影响较大，而在制度不断完善的情况下，市场性社会资本的影响越来越大。

从上述经验证据可发现，不同的企业社会资本对企业经济后果（投资效率或经济绩效）的影响存在差异，而两者之间的关系又依赖于制度环境发生变化。我们以陈倩倩和尹以华（2014）的研究为例进行分析，可以得到这样的逻辑：在制度环境较差的情况下，企业在其社会资本配置中强化权力性社会资本，则有利于提升企业价值；在制度环境不断完善的情况下，企业在其社会资本配置中不断强化市场性社会资本，则有利于企业价值的提升。即企业需要根据外在环境变化，有选择地进行其社会资本配置，实现其与制度环境的匹配，从而有利于企业价值提升。

从上述研究逻辑中我们可以得到这样的启示：从本研究主题来看，一个企业如果能够在不同的政府治理情境下，有选择地强化董事会资本的不同配置，实现董事会资本与外部政府治理情境之间良好的匹配，将有利于企业董事会发挥其监督控制和资源供给职能，缓解公司代理成本和政府代理成本，获取信息和资源，降低企业所面对的外部环境的不确定性风险，最终提升企业投资效率。

从现有研究来看，当研究涉及两个变量之间的匹配并且以效率指标（如有效性、绩效等）作为测量标准时，才较多地采用中介或调节的方式。而调节/交互的观点较好地反映了一个隐含概念：等效性。"当从不同的最初状态出发，通过不同的方式实现最终状态的相同时，这一状况称之为等效性"（Katz, Kahn, 1978）。根据等效性的观点，不同的董事会资本配置都可能对企业投资效率产生积极影响。企业投资效率不仅依赖于企业董事会资本本身，更依赖于董事会资本配置的有效性。因此，企业在进行董事会资本建构以提升投资效率的过程中，应当具有相当程度的董事会资本配置选择性和灵活性。

基于以上分析，本文将匹配视为两个变量的共同作用，即两个变量的交互作用。也就是说，企业可以有针对性地进行董事会资本配置，而不同的政府治理情境对企业的董事会资本要求不同。鉴于中国当前的转型经济背景下，正式制度虽然日臻完善但依然欠缺，政府依然控制着市场资源的微观配置权，地方政府及其官员的行为，构成了企业外部治理环境的重要组成部分。我们预期在政府治理水平较低的地区，企业强化董事会社会资本配置，更有利于企业获取相关政策和资源性支持，缓解企业融资约束，增加企业的投资机会，提升企业投资效率。而在政府治理水平较高的地区，政府职能逐渐到位，对微观经济组织的干预性行为相对较少，市场能更好地发挥其对资源配置的基础性作用。而较高的市场化程度和竞争压力要求企业配置较高的人力资本。那么在此情况下，企业强化董事会人力资本建设，更有助于提高企业投资决策质量，提升企业投资效率。基于以上分析，本文提出如下假设：

H3a：政府治理较好的情况下，企业强化董事会人力资本配置能够改善企业投资效率。

H3b：政府治理较差的情况下，企业强化董事会社会资本配置能够改善企业投资效率。

3. 数据与模型

3.1 样本选择与数据来源

本文以 2010—2013 年沪深 A 股上市公司为样本。其中，自变量政府治理水平和董事会(社会/人力)资本的观测期间为 2010—2012 年，为了避免可能存在的内生性问题，以及考虑到企业投资决策对外部环境变化和董事会治理变化做出反应的滞后性，本文将企业投资效率指标滞后一期，观测期为 2011—2013 年。

样本经过以下处理程序：(1)考虑到 ST 企业财务处理的特殊性，对此类样本企业进行了删除；(2)考虑到金融类和公共事业类企业的特殊性，对此类样本企业进行了删除；(3)对数据严重缺失的样本企业进行了删除。最后，为消除异常值的影响，在进行实证分析前，对主要连续变量在 1%水平上进行了 Winsorize 处理，最后得到 3 年共计 2679 个观测值。

3.2 模型构建

根据理论分析，本文构建了如下 4 个回归模型对假设进行实证检验。具体如下：

模型 1：

$$BSC = a_0 + a_1 GGL + a_2 CONTROLS + CONTROL\_IND + CONTROL\_YEAR + \varepsilon_1 \tag{1}$$

模型 2：

$$BHC = b_0 + b_1 GGL + b_2 CONTROLS + CONTROL\_IND + CONTROL\_YEAR + \varepsilon_2 \tag{2}$$

模型 3：

$$INV = c_0 + c_1 BHC + c_2 GGL + c_3 BHC \times GGL + c_4 CONTROLS + CONTROL\_IND + CONTROL\_YEAR + \varepsilon_1 \tag{3}$$

模型 4：

$$INV = d_0 + d_1 BSC + d_2 GGL + d_3 BSC \times GGL + d_4 CONTROLS + CONTROL\_IND + CONTROL\_YEAR + \varepsilon_2 \tag{4}$$

3.3 变量定义

(1)投资效率(absInv)。关于投资效率的衡量,Richardson(2006)通过估算企业正常的资本投资水平,然后用模型残差的绝对值作为企业投资效率的代理变量,以考察公司的投资效率水平。姜付秀等(2009),李焰等(2011),詹雷、王瑶瑶(2013)等用该方法对企业投资行为进行了研究。本文借鉴 Richardson(2006),辛清泉等(2007)的研究构建模型计量企业的投资效率,我们以模型中的残差绝对值(absInv)表示公司投资效率。具体模型如下:

$$Inv_t = \beta_0 + \beta_1 Gro_{t-1} + \beta_2 Lev_{t-1} + \beta_3 Cfo_{t-1} + \beta_4 Roa_{t-1} + \beta_5 Siz_{t-1}$$
$$+ \beta_6 Inv_{t-1} + \beta_7 Age + \beta_i Ind + \beta_j Year + \varepsilon$$

在模型中,Inv_t 代表企业第 t 年的新增投资。Gro_{t-1} 为第 $t-1$ 年的主营业务收入增长率,代表企业成长能力。Lev_{t-1} 为第 $t-1$ 年的资产负债率,Cfo_{t-1} 为第 $t-1$ 年的经营活动现金流。Roa_{t-1} 为第 $t-1$ 年的资产收益率,代表企业的盈利能力。Siz_{t-1} 为企业上期资产规模。Inv_{t-1} 为企业上期新增投资,Age_{t-1} 为企业上市年龄,Ind 代表行业虚拟变量,$Year$ 为年度虚拟变量。我们以模型残差绝对值表示企业投资效率水平,该值越大,则投资效率越低。

(2)政府治理(GGL)。政府治理是指政府部门为了实现对社会资源的有效配置而制定的制度和行为总和。好的政府主要体现为:产权保护良好,公共服务廉洁高效,税负较低,对企业干预较少(La Porta.,1999)。根据上述认知,同时借鉴已有的对于政府治理的研究(如 La Porta.,1999;陈德球等,2012;周建,许为宾,2016),我们从《中国分省经营环境指数报告》中选取了政府行政管理、企业经营的法制环境和企业税费负担等三个方面的指标,构建综合测量指标来测度地方政府治理水平。具体方法是:

对各个地区的政府行政管理、企业经营的法制环境和企业税费负担等三方面的指标进行百分位排序,得到各个地区在每个指标中的相对百分位。然后求得各个地区在各指标中的相对百分位值并进行平均,就得到该地区政府治理水平的综合测量值,这个综合测量值在0与1之间,该数值越小,表示政府治理越好。为了保持该测量指标与企业投资效率经济意义的同向性,我们用1减去上述所求得的测量数值,再乘以10,这样我们便为每个地区赋予一个0与10之间的政府治理数值,这个数值越大则代表政府治理水平越好。

(3)董事会人力资本(BHC)。本文基于以往研究成果,结合本研究的主题,选取年龄异质性、受教育程度、职业背景、行业经验和团队异质性等五个方面的指标进行综合评价。具体测量方法如表1所示。

(4)董事会社会资本(BSC)。目前关于企业社会资本(社会关系)的测量都是基于 Peng 和 Luo(2000)的研究,从企业高管的商业关系和政治关系两个维度进行测量。本研究对企业高管的商业关系的测度主要采用关联董事数量和行业关联情况进行测量。其中,关联董事数量用董事会成员在外兼职(或担任连锁董事)的公司(包括科研机构和事务所合伙人)数量的平均值进行测量。行业关联情况的测度如下:首先,当董事在行业协会中任正职时赋值为2,任其他职位赋值为1。然后计算董事会成员在行业关联方面所获得的总分值为

表 1   董事会人力资本测度

指标类型	指标名称	测 量 方 式
董事会人力资本	年龄异质性	利用董事会成员年龄之间的标准差系数进行计算：董事会成员年龄的标准差/年龄均值
	受教育程度	以董事会成员学历的算术平均值代表董事会人力资本中的受教育程度
	职业背景	采用董事会中具有法律背景、会计背景或其他专业类型高级职称的董事占全体董事会成员的比例进行测量
	行业经验	采用董事会成员中曾经或现在担任同行业董事或高管的董事占全体董事会成员的比例进行测量
	团队异质性	采用董事会成员专业背景的异质性程度对董事会人力资本的团队异质性进行测度

注：董事会人力资本综合指标的测量方法为，对上述董事会人力资本不同属性指标的原始数据进行标准化处理，构建无量纲化的纯数值，从而有利于不同量级或数量单位的指标进行比较。本研究通过将董事会人力资本中年龄异质性、受教育程度、专业背景、行业经验和团队异质性等五个指标进行标准化后计算算术平均值，得到董事会人力资本综合指标数值。

董事行业关联的最终得分。本文对企业政治关系的测度如下：首先，将董事会成员在政治关联方面的情况分为两类：一类是曾经担任人大代表或政协委员；另一类是曾经担任行政领导。首先，将公司董事现任或曾经担任人大代表或政协委员的得分，分为国家级、省级和其他级别三级，赋值为3、2、1。其次，公司董事现任或曾经担任行政领导的得分，分为省部级以上、省部级和其他级别三级，赋值为3、2、1；然后分别计算公司董事在政治性社会资本项目上所获得的总分值。

在上文基础上，本研究对上述董事会社会资本不同属性指标的原始数据进行了标准化处理，构建无量纲化的纯数值，从而有利于不同量级或数量单位的指标进行比较。最后，本文通过将上述各指标分别进行标准化后计算算术平均值，得到董事会社会资本综合指标的数值。

（5）控制变量。参考已有研究，本文的控制变量主要包括：公司规模（SIZE），采用企业总资产的自然对数进行测量。财务杠杆（LEV），采用企业资产负债率进行测度。CEO权力（CEOP）主要用于测度CEO对企业的控制程度，该变量是一个综合变量，根据已有研究我们选择CEO任期（用CEO任职年限测量）、领导权结构（若董事长和总经理两职合一，记为1，否则为0）、CEO所有权（用CEO持股比例测量）等三个指标，参考Haynes和Hillman（2010）的处理方式，我们对上述三个指标的测量数据进行标准化处理，然后计算其算术平均值为 CEO 权力得分。高管持股比例(ESH)采用高层管理者中持股高管的持股比例之和进行测度。机构持股比例(INST),采用机构投资者持股比例之和进行测度;股权集中度(PFIVES)采用赫芬达尔指数进行测量,取值为公司前五位大股东持股比例的平方和;此外,本文还控制了行业效应(IND)和年度效应(YEAR),其中,行业类别采用 CSRC 行业分类标准,制造业取 2 位行业代码,其他行业取 1 位。

4. 回归结果与分析

4.1 描述性统计与相关分析

表 2 给出了样本公司在 2010—2013 年主要变量的描述性统计结果。企业投资效率(INV)的最小值为 1.270、最大值为 6.905、平均值为 3.651、标准差为 1.148,这说明不同企业的投资效率存在一定的差异。全样本上市公司所在地区的政府治理水平(GGL)的最小值为 0.555、最大值为 9.666、均值为 5.943、标准差为 1.881,这表明不同地区的政府治理水平存在一定的差异。全体样本上市公司的董事会人力资本(BHC)和社会资本(BSC)最小值分别为-0.835 和-0.985、最大值分别为 2.804 和 1.955、均值分别为 0.679 和 0.959、标准差分别为 0.681 和 0.585,这表明样本企业的董事会社会资本和董事会人力资本两方面均存在较大差异。高管持股(ESH)的平均值和标准差分别为 0.059 和 0.133,这说明上市公司管理者持股比例比较有限,这与于东智和谷立日(2001)、胡铭(2003)的研究结论一致。其余变量的描述性统计结果见表 2。

表 2   **主要变量的描述性统计**

变量	最小值	最大值	平均值	标准差
INV	1.270	6.905	3.651	1.148
GGL	0.555	9.666	5.943	1.881
BHC	−0.835	2.804	0.679	0.681
BSC	−0.985	1.955	0.959	0.585
SIZE	19.875	25.521	21.850	1.195
LEV	0.028	0.832	0.423	0.218
CEOP	−2.078	1.872	−0.038	0.062
ESH	0.000	0.630	0.059	0.133
INST	0.000	0.721	0.177	0.172
PFIVES	0.012	0.612	0.178	0.122
SOE	0	1	0.430	0.496

从主要变量的 Pearson 相关系数来看,各变量之间的两两相关系数绝对值均小于 0.4

（最大值为 0.361），表明各变量之间相互影响的重叠程度不高，初步表明不存在多重共线性问题。因此，适合进行进一步的多元统计回归分析（限于篇幅，未给出 Pearson 相关分析表，欢迎索取）。

4.2 政府治理水平与企业董事会社会资本关系的检验

本文采用最小二乘法（OLS）对模型 1~4 进行检验，其中模型 1 用于验证政府治理水平（GGL）与企业董事会社会资本（BSC）之间的关系，检验结果如表 3 所示。在表 3 中，根据第（1）列的检验结果可知，自变量政府治理水平（GGL）的系数在 1‰ 的显著性水平上显著为负，估值系数为-0.236。这表明政府治理水平与企业董事会社会资本配置存在负向的

表3   政府治理水平与董事会社会资本关系

变量	BSC						
	总样本 （1）		固定资产比例 较低样本组（2）		固定资产比例 较高样本组（3）		分组系数 差异（4）
	系数	VIF	系数	VIF	系数	VIF	F 检验
Constant	7.969*** （5.365）	—	5.051** （3.249）	—	7.978*** （4.224）	—	
GGL	-0.236*** （-4.031）	1.091	-0.192* （-2.489）	1.095	-0.296*** （-3.514）	1.134	
SIZE	-0.268* （-2.137）	1.979	-0.122 （-0.717）	1.966	-0.422* （-2.164）	2.155	
LEV	2.005*** （4.586）	1.651	3.932*** （5.104）	1.801	3.587*** （4.412）	1.489	
CEOP	0.404+ （1.769）	1.993	0.171 （0.579）	2.268	0.760* （2.070）	1.588	
ESH	-1.010 （-0.950）	2.148	0.151 （0.118）	2.502	-3.297* （-2.030）	1.600	2.596* （p=0.047）
INST	2.302*** （3.573）	1.083	2.450** （2.922）	1.138	2.160* （2.103）	1.082	
PFIVES	1.692+ （1.816）	1.161	2.202+ （1.817）	1.154	-0.041 （-0.0270）	1.305	
SOE	-1.871*** （-4.301）	1.423	-2.028*** （-5.034）	1.389	-1.787*** （-4.368）	1.463	
IND/YEAR	控制		控制		控制		
F 值	17.045***		14.370***		14.639***		
Adj-R^2	0.263		0.261		0.287		

注：+、*、**、***分别表示相应系数的显著性水平为：$p<0.10$、$p<0.05$、$p<0.01$、$p<0.001$（双尾），括号中为 t 值。

相关关系。即政府治理水平越差,企业董事会社会资本配置水平越高。这也在一定程度上反映出,随着政府治理水平的降低,企业对董事会社会资本的诉求更加强烈。检验结果支持了本文的研究假设1。

为了更清楚地理解政府治理水平对企业董事会社会资本配置的影响,本文进一步进行分样本检验。从已有研究文献来看,面对政府部门及其官员的侵害行为,企业隐匿和转移固定资产比隐匿和转移无形资产更困难。同时,企业固定资产又经常是政府进行课税和摊派的主要标准(聂辉华等,2014)。这也就意味着,固定资产比例比较高的企业对政府治理状况更敏感。在此情况下,固定资产比例不同的企业对董事会社会资本的渴求程度,可能会存在差异。因此,我们根据样本企业固定资产比例(固定资产净值除以总资产)均值,将样本企业分为固定资产比例较高和较低两个样本组进行检验。

表3中第(2)列和第(3)列为分组检验结果。我们发现,在固定资产比例较低的样本组,政府治理水平(GGL)的系数在5%的显著性水平上显著为负,估值系数为-0.192。在固定资产比例较高的样本组,政府治理水平(GGL)的系数在1‰的显著性水平上显著为负,估值系数为-0.296。政府治理水平(GGL)的系数在两个子样本之间的差异为0.104,进一步的 F 检验发现,政府治理水平(GGL)系数的这一差异在5%的显著性水平上显著。上述检验结果表明,相对于固定资产比例较低的企业,政府治理水平变化对企业董事会社会资本配置的影响,在固定资产比例较高的企业中更显著。这也反映出固定资产比例较高的企业对政府治理状况的变化更敏感。

4.3 政府治理水平与董事会人力资本关系的检验

表4是模型2的检验结果,以验证政府治理水平(GGL)与企业董事会人力资本(BHC)之间的关系。在表4中,根据第(5)列的检验结果可知,自变量政府治理水平(GGL)的系数在1‰的显著性水平上显著为正,估值系数为0.247。这表明政府治理水平与企业董事会人力资本配置存在正向的相关关系。即政府治理水平越高,企业董事会社会资本配置水平越高。这也在一定程度上反映出,随着政府治理水平的提高,企业对董事会人力资本的诉求更加强烈。检验结果支持了假设2。

同上文一样,根据企业固定资产比例均值,将样本企业分为固定资产比例较高和较低两个样本组进行分组检验。表4中第(6)、(7)列为分组检验结果。结果表明:在固定资产比例较低的样本组,政府治理水平(GGL)的系数在5%的显著性水平上显著为正,估值系数为-0.224。在固定资产比例较高的样本组,政府治理水平(GGL)的系数在1%的显著性水平上显著为正,估值系数为0.290。政府治理水平(GGL)的系数在两个子样本之间的差异为0.066,进一步的 F 检验发现,政府治理水平(GGL)系数的这一差异并不具有统计意义上的显著性。

表4 政府治理水平与董事会人力资本关系

变量	BHC						
	总样本(5)		固定资产比例较低样本组(6)		固定资产比例较高样本组(7)		分组系数差异(8)
	系数	VIF	系数	VIF	系数	VIF	F 检验
Constant	−6.191*** (−3.968)	—	−6.572*** (−4.371)	—	−4.147 (−0.760)	—	
GGL	0.247*** (3.468)	1.091	0.224* (2.215)	1.095	0.290** (2.866)	1.134	
SIZE	0.789*** (5.161)	1.979	1.016*** (4.553)	1.966	0.433* (2.022)	2.155	
LEV	−2.932*** (−3.958)	1.651	−3.139** (−3.105)	1.801	−1.918+ (−1.680)	1.489	
CEOP	−0.090 (−0.323)	1.993	−0.008 (−0.021)	2.268	−0.096 (−0.238)	1.588	
ESH	−2.077 (−1.604)	2.148	−2.057 (−1.229)	2.502	−2.148 (−0.924)	1.600	0.622 ($p=0.512$)
INST	1.283 (1.635)	1.083	1.508 (1.370)	1.138	0.982 (0.870)	1.082	
PFIVES	2.858* (2.519)	1.161	1.086 (0.682)	1.154	3.620*** (3.364)	1.305	
SOE	−0.841** (2.694)	1.423	−0.699 (−1.582)	1.389	−1.002 (−2.230)	1.463	
IND/YEAR	控制		控制		控制		
F 值	17.843***		14.413***		15.098***		
Adj-R^2	0.271		0.261		0.297		

注: +、*、**、***分别表示相应系数的显著性水平为: $p<0.10$、$p<0.05$、$p<0.01$、$p<0.001$(双尾),括号中为 t 值。

4.4 董事会资本与政府治理匹配性的影响检验

本文采用模型3,检验政府治理水平、董事会人力资本和企业投资效率之间的关系;采用模型4,检验政府治理水平、董事会社会资本和企业投资效率之间的关系。表5显示,根据第(9)列的检验结果可知,董事会人力资本(BHC)的系数估计值为0.107,政府治理水平(GGL)的系数估计值为 0.010，而交互项 BHC×GGL 的系数在 10% 的水平上显著为正。同时，从图 1 看，将政府治理水平(以均值为区分标准)分为较好和较差两组时，发现董事会人力资本与企业投资效率之间的关系受到政府治理水平的影响，两者在方向上没有明显变化，但其关系强度存在差异。在政府治理较好的地区，企业投资效率对董事会人力资本变动更敏感，较高的董事会人力资本水平能够改善企业投资效率。这也意味着，在政府治理水平较好的地区，企业加强董事会人力资本建设，更有助于提升其投资效率。研究结果支持了本文的研究假设 H3a。

根据表 5 中第(10)列的数据检验结果可知，董事会社会资本(BSC)的系数估计值为 0.095，政府治理水平(GGL)的系数估计值为 0.012，而交互项 BSC×GGL 的系数在 5% 的显著性水平上显著为负。同时，从图 2 来看，将政府治理水平(以均值为区分标准)分为较好和较差两组时，发现董事会社会资本与企业投资效率之间的关系受到政府治理水平的影响，两者在方向上没有明显变化，但其关系强度存在差异。在政府治理较差的地区，企业投资效率对董事会社会资本变动更敏感，较高的董事会社会资本水平能够改善企业的投资效率。这也就意味着，在政府治理水平较差的地区，企业加强董事会社会资本建设，更有助于提升其投资效率。研究结果支持了本文的研究假设 H3b。

表 5　　　　　　　　　　　董事会资本与政府治理水平的匹配性检验

变量	列(9)	列(10)
Constant	2.098**(2.766)	1.472^{+}(1.938)
BHC	0.107*(2.358)	
BSC		0.095^{+}(1.891)
GGL	0.010^{+}(1.763)	0.012*(2.225)
BHC×GGL	0.106^{+}(1.803)	
BSC×GGL		−0.190*(−2.395)
SIZE	0.120***(4.412)	0.136***(4.709)
LEV	0.142(1.045)	0.068(0.502)
CEOP	0.075(1.092)	0.063(0.917)
ESH	−0.168(−0.574)	−0.192(−0.655)
INST	−0.261(1.901)	−0.291*(−2.109)
PFIVES	−0.353^{+}(−1.751)	−0.318(−1.576)
SOE	0.018(0.322)	0.033(0.581)
IND/ YEAR	控制	控制
F 值	7.793***	7.463***
Adj-R^2	0.196	0.192

注：+、*、**、***分别表示相应系数的显著性水平为：$p<0.10$、$p<0.05$、$p<0.01$、$p<0.001$(双尾)，括号中为 t 值。

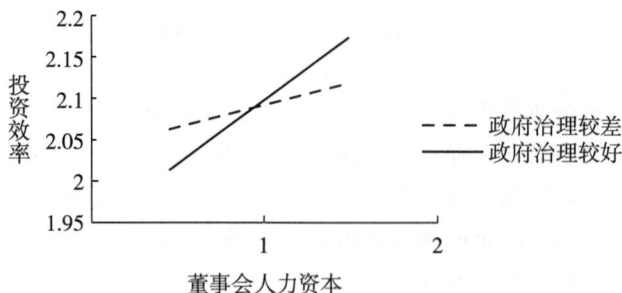

图 1　董事会人力资本与政府治理水平的匹配

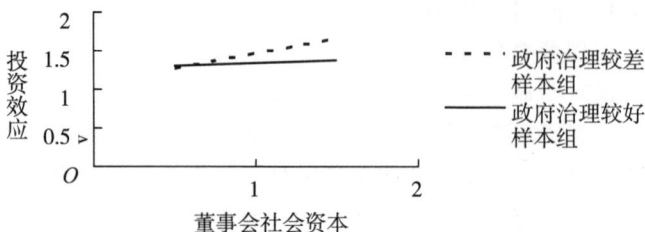

图 2　董事会社会资本与政府治理水平的匹配

4.5　稳健性检验

为了保证研究结论的稳定性和可靠性，我们做了如下敏感性检验：一是企业投资效率计算模型中的企业成长性指标，由营业收入增长率改为托宾 Q 测量。二是将董事会资本各指标改为标准化处理后的算术平均值进行测量。我们对模型进行了重新检验，总体上，稳健性检验结果与本文结论无实质性差异。

5. 研究结论与启示

5.1　研究结论

地方政府治理情况会对企业的治理行为以及投资决策后果产生重要影响。地方政府治理状况较好，能够为企业发展提供较好的市场环境和政治保障，也有助于缓解企业投资决策过程中所面临的融资约束和政策风险。这将促使企业更加注重强化董事会人力资本建设，并以此为基础，提高企业投资决策质量，改善投资效率。而在地方政府治理状况较差的情况下，企业会更加重视社会资本的影响效应，并通过强化董事会社会资本建设，以此为基础，通过非市场化方式来改善企业投资效率。这一结论在一定程度上意味着，在中国"权力+市场"的转型体制中企业在"内治"和"外攘"之间的投资决策行为及其经济后果，内生于地方政府提供的公共治理环境。因此，改善地方政府治理水平，为企业发展提供更好的制度保障，是未来影响中国企业进行公司治理改革的关键。

5.2 研究启示

结合相关文献研究和本文的研究结果，我们提出如下建议。

（1）对政府治理的建议。一是积极促进地方政府转变思想观念，加快由传统的政府统治职能向现代政府治理职能的转变，为企业发展提供良好的市场生态环境和外部治理机制。事实上，中国政治改革与经济改革不同步的特点，使得中国企业在发展过程中所面临的制度性约束，依然是学术界和实务界关注的焦点。伴随着国家治理能力现代化进程的加快，地方政府也需要对自身在公共治理方面所扮演的角色进行重新定位。作为公共资源的主要供给者和分配者，地方政府需要用一种更加创新的思维方式进行公共治理，为企业正常生产经营行为保驾护航。二是进一步规范和限制地方政府对企业经营的行政干预行为。当地方政府对企业经营的干预较为严重，企业产权及其他利益难以得到有效保护时，企业将会为了保护自身利益不受侵害或获得市场准入身份，抢抓市场机遇或为了获得政府相关扶持，而"被迫"进行寻租牟利行为。部分官僚机构及官员也将有更多的机会进行"权力寻租"。这将严重影响企业通过市场化方式获取资源，通过加强内部管理、进行创新投入等方式谋求发展的积极性，也会进一步恶化政府的腐败状况，并由此形成恶性循环。

（2）对企业董事会治理的建议。企业董事会建设过程中，应当充分重视董事会成员的优化配置问题。通过对样本企业的董事会特征分析，发现当前上市公司更为重视董事会结构的合规性。而事实上，董事会结构的合规性并不能保证董事会治理职能的有效发挥。依据不同的制度环境，科学合理配置董事会资本，才能使得董事会治理职能得到有效发挥，进而有利于改善企业投资效率。而本文结果表明，在不同的政府治理状况下，企业不同的董事会资本配置会导致差异化的投资效率。因此，在董事会组建过程中，既要适应公司治理法则的基本要求，更要注意在不同的公共治理情境下，选择具有较高学历和专业技术经验，或不同于现有董事职业背景和社会关系的人进入公司董事会，以提高董事会决策的科学性，改善企业投资效率。

◎ 参考文献

[1] 边燕杰，丘海雄. 企业的社会资本及其功效[J]. 中国社会科学，2000(2).

[2] 陈德球，李思飞，钟昀珈. 政府质量、投资与资本配置效率[J]. 世界经济，2012(3).

[3] 陈倩倩，尹义华. 民营企业、制度环境与社会资本——来自上市家族企业的经验证据[J]. 财经研究，2014(11).

[4] 陈晓红等. 财务冗余、制度环境与中小企业研发投资[J]. 科学学研究，2012(10).

[5] 方军雄. 所有制、政府治理与资本配置效率[J]. 管理世界，2007(11).

[6] 何铮，谭劲松，陆园园. 组织环境与组织战略关系的文献综述及最新研究动态[J]. 管理世界，2006(11).

[7] 斯蒂格利茨，曹荣湘. 市场社会主义与新古典经济学[J]. 马克思主义与现实，2001(3).

[8] 石军伟，付海艳. 企业的异质性社会资本及其嵌入风险——基于中国经济转型情境的

实证研究[J]. 中国工业经济, 2010(11).

[9]辛明磊, 高勇强. 政治关系、市场化程度与公司债融资——来自我国上市公司的经验证据[J]. 经济管理, 2014(7).

[10]赵静, 郝颖. 政府干预, 产权特征与企业投资效率[J]. 科研管理, 2014(5).

[11]周建, 许为宾. 政府治理影响民营企业生产率的机制: 市场效应还是代理成本效应 [J]. 经济理论与经济管理, 2016(1).

[12] Bohren, O., Strom, R. O. Governance and politics: Regulating independence and diversity in the board room [J]. *Journal of Business Finance & Accounting*, 2010 (9).

[13] Durnev, A., Fauver, L. Stealing from thieves: Firm governance and performance when states are predatory [J]. *McGill University Working Paper*, 2009.

[14] Haynes, K. T., Hillman, A. The effect of board capital and CEO power on strategic change [J]. *Strategic Management Journal*, 2010(11).

[15] Hillman, A. J., Dalziel, T. Boards of directors and firm performance: Integrating agency and resource dependence perspectives [J]. *Academy of Management Review*, 2003 (3).

[16] Katz, D., Kahn, R. L. *The social psychology of organizations* [M]. New York, NY: Wiley, 1978.

[17] La Porta, R., Lopez-De-Silanes, F., Shleifer, A., et al. The quality of government [J]. *Journal of Law, Economics, and Organization*, 1999 (1).

[18] Mueller, D. C. Individualism, Contractarianism and morality [J]. *Social Justice Research*, 1989(1).

[19] Peng, M. W., Luo, Y. Managerial ties and firm performance in a transition economy: The nature of a micro-macro link [J]. *Academy of Management Journal*, 2000(3).

[20] Shleifer, A., Vishny, R. W. Politicians and firms [J]. *Quarterly Journal of Economics*, 1994(4).

[21] Stulz, R. The limits of financial globalization [J]. *Journal of Finance*, 2005 (4).

[22] Tan, J., Li, S., Xia, J. When iron fist, Visible hand, and invisible hand meet: Firm-level effects of varying institutional environments in China [J]. *Journal of Business Research*, 2007 (7).

[23] Woodward, J., Dawson, S., Wedderburn, D. *Industrial organization: Theory and practice* [M]. Oxford: Oxford University Press, 1980.

Enterprises' Investment Efficiency Implications of Aligning Government Governance with Board Capital

Xu Weibin[1]　Zhou Jian[2]　Zhou Lili[3]

(1, 3　Management School of Guizhou University, Guiyang, 550025;

2　Business School of NanKai University, Tianjin, 300071)

Abstract: This paper examines how the governance differences between Chinese local government can change the capital allocation of corporate board capital. And what is the effect of the matching between the two on the investment efficiency of the enterprise? The study found: firstly, the results show that in certain conditions, the level of government governance and the social capital of corporate boards were significantly negatively correlated. The impact is more significant in the enterprises which have a higher proportion of fixed assets. The level of government governance and the human capital of corporate boards were significantly positive correlated. Meanwhile, the study also found that when the government governance is better, enterprises strengthen the construction of human capital of board of directors can help improve the efficiency of investment, and when the government governance is poor, companies can improve the efficiency of investment by strengthening the construction of social capital of board of directors.

Key words: Government governance; Board capital; Investment efficiency

专业主编：陈立敏

公司风险投资与新创企业创新绩效：
决策环境的约束机制[*]

● 汪 丽

（南京大学商学院　南京　210093）

【摘　要】公司风险投资相关研究发现，公司风险投资机构因为能够向被投资企业提供互补性资产而可能更有利于被投资企业的创新绩效。但作为投资人身份进入被投资企业的风险投资者对企业风险决策的影响一定受到决策环境的约束。本研究以中国非金融类上市公司投资事件为样本，考察被投资企业所处的行业环境及其内部治理环境对公司风险投资的影响。研究发现，公司风险投资对被投资企业的创新绩效的积极作用受到不同程度的约束。研究结论填补了风险投资领域关于研究视角和约束机制的空白，同时也对以创新为导向的新创企业融资安排具有重要的启示意义。

【关键词】公司风险投资　互补性资产　创新绩效　治理环境

［中图分类号］F592　　　［文献标识码］A

1. 引言

技术创新具有投入大、周期长、风险高等明显特征，需要长期性地投入大量的人、财、物资源来支撑。与成熟企业不同，新创企业的天生劣势和外部环境的约束使其在技术创新过程中承担了很大的风险（Acs，Audretsch，1988）。新创企业纯粹依靠自身的知识和技术积累进行技术研发的模式根本无法适应当前动荡的环境，因此企业必须充分利用内部和外部的有利资源以提升自身的技术创新能力和核心竞争力（陈闯，刘天宇，2012）。

风险投资为新创企业带来财务资源的同时，也为其带来了各种不同的非财务资源，如渠道、知识、信息、经验等（Dushnitsky，2009）。独立风险投资更多提供资金上的支持，虽然某种程度上有效地缓解了新创企业的融资困境，对其技术创新有一定的推动作用（沈

---

* 本文受到教育部人文社科项目：创业者信念结构对创业企业风险承担的影响机理（编号：17YJA630095）；国家自然科学基金"创业团队社会网络和团队动态机制对创新绩效的影响：基于创业演化阶段的纵向研究"（编号：71272096）的资助。

通讯作者：汪丽，E-mail：lwang@ nju. edu. cn。

丽萍，2015，Colombo，Murtinu，2016），但是新创企业的技术创新不仅需要财务上的支持，技术、知识、经验等非财务资源的支持也非常重要，因而近年来新创企业开始意识到公司风险投资的重要性（And 2008，Katila，Rosenberger 等，2008）。因为它不仅提供资金上的支持，更能为技术基础薄弱的新创企业提供技术创新所需的非财务资源支持，如专业知识、技术开发经验、用于产品开发的物理设施等（Dushnitsky，Lenox，2005；Wan，2015），从而更有助于促进其技术创新，提升整体竞争优势。

以往关于风险投资的研究，主要关注风险投资的目标导向性及专业背景特征对被投资企业绩效的影响，而忽视了不同类型风险投资对被投资企业不同决策影响的差异性。事实上不同类型的风险投资拥有的互补性资产存在较大差异，投资企业的目的也差异显著，因此它们可能会对新创企业的决策及长短期绩效产生不同的影响。

现有关于公司风险投资的研究，主要侧重于投资企业角度，即大公司视角，分析大公司参与公司风险投资活动对其自身创新绩效的影响（Gaba，Bhattacharya，2012；傅嘉成，宋砚秋，2016）以及大公司参与公司风险投资的投资动机（Siegel，Siegel 等，1988）等，而忽略了从被投资企业视角的研究。而在研究影响企业技术创新的因素时，学者们大多从企业的内部视角出发，如组织学习、公司治理先天能力等（谢洪明，刘常勇等，2006；冯根福，温军，2008），忽视了从企业的外部视角进行相应的理论研究。风险投资者在为企业带来资源的同时也在企业内部拥有了一定的决策话语权，进而影响企业决策，特别是高风险性的创新决策（Anokhin，Peck 等，2016；Wadhwa，Phelps 等，2016）。

鉴于此，本文主要关注：与独立风险投资相比，公司风险投资是否带给新创企业更高的创新绩效；公司风险投资对新创企业技术创新的影响机制如何？结果表明：第一，与独立风险投资投资的新创企业相比，公司风险投资投资的新创企业表现出更高的创新绩效；第二，环境不确定性强化了公司风险投资对企业创新绩效的积极影响；第三，公司治理环境会约束公司风险投资对企业创新绩效的促进作用。本文的研究结论拓宽了风险投资对企业创新绩效的研究视角，进一步深入研究了风险投资类型对企业创新绩效的影响；深化了公司风险投资对被投资企业创新绩效影响的作用机理，从行业及公司内部更全面地探讨公司风险投资在企业创新决策中的约束机制。

2. 理论分析与研究假设

2.1 公司风险投资与创新的研究视角：从投资方到被投资方

创新是关乎企业存亡和持续发展的重要问题，纯粹依赖内部创新已无法适应外部环境的变化，而且自主创新投入大、周期长、风险高，很少有企业可以维持持续且高强度的创新能力。在先天资源约束的情形下，越来越多的新创企业把目光聚焦于外部创新的源泉，如引入公司风险投资，与处于初创期的企业建立新商业关系或加强现有关系进行的权益投资，如技术交换协定、客户/供应关系等，其目的在于寻找与母公司战略技术相匹配或降低成本的投资机会或寻求自身与初创企业之间的协同性（Chesbrough，2002）。

大公司参与风险投资常常是因为市场竞争的加剧以及限制因素的存在，为促进技术更新提高市场地位或寻找潜在的收购机会或实现与公司核心业务的战略协同(Tykvová 2000;Barretto-Ko, 2011)。对大公司来说,开展公司风险投资活动可以重新注入企业家精神和创新意识,而且通过向新创企业分配研究项目,可以提高自身的研发效率增加大公司的无形资产价值(Sahaym, Cho 等, 2016),提高核心竞争力的利用效率(Sahaym, Steensma 等; 2010, Matusik, Fitza, 2012)。

对于被投资企业而言,公司风险投资相较于一般的风险投资具有显著优势,不仅能使新创企业获得资金支持,而且大公司能够促进必要的知识向新创企业转移(Maula, 2001),从而使新创企业表现出更高的创新绩效(Chemmanur, Loutskina 等, 2011; Alvarez-Garrido, Dushnitsky, 2016)。

2.2 公司风险投资对企业创新绩效的影响

技术创新已然成为企业获得持久竞争优势的关键驱动力,越来越多的企业重视技术创新决策的战略地位,尤其是新创企业。但是与成熟企业相比,新创企业规模小,资金匮乏、技术基础薄弱以及知识和社会关系积累少,具有天生资源禀赋劣势。资源短缺成为新创企业技术创新的重要障碍,其必须在匹配内、外部能力的基础上,通过资源利用形成竞争对手难以模仿的技术创新。通过外部融资获取技术创新所需要的资源成为新创企业维持持续创新能力的主要选择。

公司风险投资相较于独立风险投资,寿命不受限制,对失败容忍度高,具有较长的投资视野,能够为新创企业提供长期稳定的投资。实力雄厚的大公司为新创企业提供互补性资源,如研发实验室、生产设备、技术支持、与行业内的技术专家进行经常性的互动等(Acs, Morck 等, 1997),这些对新创企业来说都是非常宝贵的资源,因为技术创新需要高昂的成本和知识、经验等互补性资产的积累,然而新创企业由于内外部因素的制约,无法在短时间内、低成本地拥有这些互补性资产,但是成功地进行技术创新的重要因素是以有效而及时的方式获得这些互补性资产。大公司拥有许多互补性资产,从而帮助新创企业开发和测试有前途的新技术。相对于独立风险投资,公司风险投资在拥有新创企业技术创新所需的互补性资产上具备天然优势,而在提供资金支持方面与独立风险投资之间是可替代的(Dushnitsky, 2009)。所以相对于独立风险投资,公司风险投资能更好地满足新创企业的资金和互补性资产需求,进而提升新创企业的创新绩效。据此,本文提出如下假设:

假设 H1:与独立风险投资投资的新创企业相比,公司风险投资投资的企业具有更高的创新绩效。

2.3 竞争环境的约束机制

(1)环境不确定性的约束机制。环境不确定性指在决策过程中,由于缺乏对相关环境因素的认知,从而无法准确地预知环境对决策结果的影响,包含两个子维度:动态性和复杂性(Duncan, 1972)。动态性指环境变化的速度和幅度,又可分为两部分:稳定性和可预测性,稳定性意指环境中事件和变化发生的频率和程度,而可预测性意指事件和变化按照预期发生的程度;环境复杂性界定了企业运营环境的竞争性和异质性(Dess, Beard, 1984),如企业投入要素的数量、新竞争对手进入的频率以及政府调控经济的程度等等,当行业集中度越低、市场竞争者越多时，环境的复杂性就越高（Palmer，Wiseman，1999）。类似地，王益谊，席西民等也指出环境不确定性是一个多维度概念，由于动态性、复杂性和竞争性等因素的存在，个体缺乏信息或者能力判断相关要素，从而感知到不能准确地预测外部环境（王益谊，席西民等，2005）。

环境的不确定性本质上表现为无法预测性，这种无法预测性增加了企业决策的风险。环境的不确定性使得技术创新成为一项高度复杂的活动，可能需要跨越多个领域，组合各种资源。而处于不确定环境中的企业更倾向于创新以维持甚至提升市场地位（Miller，Friesen 1982；Bonetto，Özsomer 等，1997），但是企业无法拥有持续创新所需的全部知识、技术和资源等要素，所以必须从外界寻求帮助。拥有公司风险投资的新创企业，由于与大公司之间存在股权关联，大公司出于战略意图，有能力而且愿意帮助新创企业，因而新创企业可以及时低成本地利用大公司拥有或控制的关键性互补资产，降低环境不确定性对创新产生的不利影响。鉴于此，本文提出如下假设：

假设 H2：环境不确定性强化了公司风险投资对企业创新绩效的积极影响。

（2）行业成长性。成长性较好的行业，企业拥有巨大的发展潜力和增长机会，为了开发出具有市场前景、科技含量高的产品以占领市场，企业偏好创新战略。企业创新需要庞大的资金和强大的技术开发能力作支撑，这在提升企业技术创新能力的同时也加剧了企业的经营风险。相对于成熟企业，新创企业更缺乏技术创新所需的资金和其他互补性资源。大公司以股权投资于新创企业，则使得新创企业更易获得技术创新所需的互补性资产，从而缓解新创企业的技术瓶颈，进而提高新创企业的创新绩效。据此，本文提出如下假设：

假设 H3：行业成长性强化了公司风险投资对企业创新绩效的积极影响。

2.4 治理环境的约束机制

（1）决策团队权力配置。持续的技术创新是企业发展的源泉和动力，一旦成功将获得超额回报，对股东而言，提高企业的研发实力有助于提升企业的整体竞争力和价值，符合其利益最大化和长期投资的需求。同时股东可以通过构建投资组合（如投资多家企业）分散投资风险，因而长期导向的股东往往积极支持企业的技术创新活动。然而，由于技术创新的特殊性，投入大、收益滞后会直接影响企业的当期业绩，进而影响管理层的业绩考核，而且技术研发活动的高风险也使得技术创新成功与否难以预知，严重威胁到管理者的声誉、岗位安全和职业前景，出于自身利益的考虑，管理层会谨慎地进行技术创新决策，从而不可避免地带来管理层与股东之间的分歧与冲突。

董事长和总经理两职合一造成过度集权，形成内部人控制的局面，总经理对董事会和企业的影响力和控制权加强，为其谋取自身利益提供了更多的操纵空间，从而对企业的技术创新动力产生不利影响。大公司以权益投资的形式对新创企业进行投资，一方面作为股东，由于与管理层缺乏必要的沟通造成信息不对称，而且监督和激励机制不健全，潜在的代理冲突不可避免；另一方面，由于所占股权份额少，大公司在股东大会及董事会中的话语权小，大公司的意愿不一定能够得到全面实施。鉴于此，本文提出以下假设：

假设 H4：董事长与总经理兼任弱化了公司风险投资对企业创新绩效的积极影响。

（2）董事会独立性。企业引入的独立董事，能站在客观立场发挥监督效应，降低管理层的逆向选择，并且能在决策时提供多样化观点，帮助企业做出科学决策（Yermack，1996）。在有风险投资的企业中，独立董事比重越高，意味着独立董事的规模较大，会增加风险投资机构与原有董事会成员间的沟通和协调成本，降低风险投资机构在被投资企业中的话语权。据此，本文提出以下假设：

假设 H5：董事会独立性弱化了公司风险投资对创新绩效的积极影响。

3. 研究设计

3.1 样本选取与数据来源

本文将 2009—2014 年深圳证券交易所创业板上市公司作为研究样本。创业板上市公司大多是创新型企业，技术创新对其生存和发展有着非常重要的作用，它们不同程度地接受过独立风险投资、公司风险投资及天使投资等外部投资。基于 CSMAR 上市公司股权投资数据库，从中查阅主板上市公司参与公司风险投资数据，将主板上市公司的投资对象与创业板上市公司进行匹配，从中筛选出主板上市公司投资创业板上市公司的样本，以此作为本文具有公司风险投资背景的企业样本。其次，通过年报及招股说明书查阅所有创业板上市公司机构投资者信息，两者进行核对，从中筛选出具有独立风险投资背景的企业样本，将样本中参与公司风险投资的 ST、ST*、PT 等上市公司剔除。其他数据主要来自 CSMAR、Wind 等数据库，创新绩效原始数据来自万方中外专利数据库。在此基础上，剔除数据缺失和数据异常的样本，经过上述筛选，选出来的 1381 个样本观测值中，公司风险投资的样本观测值数量为 473 个。

3.2 变量设计与计量

（1）因变量：创新绩效。我们用企业滞后一年（2010—2015 年）的专利申请数量衡量企业的创新绩效，包括发明型专利、实用型专利和外观型专利。该数据来自万方中外专利数据库，手工收集。

（2）自变量：公司风险投资。借鉴 Park 等人的研究（Park，Steensma，2011），将 CVC_i 设置为虚拟变量，1 代表创业板上市公司 i 在当年至少获得过一家主板上市公司的直接股权投资，0 代表创业板上市公司 i 在当年仅获得独立风险投资。

（3）调节变量。环境不确定性：参考 Cheng 和 Kesner 等人的观点和不确定性计算方法（Cheng，Kesner，1997），环境的不确定性更多是由非正常因素引起的，因此为了准确衡量环境的不确定性，需要先剔除企业销售收入中稳定成长的部分，残差值为企业的非正常销售收入。然后，计算企业过去 5 年非正常销售收入的标准差，再除以过去 5 年销售收入的均值，可得到未经行业调整的环境不确定性，而同一年度同一行业内所有企业未经行业调整的环境不确定性的中位数，即为行业环境的不确定性。由于数据限制，本文采用 4 年销售收入的变化。行业成长性：用行业的平均销售收入增长率来衡量。剔除行业内企业销售收入增长率的异常值，如果同一行业内企业的数量超过 6，则剔除其中最大和最小的销售收入增长率，在此基础上计算平均值。董事长与总经理两职合一：1 代表董事长和总经理是同一人担任，0 代表董事长与总经理不是同一人担任。董事会独立性：用独立董事总人数除以董事会总人数来衡量。

(4)控制变量。本文控制了 5 个对企业创新绩效有显著影响的变量，分别为企业规模、自由现金流量、财务杠杆、董事会规模及股权集中度。我们用企业的总资产作为企业规模的替代变量，并取自然对数；自由现金流量和财务杠杆用自由现金流量占总资产的比重及资产负债率作为这两个变量的替代；决策团队对企业的决策会发挥重大作用，董事会规模作为公司治理的重要变量，也应纳入控制变量的范畴；企业前 5 位大股东持股比例的平方和作为股权集中度的代理变量。

4. 实证结果分析

4.1 描述性统计

表 1 对公司风险投资(CVC)和独立风险投资(IVC)的样本观测值进行了统计，给出了全样本、公司风险投资样本及独立风险投资样本中相关变量的统计特征，主要包含均值和标准差。

表 1   描述性统计分析

变量	全样本		公司风险投资样本		独立风险投资样本	
	均值	标准差	均值	标准差	均值	标准差
专利数$_{i,t+1}$	15.93	28.49	26.36	35.24	10.51	22.4
CVC$_{i,t}$	0.34	0.47	1.00	——	0.00	——
环境不确定性	0.09	0.02	0.09	0.02	0.09	0.02
行业成长性	24.66	8.75	26.27	8.52	23.82	8.75
两职合一	0.43	0.50	0.42	0.49	0.42	0.49
董事会独立性	0.36	0.14	0.36	0.12	0.36	0.15
企业规模	20.85	0.58	20.81	0.57	20.87	0.59
现金流	3.42	11.61	0.34	0.33	3.51	11.38
财务杠杆	0.22	0.15	0.21	0.14	0.17	0.11
董事会规模	5.15	1.49	5.09	1.42	5.18	1.52
股权集中度	0.58	0.12	0.59	0.12	0.58	0.11

4.2 相关性分析

对模型中的主要变量进行相关性分析。表 2 给出了相关研究变量间的 Pearson 相关系数。公司风险投资与滞后一年的专利数显著正相关，这初步说明大公司参与公司风险投资活动对新创企业的技术绩效起到促进作用。行业成长性与专利申请数存在显著负相关关系，意味着高成长性行业中存在着较大的风险，为了持续生存和发展，企业不得不放弃高风险、高投入的技术创新决策。

表2

相关系数表

	1	2	3	4	5	6	7	8	9	10
专利申请数	1.00									
公司风险投资	0.264***	1								
环境不确定性	0.047*	0.044	1							
行业成长性	-0.104***	0.133	-0.020	1						
董事长与总经理两职合一	0.033*	-0.004	0.030	-0.005	1					
董事会独立性	-0.01	-0.07*	0.10**	-0.11	0.010	1				
企业规模	-0.099***	-0.046*	-0.115***	0.069**	-0.046	-0.096***	1			
自由现金流量	-0.008	-0.011**	0.041	-0.007	-0.043	-0.001	0.228***	1		
财务杠杆	-0.087***	-0.036**	0.128*	-0.042*	-0.002	-0.02	-0.099***	0.405***	1	
董事会规模	-0.04	0.029*	-0.13	-0.039	-0.040	-0.502***	0.185***	0.049*	0.022	1
股权集中度	0.086***	0.023	0.146***	-0.069***	0.070*	0.079***	-0.187	-0.110	-0.021	-0.111***

4.3 结果分析

（1）独立样本 t 检验

我们首先对公司风险投资与独立风险投资的企业创新绩效进行了独立样本 t 检验，结果如表 3 所示：公司风险投资组的专利申请数的均值显著高于独立风险投资组（$p=0.035<0.05$），这表明公司风险投资投资的企业创新绩效更高，而独立风险投资投资的企业创新绩效相对较低，从而初步支持了假设 H1。

表 3　　　　　　　　CVC 与 IVC 对企业创新绩效影响的 t 检验

		均值	标准差	方程 t 检验显著性
专利申请数	公司风险投资（CVC）	26.36	35.24	$F=103.43$
	独立风险投资（IVC）	10.51	22.42	

（2）回归分析

本文用 stata12.0，首先通过 Hausman 检验确定选择固定效应模型。相关的回归分析结果如表 4 所示，共 6 个模型，其中模型 1 为基础模型，包含所有的控制变量。模型 2 的检验结果显示公司风险投资与企业创新绩效显著正相关，假设 H1 得到验证。这意味着公司风险投资相对于独立风险投资所拥有的互补性资产在新创企业的技术创新中发挥着积极作用，这与 Chemmanur 等的观点一致（Chemmanur，Loutskina 等，2011）。

表 4　　　　　　　　公司风险投资与企业创新绩效回归分析表

变量	模型 1	模型 2	模型 3	模型 4	模型 5	模型 6
规模	-0.062^*	-0.054^*	-0.053^*	-0.047^*	-0.054^*	-0.053^*
现金流	0.002	0.004^*	0.004	0.004	0.005	0.003
财务杠杆	-0.053	-0.047	-0.046	-0.044	-0.047	-0.050
董事会规模	-0.018	-0.013	-0.013	-0.009	-0.012	0.024
股权集中度	0.066^*	0.063^*	0.061^{**}	0.054^*	0.061^{**}	0.063^*
公司风险投资		0.245^{**}	0.262^{***}	0.278^{***}	0.258^{**}	0.257^{**}
环境不确定性			-0.35			
公司风险投资×环境不确定性			0.05^*			
行业成长性				-0.015^{**}		
CVC×行业成长性				-0.026		
两职合一					0.055	
CVC×两职合一					-0.15^*	

变量	模型 1	模型 2	模型 3	模型 4	模型 5	模型 6
董事会独立性						0.130
CVC×董事会独立性						−0.145**
Year fixed effect	Yes	Yes	Yes	Yes	Yes	Yes
R^2	0.018	0.091	0.107	0.108	0.111	0.115
N	1381	1381	1381	1381	1381	1381

注：***、**、*分别表示在1%、5%和10%的置信水平上显著。

模型3和模型4用于检验企业的外部经营环境对公司风险投资作用的约束机制。模型3在模型2的基础上加入环境不确定性及其与公司风险投资的交互项，公司风险投资与环境不确定性的交互项与企业的创新绩效呈现显著的正相关关系，假设H2成立。模型4加入行业成长性及其与公司风险投资的交互项，结果显示不显著，因而假设H3未得到验证。较高的环境不确定性缩短了技术和产品的生命周期，处于环境不确定性中的企业进行技术创新的倾向更加强烈，以保持自身竞争优势。环境不确定性同时增加了企业技术创新的难度，公司风险投资相较于独立风险投资者所拥有的互补性资产，可以降低新创企业获取资源的成本，提升企业的创新绩效。

模型5和模型6用于检验企业的内部治理环境对公司风险投资作用的约束机制。模型5显示公司风险投资与董事长总经理两职合一的交互项与新创企业的创新绩效显著负相关，假设H4得到支持。模型6加入独立董事比例与公司风险投资的交互项，结果显示交互项通过了显著性检验，验证了本文的假设H5。董事长总经理两职合一强化了内部人控制的局面，增加了企业决策团队内部成员与外部股东之间因技术创新决策带来的代理冲突，大公司作为企业的战略投资者，无法从根本上决定企业的战略性决策行为，因而决策团队的权力配置方式会抑制公司风险投资对新创企业技术创新的积极作用。企业引入独立董事的动机在于发挥监督和咨询效应，以降低管理层与股东之间的代理冲突，尽可能减少管理层的逆向选择行为，提高企业决策的科学性。然而，独立董事人数的增多也增加了董事之间的协调成本，公司风险投资股东的意志不一定能得到全面体现。所以董事会独立性越高的企业中，公司风险投资对企业创新绩效的促进作用可能越弱。

4.4　稳健性检验

考虑到公司风险投资可以提高被投资企业创新能力，新创企业的创新能力也可能会吸引更多的机构投资者。我们借鉴刘宝华等（2016）采用Heckman两步法处理公司风险投资的自选择（self-selection）问题。

第一阶段probit模型的被解释变量为CVC投资，当公司被CVC投资时，CVC=1，否则CVC=0。考虑到CVC投资的战略性需求，行业平均创新水平高的企业更可能吸引到公司风险投资。因此用行业平均创新水平作为预测CVC风险投资模型的外生变量。Heckman两阶段回归结果如表5所示。IMR系数不显著说明CVC投资的自选择问题不显著(Sun, 2015)。表5的实证结果说明控制了公司风险投资的内生性后，公司风险投资对企业创新能力的促进作用还是显著。

表5 稳健性检验

变量	CVC 投资	创新能力
CVC 投资		0.153***
行业平均创新能力	−0.003*	
IMR		0.004
控制变量	控制	控制
Wald chi2^2	50.01	59.37

注：***、**、*分别表示在1%、5%和10%的置信水平上显著。

5. 研究结论与建议

5.1 研究结论

基于不同类型风险投资者间的能力差异，我们认为公司风险投资因为更多拥有被投资企业创新所需要的互补性资产，可能对被投资企业的创新产生积极影响。但考虑到被投资企业所处的竞争环境及内部治理环境，公司风险投资对其创新绩效的作用可能受到约束。本文的研究得出以下结论：

第一，成立时间短、规模小，缺乏技术创新所需的资金、技术等等资源的企业，为长远发展而引入外部投资者时，公司风险投资拥有许多非财务资源，如技术、专业知识、研发经验等，这些资源与企业的技术创新之间形成互补，从而有助于提升其创新绩效。

第二，环境不确定性强化了公司风险投资对企业创新绩效的积极影响。如图1所示，相对于稳定的环境，不确定性环境加剧了企业的经营风险，与此同时也带来更多的机会，因此需要企业不断研发以适应不断变化的环境。然而技术研发是一项高风险高投入的行为，在不确定性环境下，新创企业无法轻易地预测未来的资源需求，从开放市场中获得互补性资产的交易成本又比较高。而大公司与新创企业有股权关联，因此愿意而且高效地为新创企业提供互补性资产，促进新创企业的技术创新。

第三，被投资企业董事长与总经理兼任弱化了公司风险投资对其创新绩效的积极影响。技术创新决策的特殊性使得股东与管理层之间的冲突愈发明显。技术研发有助于增加企业的长期利益，使股东获得超额回报，但技术研发的高投入会影响企业当前的业绩考核，一旦失败不仅企业损失惨重，而且对管理者的声誉和未来职业发展也会造成极大的破坏，所以出于自身利益考虑，管理层不愿意进行高投入高风险并存的技术创新活动。如图2所示，所以两职合一会抑制公司风险投资对企业创新绩效的积极影响。

第四，新创企业的董事会独立性弱化了公司风险投资对其创新绩效的积极影响。独立

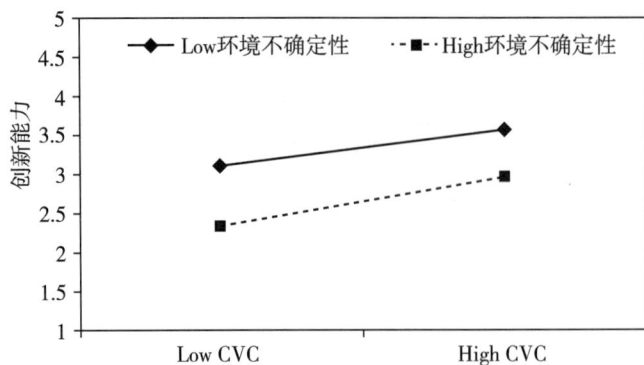

图 1　环境不确定性的调节作用

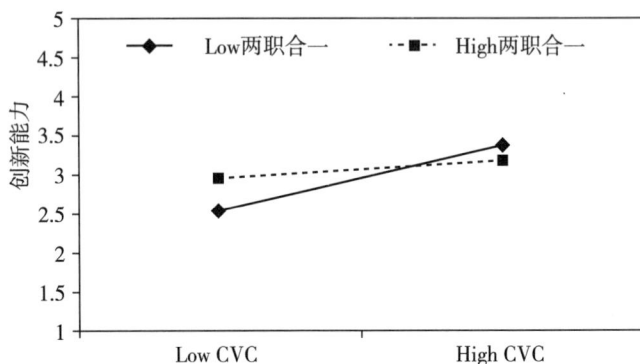

图 2　两职合一的调节作用

董事的设立能有效地缓解企业的第一类和第二类代理冲突，通过发挥监督和建议职能，促使企业科学决策。但是我国的独立董事制度起步晚，很多外部董事无法发挥应有的监督职能，可能多以追求"不求有功、但求无过"为工作目标。同时较多的独立董事也增加了决策团队的沟通成本。如图 3 所示，所以董事会独立性越高，可能越制约以推动创新为目标的公司风险投资的话语权。

本文关于行业成长性的调节作用没有得到验证，可能的原因是在成长性较好的行业，被投资企业的增长机会更多来源于市场的扩张，其引进风险投资的主要目的是解决因抢占市场所需要的庞大资金。所以，公司风险投资企业的互补性资源对被投资企业创新的推动作用在快速成长的行业环境中没有得到体现。

5.2　本文的主要贡献与研究展望

本文主要从互补性资产视角出发，考察公司风险投资与企业创新绩效间的作用机理，构建并验证了两者关系的理论模型。本文主要有以下几方面贡献：第一，现有的关于如何提升企业创新绩效的文献大多从组织学习、公司治理等角度进行研究，对企业的外部投资

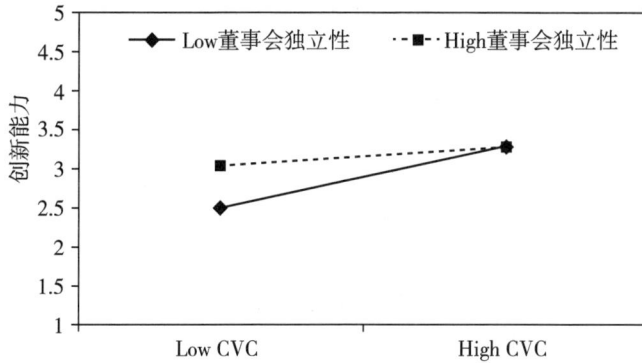

图 3　董事会独立性的调节作用

者，尤其是公司风险投资者关注其少。在研究公司风险投资的作用时多侧重于投资企业，即大公司视角。本文则着重从被投资企业角度出发，发现公司风险投资在提供互补性资产上拥有独立风险投资所无法比拟的天然优势，这些互补性资产对新创企业的技术创新有着显著的促进作用，在一定程度上加深了我们对公司风险投资对创新作用的认识和理解。第二，关于公司风险投资对企业创新绩效影响的约束机制研究相对较少，本文检验了企业外部经营环境和内部治理环境对公司风险投资与企业创新绩效之间关系的影响。这些环境包括环境不确定性、行业成长性、董事长总经理两职合一以及董事会的独立性，它们在其中发挥着不同程度的作用，从而一定程度上完善了公司风险投资和企业创新绩效之间关系的理论逻辑框架。第三，研究结果对关注创新的企业在进行外部融资选择时有较强的启示意义，而且为大公司进行风险投资时的资产组合选择决策提供了理论上的指导。

　　本文数据选取以主板上市公司直接投资外部企业作为筛选样本的基础，事实上，有些非上市公司以控股或参股风险投资机构的形式对外部企业进行投资，我们忽视了这类样本。未来的研究可以扩大样本范围从而使本文的研究结论更具普适性。本文主要关注企业的技术创新，没有涉及市场或模式创新，未来研究可以进一步考虑公司风险投资对企业商业模式、市场表现等方面的影响。此外也可将新创企业获得公司风险投资前后的创新绩效进行对比或者加入其他类型风险投资者进行对比，如天使投资、政府风险投资等。

◎ **参考文献**

[1]陈闯，刘天宇 . 创始经理人、管理层股权分散度与研发决策[J]. 金融研究，2012（7）.

[2]冯根福，温军 . 中国上市公司治理与企业技术创新关系的实证分析[J]. 中国工业经济，2008（7）.

[3]傅嘉成，宋砚秋 . 中国企业风险投资（CVC）投资策略与投资绩效的实证研究[J]. 投资研究，2016（6）.

[4]刘宝华，罗宏，周微 . 股权激励行权限制与盈余管理优序选择[J]. 管理世界，2016

(11).

[5]沈丽萍. 风险投资对中小企业自主创新的影响——基于创业板的经验数据[J]. 证券市场导报, 2015 (1).

[6]王益谊, 席酉民, 毕鹏程. 组织环境的不确定性研究综述[J]. 管理工程学报, 2005 (1).

[7]谢洪明, 刘常勇, 陈春辉. 市场导向与组织绩效的关系: 组织学习与创新的影响——珠三角地区企业的实证研究[J]. 管理世界, 2006 (2).

[8]解维敏, 方红星. 金融发展、融资约束与企业研发投入[J]. 金融研究, 2011 (5).

[9]Acs, Z. J. Audretsch, D. B. Innovation in large and small firms: An empirical analysis[J]. *Economics Letters*, 1988 (4).

[10]Acs, Z. J. Morck, R. Shaver, J. M., et, al. The internationalization of small and medium-sized enterprises: A policy perspective[J]. *Small Business Economics*, 1997 (1).

[11]Alvarez-Garrido, E., Dushnitsky, G. Are entrepreneurial venture's innovation rates sensitive to investor complementary assets? Comparing biotech ventures backed by corporate and independent VCs[J]. *Strategic Management Journal*, 2016(5).

[12]And, A. M. Crossing organizational species barrier: How venture capital practices infiltrated the information technology sector[J]. *Academy of Management Journal*, 2008 (5).

[13]Anokhin,S., Peck, S., Wincent, J. Corporate venture capital: The role of governance factors[J]. *Journal of Business Research*, 2016 (11).

[14]Barretto-Ko, P. Corporate venture capital: Transforming CVC into an effective corporate strategic tool for seeking innovation and growth in the 21st Century [J]. *Massachusetts Institute of Technology*, 2011.

[15]Bonetto, A. D., Özsomer, A., Calantone, R. J. What makes firms more innovative? A look at organizational and environmental factors [J]. *Journal of Business & Industrial Marketing*, 1997 (6).

[16]Chemmanur, T. J., Loutskina, E., Tian. X. Corporate venture capital, Value creation, and innovation[J]. *Social Science Electronic Publishing*, 2011 (8).

[17]Cheng, J. L. C., Kesner, I. F. Organizational slack and response to environmental shifts: The impact of resource allocation patterns[J]. *Journal of Management*, 1997 (1).

[18]Chesbrough,H. W. Making sense of corporate venture capital[J]. *Harvard Business Review*, 2002 (3).

[19]Colombo M. G., Murtinu, S. Venture capital investments in europe and portfolio firms' economic performance: Independent versus corporate investors[J]. *Journal of Economics & Management Strategy*, 2016 (1).

[20]Dess, G. G., Beard, D. W. Dimensions of organizational task environments [J]. *Administrative Science Quarterly*, 1984 (1).

[21]Duncan, R. B. Characteristics of organizational environments and perceived environmental uncertainty[J]. *Administrative Science Quarterly*, 1972 (3).

[22] Dushnitsky, G., Shaver, M. Limitations to interorganizational corporate venture capital [J]. *Knowledge acquisition: The paradox of Strategic Management Journal*, 2009, 30(10).

[23] Dushnitsky, G., Lenox, M. J. When do firms undertake R&D By investing in new ventures? [J]. *Strategic Management Journal*, 2005 (10).

[24] Gaba, V., Bhattacharya, S. Aspirations, innovation, and corporate venture capital: A behavioral perspective[J]. *Strategic Entrepreneurship Journal*, 2012 (2).

[25] Katila, R., Rosenberger, J. D., Eisenhardt K M. Swimming with sharks: Technology ventures, defense mechanisms and corporate relationships [J]. *Administrative Science Quarterly*, 2008 (2).

[26] Matusik, S. F., Fitza, M. A. Diversification in the venture capital industry: Leveraging knowledge under uncertainty[J]. *Strategic Management Journal*, 2012 (4).

[27] Maula, M. V. J. Corporate venture capital and the value-added for technology-based new firms[J]. *Helsinki University of Technology*, 2001.

[28] Miller, D., Friesen, P. H. Innovation in conservative and entrepreneurial firms: Two models of strategic momentum[J]. *Strategic Management Journal*, 1982 (1).

[29] Palmer, T. B., Wiseman, R. M. Decoupling risk taking from income stream uncertainty: a holistic model of risk[J]. *Strategic Management Journal*, 1999, 20(11).

[30] Park, H. D., Steensma, H. K. When does corporate venture capital add value for new ventures? [J]. *Strategic Management Journal*, 2011 (1).

[31] Sahaym, A., Cho, S. Y., Sang, K. K., et, al. Mousa mixed blessings: How top management team heterogeneity and governance structure influence the use of corporate venture capital by post-IPO firms[J]. *Journal of Business Research*, 2016 (3).

[32] Sahaym, A., Steensma, H. K., Barden, J. Q. The influence of R&D investment on the use of corporate venture capital: An industry-level analysis [J]. *Journal of Business Venturing*, 2010(4).

[33] Siegel, R., Siegel, E., Macmillan, I. C. Corporate venture capitalists: Autonomy, obstacles, and performance [J]. *Journal of Business Venturing*, 1988 (3).

[34] Sun, S. L., Zhu, J., Ye, K. Board openness during an economic crisis[J]. *Journal of Business Ethics*, 2015 (2).

[35] Tykvová, T. What do economists tell us about venture capital contracts[J]. *Zew Discussion Papers*, 2000 (1).

[36] Wadhwa, A., Phelps, C., Kotha, S. Corporate venture capital portfolios and firm innovation[J]. *Journal of Business Venturing*, 2016 (1).

[37] Wan, K. The influence mechanism of corporate venture capital on firm value—based on the CVC programs heterogeneity perspective[J]. *Journal of Industrial Technological Economics*, 2015(10).

[38] Yermack, D. Higher market valuation of companies with a small board of directors [J]. *Journal of Financial Economics*, 1996 (2).

Corporate Venture Capital and Enterprise Innovation Performance: Decision Making Environment's Role in the Relationship

Wang Li

(Business School of Nanjing University, Nanjing, 210093)

Abstract: Company venture capital is more conducive to the innovation performance of portfoli oventures compared to independent venture capital because it can provide complementary assets to portfolio ventures. But we don't moreabout the restraint mechanism in the relationship. Based on the investment events of non-financial listed companies in China, this study finds that, taking into account the industry environment and the decision-making environment of the portfoli oventures, the positive effect of the company's venture investment on the innovative performance of the portfoli oventures is different constraint. The conclusion of the study fills the gaps in the field of venture capital with regard to the research perspective and the restraint mechanism, and also has important implications for the innovation-oriented financing arrangement of the start-up enterprises.

Key words: Corporate venture Capital; Complementary assets; Innovation performance; Governance environment

专业主编：陈立敏

中国背景下员工力量和申诉体系有效性对员工申诉行为的影响

——基于三个决策阶段的整体考察*

● 郑晓涛[1]　俞明传[2]　王 琦[3]　孙 锐[4]

(1, 2, 3　上海师范大学商学院　上海　200234；4　中国人事科学研究院　北京　100101)

【摘　要】以往研究很少考察员工遭遇不公正对待及之后采取的反应方式(申诉或沉默)的整体决策过程。本文通过调查250名员工实际遭遇的上级或组织的不公正对待及其采取的反应方式，发现组织内申诉体系的有效性越低，则员工遭遇不公正对待的可能性越高；并且对于遭遇不公正对待的员工来说，申诉体系有效性越低，选择沉默的可能性会提高，即便员工最终选择申诉，也更倾向于通过非正式申诉解决争议。另外，员工的力量在上述决策过程的作用并不显著。上述研究结果对于组织内冲突和员工申诉的相关理论进行了深化和拓展。

【关键词】不公正对待　申诉　沉默　员工力量　申诉体系

[中图分类号]C97　　[文献标志码]A

1. 引言

即便所有的组织都在努力制定政策，培训领导者，创造组织文化以最大化员工的公正感，但是仍无法避免员工对不公正对待(mistreatment)的知觉(Boswell 和 Olson-Buchanan, 2004)。不公正对待是指组织内成员(至少一个，例如公司管理层、上级或同事)向另个成员采取不规范的负面行为或终止规范的正面行为(Cortina 和 Magley, 2003)，例如不公正的薪酬、不合理的任务分配、性别歧视，等等。当员工认为自己遭遇不公正对待后，可以通过向组织内相关个体或部门申诉他们的不满或抱怨以尝试解决争议或改善状况(Dundon 和 Rollinson, 2011)，也可以选择放弃申诉，采取沉默的反应方式。当员工决定申诉他们的不满时，则还需要进一步考虑采取非正式申诉还是正式申诉。其中，正式申诉是指员工

* 基金项目：国家自然科学基金项目"中国企业组织情绪能力形成、结构及其对组织创新的影响研究——战略人力资源管理视角"(71172109)。教育部人文社科项目"中国背景下员工遭遇不公正对待后的沉默——一个定性和定量的综合研究"(15YJC630191)。

通讯作者：俞明传，E-mail：yumingchuan712@shnu.edu.cn。

通过公司内工会、职工代表大会或人力资源部门等机构或部门依照正式程序进行投诉（Cappelli 和 Chauvin，1991）；非正式申诉是指员工与不公正对待事件的责任者直接沟通其利益主张（例如面对面和电子通信等），这类申诉由于没有通过正式程序则往往不被组织记录在案。

参考 Olson-Buchanan 和 Boswell（2002，2008）的观点，员工的申诉行为涉及前后相连的三个基本决策阶段：是否知觉到不公正对待；如果认为自己遭遇不公正对待，则选择申诉还是保持沉默；如果选择申诉，则进一步选择非正式申诉还是正式申诉。以往不少研究（这些研究可以分为劳动关系和组织行为两个领域（Boroff 和 Lewin，1997））尝试从个体层面（主要为人口特征变量）、组织层面（包括上级的管理方式、工作条件和组织的相关制度和政策等）以及市场条件（主要为工资溢价和失业率）三个方向去考察员工选择申诉的原因，但这些研究往往把上述三个决策阶段混在一起，故常常导致研究结果存在不一致的现象。例如 Lewin 和 Peterson 在 1988 和 1999 年针对北美企业的研究发现，正式申诉者相对更年轻、大多为男性、没有受到更好的教育，而他们在 2000 年的研究中则发现正式申诉者多接受过更好的教育并且从事更高技能的工作。这些研究往往选择直接考察人口特征变量与正式申诉行为（来自组织内部或外部相关机构的记录）之间的关系，但却无法明确是因为年轻、男性、教育程度低的员工更容易知觉到不公正对待故使用正式申诉，还是当他们遭遇不公正对待后更倾向于使用正式申诉来解决争议。也有不少研究将员工申诉决策的后两步即申诉还是沉默、正式还是非正式申诉混在一起，将申诉等同于正式申诉，认为员工遭遇不公正对待后，要么选择正式申诉，要么就选择沉默。例如 Boroff 和 Lewin（1997）的研究表明忠诚的员工不愿意使用正式申诉，所以会遭遇沉默的苦恼，但该研究却忽略了非正式申诉，因此忠诚的员工即便不选择正式申诉但仍可以通过非正式申诉解决争议，也就未必会有沉默的苦恼。最后，组织行为的研究中，常常使用 Hirschman（1970）和后续研究者（例如 Farrel，1983）补充后提出的 EVLN（Exit, Voice, Loyalty 和 Neglect）框架去分析员工的申诉选择，但 EVLN 中的"Voice"同样没有进行分阶段的考察。因此，如果不能将员工申诉的各个决策阶段进行分开考察，也就无法深入和相对准确地了解员工选择申诉的原因。

尽管员工申诉已经取得了不少研究进展，但这些研究大多以发达国家为背景，例如美国、英国、澳大利亚等，而这些国家大多已经具备完善的、多元化的劳动关系体系，而中国的劳动关系体系还相对脆弱（Cooke 等，2016），例如中国工会在代表工人权力和利益方面的效能就不如西方发达国家，存在"挂牌工会"、"空壳工会"和"老板工会"的现象（常凯，2013）。另外，考虑到中国正处于经济快速发展，经济体系不断变革，各种社会问题不断凸显的时期，劳动关系相对紧张，劳资冲突的"燃点"低且"燃面"大（吴忠民，2013）。因此，当前中国企业员工的申诉行为的现状、成因和影响结果可能和西方并不相同，而基于中国情境下的员工申诉的研究也更有理论价值和现实意义。

目前中国情境下的员工申诉管理的研究还相对薄弱（Cooke 等，2016；Chang 和 Cooke，2015），这些研究可以分为 3 类：（1）员工申诉的现状调查并据此提出政策建议。例如郑永兰和许丹阳（2016）对新生代农民工申诉现状的调查。但这些研究无法了解员工选择某个申诉方式的原因。（2）使用小样本访谈方法了解影响员工申诉选择的因素。例如 Cooke 等（2016）对四家中国企业员工访谈后总结出影响员工申诉行为的 4 类因素。但这些研究往往主观性较强，得到的结果也相对抽象，研究结论仍需要进一步的实证检验。（3）基于EVLN框架对员工申诉行为的分析。例如王士红和孔繁斌（2015）考察心理契约违背对员工申诉选择的影响。正如上文所述，这些研究往往将申诉作为单阶段处理，对员工申诉选择的原因还缺乏更深入的考察。因此，将申诉行为的影响因素进行分阶段的探索和验证的定量研究，将是现有中国背景下员工申诉研究的有益补充。

综上，本文尝试从员工申诉行为的整体决策过程的角度，考察员工力量和组织内正式申诉体系有效性（后文简称为申诉体系有效性）对中国员工——是否遭遇了不公正对待、选择申诉还是保持沉默、选择非正式还是正式申诉——三个具有时间先后顺序决策的影响。本文为研究员工的申诉行为提供了一个新的视角和研究思路，具有一定的理论和实践价值。本文选择力量作为影响员工申诉行为的前因变量之一，原因在于劳工问题被劳动关系学派认为起源于员工和企业之间力量（或谈判力量）的不均衡（Budd，2012）。另外，Cooke 等（2016）认为申诉体系在法律和实施上的有效性对于员工申诉的解决发挥着重要作用，因此，作者选择申诉体系的有效性作为本研究中需要考察的另一个前因变量。最后，上级和组织（包括公司管理层）的行为或决策往往对员工利益影响最大（郑晓涛等，2008），日常的监督管理（多由上级负责实施）和工作条件（标准多由管理层负责制定）也被认为是员工申诉的最经常事项（Bacharach 和 Bamberger，2004）。因此，本研究只考察员工遭遇上级或组织的不公正对待。

2. 理论与假设

根据力量依赖理论（Emerson，1972），个体的力量来自于对另个个体的相对依赖性。因此，当员工在组织内更依赖于另个个体（例如同事、上级、组织等）时，则员工和此个体相比较，其力量越弱，并在谈判中更容易处于劣势。Bacharach 和 Lawler（1981）则根据力量依赖理论，进一步将个体力量的评价细分为两个指标——相对价值和可选的机会，即个体的相对价值越大，则其对另个个体的依赖程度越低，因此相对另个个体，其拥有的力量越大；个体可选的机会越少，则其对另个个体的依赖程度越高，因此相对另个个体，其拥有的力量越小。另外，申诉体系是指组织内关于员工申诉在"何时、何地并且怎么样被解决"的相关政策和程序（Bemmels 和 Foley，1996），因此，申诉体系有效性是指员工对于组织内解决员工申诉的程序的有效性的知觉。Blancero 和 Dyer（1996）总结以往研究认为衡量一个组织申诉体系有效性的最常用的指标是"容易使用"、"公平和可信赖的"以及"安全，不会被报复"。

根据公平理论（Adams，1965），当员工遭遇不公正对待后，员工除了可以申诉其不满外，仍有其他选择以纠正此事件带给自己的不公正感，例如降低工作努力、缺勤甚至离职（Cappelli 和 Chauvin，1991）。以往的实证研究也发现，员工遭遇不公正对待后，往往会产生愤怒、怨恨和不满，并进一步产生报复事件责任人的欲望（例如 Barclay 等，2005），Skarlicki 等（2008）将此现象称为惩罚性公平。员工力量越强，则代表上级或组织对其的依赖性要高于其对上级或组织的依赖性，因此，当员工遭遇不公正对待后可能选择的报复行为对上级或组织的伤害则越大，故上级或者组织选择侵犯其利益或引发冲突的可能性应越

35

小。此外，Klaas（1989）认为管理者或组织对员工行为的控制越强，则员工知觉到遭遇不公正对待的可能性越高，Cooke 等（2016）针对中国员工的访谈也得到了相同结论。员工力量较强，则往往代表员工在自己工作领域的工作能力较强，上级和组织选择控制该员工行为的可能性越小，因此，其知觉到的遭遇不公正对待的可能性应越小。

另外，组织所提供的申诉体系不仅有利于员工解决其不满，同时也会对组织产生积极的影响（Freeman 和 Medoff，1985）。有效的申诉体系可以帮助组织快速发现问题，并获得和问题相关的具体信息（Walker 和 Hamiltion，2011）。组织可以据此改善员工的工作条件并改进组织的管理体系（Olson-Buchanan，1996），从而避免类似问题的再次产生。因此，如果一个组织具备有效的申诉体系，则产生侵害员工利益的事件应越少。相反的，当员工从直接或间接渠道了解到组织的申诉体系效率较低时，说明该申诉体系常常只是解释甚至教育员工，而非解决问题（Cooke 等，2016），所以产生不公正对待的土壤或条件仍然存在，自然提高了员工在组织内遭遇不公正对待的可能性；另外，申诉体系效率较低，也可以推断组织积极投入建立其他公平公正的管理体系或培养有效管理者的可能性较低，因此，员工遭遇不公正对待的可能性也就较高。从另一个角度看，Dundon 和 Rollinson（2011）认为，如果一个组织的申诉体系被员工认为是公平和容易理解的，则被员工知觉为组织希望和员工建立积极的工作关系，该组织更有可能会投入类似精力和资源进行其他管理系统建设或培养有效管理者，故产生侵害员工利益的事件自然也相对较少。因此，如果申诉体系被员工认为有效性较高，则此体系在组织中的积极效应会更明显。有鉴于此，作者提出假设 1 和 2。

假设 1：员工的力量越弱，则员工遭遇不公正对待的可能性越大；而员工的力量越强，则员工遭遇不公正对待的可能性越小。

假设 2：员工对组织内申诉体系有效性的评价越低，则员工遭遇不公正对待的可能性越大；而员工对组织内申诉体系有效性的评价越高，则员工遭遇不公正对待的可能性越小。

并非每一个员工遭遇不公正对待后都会选择申诉以纠正上级或组织的错误或得到某种形式的补偿。Klaas（1989）认为可以借鉴期望理论（Porter 和 Lawler，1968）来分析员工选择正式申诉的原因，作者同样借鉴期望理论分析员工选择申诉还是沉默的原因：即员工需要评估申诉成功后得到的收益、申诉过程中的成本以及申诉成功的可能性。

当员工遭遇不公正对待时，如果其力量越大，则员工会认为上级或组织不满足其要求（例如纠正错误或给予补偿）给上级或组织所带来的成本（例如该员工可以选择降低工作努力甚至离职），要大于满足其要求的成本（Magenau 和 Pruitt，1979）。此时，员工判断自己申诉成功的可能性更高，因此选择申诉而非沉默的可能性会更大。

申诉体系是员工重要的申诉渠道之一，申诉体系有效性较高，代表此申诉体系更容易被员工使用，员工所花费的时间和精力越小（Feuille 和 Hildebrand，1995），并且引发上级和组织报复所产生的后续成本也较低（Walker 和 Hamilton，2011）；另外，申诉体系有效性越高，意味着该申诉体系的公平性也越高，则员工认为自己的主张会得到公正对待，因此申诉成功的可能性更高。最后，有效的申诉体系常被员工知觉为组织希望和员工建立积极的工作关系（Dundon 和 Rollinson，2011），Greenhalgh（1987）认为积极的工作关系会鼓励员工采取面对面的、友好的方式去解决工作场所中的冲突，也即员工选择申诉而非沉默的可能性更高。有鉴于此，作者提出假设3和4。

假设3：当员工遭遇不公正对待后，员工的力量越弱，则员工选择沉默的可能性越高；而员工的力量越强，则员工选择申诉的可能性越高。

假设4：当员工遭遇不公正对待后，员工对组织内申诉体系的有效性评价越低，则员工选择沉默的可能性越高；而员工对组织内申诉体系的有效性评价越高，则员工选择申诉的可能性越高。

相比非正式申诉，正式申诉常常给员工带来额外的成本。正式申诉的员工违反组织的非正式规则，常常被认为是一个麻烦制造者（Klaas 和 DeNisi，1989），因此，根据组织惩罚理论（Wheeler，1976），正式申诉往往会给员工带来负面的惩罚效应。例如 Lewin（1987）的研究就发现，提出正式申诉的员工比不申诉者有更高的缺勤率和离职率，并且获得晋升的概率也更低。Olson-Buchanan 和 Boswell（2002）的调查也发现，选择正式申诉的员工相对于使用非正式申诉的员工存在更高的离职倾向。而 Carnevale 等（1992）的研究也证实，非正式申诉可以显著降低员工遭遇的惩罚效应。

员工力量越强，代表员工对上级或组织的依赖越小，反而上级或组织对其的依赖相对更大，如果员工采取正式申诉后被上级或组织惩罚，则员工采取报复而给上级或组织的伤害也就越大，因此上级或组织选择施加给员工惩罚的可能性越小（Bacharach 和 Bamberger，2004）；相反，员工力量越弱，则正式申诉后被惩罚的可能性越高。另外，员工力量越强，则惩罚施加给他的成本也越小（由于员工对上级或组织的依赖性不大，员工可以选择换岗或者离职来躲避惩罚）；相反地，员工力量越弱，则可选择的机会相对更少，因此躲避惩罚的可能性更小。综合来看，员工力量越弱，员工选择非正式申诉的可能性更高，而正式申诉的可能性更小。

最后，员工知觉到申诉体系的有效性越高，则代表员工认为使用该申诉体系的公平感越高，且被报复的可能性越小，此时员工愿意选择正式申诉的可能性越高；相反地，如果申诉体系有效性越低，则员工认为该体系的公平感越低，并且被报复的可能性也越高，因此，员工选择非正式申诉的可能性也就越高。基于上述分析，作者提出假设5和假设6。

假设5：当员工决定申诉后，员工的力量越弱，则员工选择非正式申诉的可能性越高；员工的力量越强，则员工最终选择正式申诉的可能性越高。

假设6：当员工决定申诉后，员工对组织的申诉体系有效性评价越低，则员工选择非正式申诉的可能性越高；而员工对组织的申诉体系有效性评价越高，则员工最终选择正式申诉的可能性越高。

3. 研究方法

3.1 样本

作者共发放问卷300份，回收285份，剔除填答不完整的问卷，共得到有效问卷250份，其中男性112名，女性138名；平均年龄31.7岁；从企业性质上看，国有企业和事业单位的员工91人，民营企业的有129人，三资企业的有30人；从行业性质来看，制造业有 109 人，服务业有 95 人，其他行业有 46 人。

考虑到本次调查涉及员工回答其遭遇的不公正对待及反应方式，回答内容较为敏感，因此作者采取下列方式对数据采集进行控制：首先，本调查采用便利取样和滚雪球取样相结合的方法，问卷发放者和填答者不存在利益关系；其次，调查采用匿名填写，填答者不需要填答其姓名和工作单位；最后，问卷指导语会告知填答者本次调查仅限于学术目的，所填写的问卷内容会被严格地保密，而问卷收集后，数据将会通过电脑处理进行整体分析，不会进行个别处理或披露。

3.2 变量测量

（1）是否遭遇不公正对待。参考 Boswell 和 Olson-Buchanan（2004）使用的方法，作者首先询问员工在过去 1 年中是否在组织内经历过"上级（主管或经理）或公司（老板或管理层）"的不公正对待，例如基本薪酬待遇、社会保险和福利待遇、工作任务（也包括工作地点）分配、绩效考核、晋升、工作条件（环境）、培训、工作时间和休假、处罚不当或无故解雇、降职、性别歧视、地域歧视、恐吓、威逼、欺凌、性骚扰、工伤等（上述示例项目参考自 Turner 和 O'Sullivan（2013）的分类）。Boswell 和 Olson-Buchanan（2004）认为 1 年是一个较佳的回忆时间，并可以最大地减少其他因素的干扰。"1 年"这个时间阶段也足够员工搜集信息进行判断是否真的在组织内遭遇了不公正对待（Folger 和 Cropanzano，1998）。本次调查中，过去 1 年遭遇过上级或组织不公正对待的员工有 184 人，未遭遇过不公正对待的员工有 66 人。

（2）员工的反应方式。对于填答遭遇过上级或组织不公正对待的被调查者，作者请他们回忆过去 1 年中对其负面影响程度最大的一次不公正事件，并询问他们在此事件后的反应方式。本研究的 3 名作者（第一到第三排序的作者）对被调查者撰写的反应方式的内容进行编码，编码的结果需得到 3 名作者一致同意。编码方法如下：

①申诉或沉默：只要反应过程涉及员工为争取解决争议而在组织内采取了任何沟通或申诉行为，都被编码为申诉。即便有些员工先使用了申诉，但可能由于申诉无果，之后又选择了沉默，也被视为有过申诉行为。相反的，员工的反应过程中没有尝试采用任何形式的沟通，则编码为沉默，例如表达"无可奈何，只好接受"。

②正式申诉和非正式申诉：参考 Cappelli 和 Chauvin（1991）对正式申诉的定义，在被调查者选择申诉的前提下，只要反应过程中提到了公司内工会、职工代表大会或人力资源部门等正式机构或部门参与其中，或提到依照组织相关正式程序进行申诉等，都编码为正式申诉。考虑到正式申诉往往为员工申诉的最后一个阶段（lewin，1999），因此，即便部分员工选择先使用非正式申诉，之后再使用正式申诉，也被视为使用正式申诉；相反的，只使用了非正式申诉渠道，则编码为非正式申诉。

本次调查中，选择沉默的员工有 40 名，选择申诉的员工有 144 名，其中，选择非正式申诉的有 40 人，正式申诉的员工有 104 人。

（3）员工力量和申诉体系有效性。基于 Bacharach 和 Lawler（1981）提出的衡量力量的两个思路——相对价值和可选的机会，作者使用员工在组织内的工作能力衡量其相对价值，使用员工在劳动市场的就业机会衡量可选机会。其中员工能力修订自 Bacharach 和

Lawler(1981)的问卷，共3题，例如"我的能力能够保证我在工作中阻止问题的产生，或者解决已经产生的问题"；就业机会的问卷修订自 Price 和 Mueller(1981)的量表，共3题，例如"我很容易找到一个比现有工作还好的工作"。Blancero 和 Dyer(1996)认为评价申诉体系有效性中最常用的指标是"容易使用"、"公平和可信赖的"以及"安全，不会被报复"。因此作者基于此三个指标分别设计三道评价申诉体系有效性的项目，例如"我们公司处理员工遭遇不公正对待的申诉系统容易使用"。上述三个问卷皆为7点计分，从非常不同意到非常同意。

(4)信度和效度。在本研究中，员工工作能力、就业机会和申诉体系有效性问卷的 Cronbach's α 值分别为0.78、0.93、0.74，表明上述测量工具的信度水平较高，符合大于0.7的研究要求。

为了验证本研究所涉及变量的区分效度。作者使用验证性因子分析考察三因子(工作能力、就业机会和申诉体系有效性)的模型是否拟合较好，结果表明 χ^2/df 为1.59，CFI 为0.99，AGFI 为0.94，RMSEA 为0.05，SRMR 为0.03。作者也进行了三因子模型和其他4个备择模型(例如单因子和双因子模型)的比较，比较结果也表明三因子模型的拟合性更好。因此，本研究涉及的3个变量具有良好的区分效度，的确代表了3个不同构念。

4. 研究结果

4.1 相关变量的描述性统计分析和相关分析

作者首先进行研究中相关变量的描述性统计分析和相关分析，具体结果如表1至表3所示。表1针对250名员工的调查可以发现，是否遭遇不公正对待与衡量员工力量的两个变量(工作能力和就业机会)的相关系数都不显著，而与申诉体系有效性存在显著但较弱的负相关($r=-0.13$)，从而初步支持假设2。表2针对遭遇过不公正对待的184名员工的调查可以发现，是否申诉与工作能力和就业关系的相关系数都不显著，而与申诉体系有效性存在显著的正相关($r=0.39$)，从而初步支持假设4。表3针对选择申诉的144名员工的调查可以发现，是否最终选择正式申诉与工作能力和就业关系的相关系数都不显著，而与申诉体系有效性存在显著的正相关($r=0.27$)，从而初步支持假设6。本文提出的相关假设还需要通过逻辑回归的方法加以进一步验证。

表1　　　　　　　　　相关变量的均值、标准差和相关系数矩阵(N=250)

	M	S.D.	1	2	3
1. 是否遭遇不公正对待	0.74	0.44			
2. 工作能力	5.82	0.77	0.00		
3. 就业机会	4.69	1.13	−0.07	0.36**	
4. 申诉体系有效性	4.57	1.16	−0.13*	0.19**	0.39**

注："是否遭遇不公正对待"变量中，0为没有遭遇不公正对待；1为遭遇过不公正对待；＊表示 $p<0.05$，＊＊表示 $p<0.01$。

表2 相关变量的均值、标准差和相关系数矩阵($N=184$)

	M	S. D.	1	2	3
1. 是否申诉	0.78	0.41			
2. 工作能力	5.82	0.76	−0.09		
3. 就业机会	4.64	1.14	0.14	0.35**	
4. 申诉体系有效性	4.47	1.21	0.39**	0.14	0.39**

注："是否申诉"变量中，0 为沉默；1 为申诉；＊表示 $p<0.05$，＊＊表示 $p<0.01$。

表3 相关变量的均值、标准差和相关系数矩阵($N=144$)

	M	S. D.	1	2	3
1. 是否使用正式申诉	0.72	0.45			
2. 工作能力	5.78	0.80	0.01		
3. 就业机会	4.72	1.10	0.09	0.34**	
4. 申诉体系有效性	4.72	1.09	0.27**	0.26**	0.37**

注："是否使用正式申诉"变量中，0 为非正式申诉；1 为正式申诉；＊表示 $p<0.05$，＊＊表示 $p<0.01$。

4.2 员工申诉的影响因素分析

作者分别以是否遭遇过不公正对待、是否申诉、是否采取正式申诉为因变量进行逻辑回归分析。第一步以选择的控制变量为自变量，第二步加入员工的工作能力、就业机会和申诉体系有效性为自变量，具体结果如表4所示。

表4 员工工作能力、就业机会和申诉体系有效性对员工遭遇不公正对待和反应方式的影响

	遭遇不公正对待（否 vs 是）（$N=250$）		总体反应方式（沉默 vs 申诉）（$N=184$）		申诉方式（非正式 vs 正式）（$N=144$）	
	M1	M2	M3	M4	M5	M6
性别	−0.20	−0.20	0.11	0.35	−0.66	−0.52
年龄	−0.03	−0.03	−0.05*	−0.04	0.02	0.02
行业类型	−0.46*	0.58**	−0.30	−0.68*	−0.05	−0.13
企业性质	−0.16	0.09	−0.25	0.02	−0.48	−0.37
工作能力		0.21		−0.36		−0.20
就业机会		−0.19		0.10		0.02
申诉体系有效性		−0.30*		0.91***		0.51**

	遭遇不公正对待 （否 vs 是） （$N=250$）		总体反应方式 （沉默 vs 申诉） （$N=184$）		申诉方式 （非正式 vs 正式） （$N=144$）	
	M1	M2	M3	M4	M5	M6
χ^2	6.89	14.88*	5.36	36.23***	6.81	14.57*
$\Delta\chi^2$		7.99*		30.87**		7.76*
R^2（Cox & Snell）	0.03	0.06	0.03	0.18	0.05	0.10
R^2（Nagelkerke）	0.04	0.08	0.04	0.28	0.07	0.14
Hosmer & Lemeshow 检验	9.20	8.86	4.78	2.79	6.97	6.28
Correct classification（%）	73.6	74.8	78.3	80.4	72.7	72.7

注：*表示 $p<0.05$，**表示 $p<0.01$，***表示 $p<0.001$。

从表4中的数据可以发现，当是否遭遇过不公正对待（水平数值0为没有遭遇过，1为遭遇过）为因变量时，只有控制变量为自变量的 M1 不显著；当员工的工作能力、就业机会和申诉体系有效性进入模型作为自变量时，模型 M2 显著，并且和 M1 相比，χ^2 的变化值也达到显著水平；另外，模型的 Hosmer 和 Lemeshow 检验不显著，分类百分比（correct classification）为 74.8%，都说明模型整体适配度较好；Cox-Snell R^2 与 Nagelkerke R^2 值分别为 0.06 和 0.08，说明模型中自变量和因变量之间的联系强度相对较弱；最后，工作能力和就业机会的 Wald 检验值不显著，而申诉体系有效性的 Wald 值显著且系数为负，说明申诉体系有效性越低，则员工遭遇不公正对待的概率就会显著提高；而申诉体系有效性越高，则员工遭遇不公正对待的概率就会显著下降，因此假设 2 得到支持，而假设 1 不成立。

当遭遇过不公正对待后，员工是否申诉（水平数值0为沉默，1为申诉）为因变量时，只有控制变量为自变量的 M3 不显著；当员工的工作能力、就业机会和申诉体系有效性进入模型作为自变量时，模型 M4 显著，并且和 M3 相比，χ^2 的变化值也达到显著水平；另外，模型的 Hosmer & Lemeshow 检验不显著，分类百分比（correct classification）为 80.4%，都说明模型整体适配度较好；Cox-Snell R^2 与 Nagelkerke R^2 值分别为 0.18 和 0.28，说明模型中自变量和因变量之间的联系强度适中；最后，工作能力和就业机会的 Wald 检验值不显著，而申诉体系有效性的 Wald 值显著且系数为正，说明当员工遭遇不公正对待后，申诉体系有效性越低，则员工选择沉默的概率就会显著提高；而申诉体系有效性越高，则员工选择申诉的概率就会显著提高，因此假设 4 得到支持，而假设 3 不成立。

当员工决定申诉后，是否选择正式申诉（水平数值0为非正式申诉，1为正式申诉）为因变量时，只有控制变量为自变量的 M5 不显著；当员工的工作能力、就业机会和申诉体系有效性进入模型作为自变量时，模型 M6 显著，并且和 M5 相比，χ^2 的变化值也达到显著水平；另外，模型的 Hosmer & Lemeshow 检验不显著，分类百分比（correct classification）

为 72.7%，都说明模型整体适配度较好；Cox-Snell R^2 与 Nagelkerke R^2 值分别为 0.10 和 0.14，说明模型中自变量和因变量之间的联系强度偏弱；最后，工作能力和就业机会的 Wald 检验值不显著，而申诉体系有效性的 Wald 值显著且系数为正，说明当员工决定申诉后，申诉体系有效性越弱，则员工选择非正式申诉的概率就会显著提高；而申诉有效性越强，则员工最终选择正式申诉的可能性更高，因此假设 6 得到支持，而假设 5 不成立。

5. 讨论

5.1 结论

以往研究很少考察员工遭遇不公正对待及之后采取的反应方式的整体决策过程，而大多只聚焦于正式申诉。本文则通过调查 250 名员工实际遭遇的上级或组织的不公正对待及其采取的实际反应方式，发现组织内申诉体系的有效性下降则员工遭遇不公正对待的知觉会提高；并且对于遭遇不公正对待的员工来说，申诉体系的有效性越低，则选择沉默的可能性会提高；即便员工最终选择申诉，也更倾向于通过非正式申诉解决争议。另外，员工的力量在上述决策过程的作用并不显著。上述研究结果对于组织内冲突和员工申诉的相关研究进行了深化和拓展，进一步丰富了组织内冲突和员工申诉的相关理论。

5.2 申诉体系有效性对于员工申诉行为的影响

申诉体系有效性对员工申诉机会的知觉以及后续申诉行为选择的影响得到了显著支持。其中申诉体系有效性会显著降低员工遭遇的不公正对待，该研究结果表明组织对于申诉体系有效性的建设可以帮助组织快速、准确地发现问题，并据此改善组织的管理体系；同时，申诉体系有效性的建设也有利于向员工发出组织希望建设和谐劳动关系的信号，这些都可以从源头上减少相关劳动冲突或争议的产生。

另外，本文研究结果表明，如果组织内申诉体系的有效性不高，则会使员工遭遇不公正对待后，被迫选择沉默而非积极申诉。员工沉默会使员工遭遇的不公正对待无法得到有效解决，一方面可能会导致员工产生不满、悲伤、愤怒等负面情绪，以及较低的工作士气和工作绩效，甚至离职（例如 Frone, 2000）；另一方面在负面情绪的堆积下，更容易在组织内诱发直接对抗，甚至出现更多激进和极端方式的诉求表达，形成恶性的"忍耐-爆发"式的劳动冲突模式（Cooke, 2013）。因此，组织内申诉体系有效性的建设将显著抑制组织内的沉默氛围，从而避免恶性劳动冲突的产生。

Olson-Buchanan 和 Boswell（2002）的研究发现，当员工打算申诉时，忠诚度高的员工更倾向于使用非正式申诉，Luchak（2003）的研究则进一步发现情感忠诚（affective loyalty）的员工更可能使用非正式申诉，而计算忠诚（calculated loyalty）的员工更可能使用正式申诉。而本文则发现除了员工忠诚外，申诉体系的有效性也会影响员工在申诉渠道上的选择，即申诉体系有效性越低，则员工更倾向于使用非正式申诉，而避免使用正式申诉，并且该结果与以往劳动关系中聚焦于正式申诉的相关研究结论基本一致，例如 Olson-Buchanan（1997）和 Blancero 和 Dyer（1996）研究都发现员工对于申诉体系公平性的评价越低，越不可能采取正式申诉。非正式申诉尽管申诉更方便，但由于申诉并未被组织记录在案，所以组织也就无法掌握员工遭遇不公正对待的现状，而且非正式申诉如果失败，员工被迫选择沉默，则仍然会存在上文提到的隐藏式劳动冲突的可能。徐晓明等(2010)针对高校青年教师的调查发现，81%的教师对目前学校的申诉体系不满意，并且34.7%的教师将"非制度化途径"(上网发帖、课堂宣泄等)作为利益受侵害后的表达方式之一。别雪君等(2011)同样针对高校青年教师的调查也发现15.5%的教师会将"非制度化途径"作为表达方式之一；因此，申诉体系有效性的建设将有利于降低员工对于正式申诉的"恐惧"和负面印象(例如摆样子、走形式)(重庆市总工会，2014)，帮助组织掌握员工遭遇不公正对待的现状以及最终冲突或争议的解决结果，从而有利于组织改善管理，避免恶性劳动冲突的产生。

5.3　员工力量对员工申诉行为的影响

员工力量在员工遭遇不公正对待及之后采取的反应方式的整体决策过程中的作用并不显著。作者认为原因如下：第一，员工力量对于员工遭遇不公正对待知觉的影响可能比较复杂：一方面，员工力量越强，则上级或组织会给予其更少的控制，故其遭遇不公正对待的可能性会下降(Klaas，1989)；但另一方面，例如 Cappelli 和 Chauvin(1991)就认为由于高技能员工的工作岗位往往没有严格界定，这反而会引发更多的争议，从而使得这些员工更容易知觉到不公正对待。第二，员工力量在员工申诉决策过程中的作用可能被高估了。员工在经济关系和人身关系上从属于雇主，使得员工在劳资力量对比上处于绝对弱势地位(陈微波，2013)。例如 Bulter(2005)的调查就发现，75%的员工认为个人和组织之间的力量悬殊，也即员工依赖组织的程度要远远大于组织对员工的依赖。Bacharach 和 Bamberger(2004)的研究同样没有发现员工力量与正式申诉之间存在显著关系。于是员工寻找外部力量协助以提高力量均衡就尤为必要了(Hopeck 等，2014)，本文的研究结果也表明，申诉体系(员工外部力量的重要来源(Varman 和 Bhatnagar，1999))的有效性知觉会显著影响员工的申诉行为选择。第三，中国管理者经常采取家长式的领导方式，即强调专权作风、维护尊严(郑伯壎等，2000)，也会导致员工力量的作用被压制。第四，本文只聚焦于员工的反应方式，并未考察员工力量对于申诉结果的影响。个体相对力量越强，则会影响另个个体按照其意愿行事(Dahl，1957)。那么，员工相对力量越强，则申诉(包括正式和非正式申诉)后可能更容易取得满意的结果。因此，后续研究可以进一步考察是否员工力量对于员工申诉满意度存在显著影响。

5.4　研究不足和未来的研究建议

本文仍存在下列不足：(1)本文并未将不公正事件责任人(上级或组织)作为一个重要的前因或控制变量进行考察，事实上以往研究发现不同类别的责任人对于员工正式申诉的结果影响不同，Klaas 和 DeNisi(1989)与 Boswell 和 Olson-Buchanan(2004)的研究都发现，员工针对上级的正式申诉往往会得到更明显的报复，例如更低的绩效评价，而针对组织政策的申诉则不存此现象。因此后续的研究应进一步询问员工不公正对待事件的主要责任人，并比较不同责任人对于员工申诉行为选择的差异。而且，将来的研究应考虑针对上级和组织申诉的不同，探索不同前因变量的影响，例如是否 LMX 会影响员工对上级的申诉，而劳动关系氛围是否会影响员工对组织的申诉。(2)本文只考察了员工力量和申诉体系有效性对于申诉条件和反应方式的影响，而忽略了对申诉结果的考察，因此后续研究应考虑进一步比较员工力量和申诉体系有效性是否会影响员工申诉结果的满意度。(3)员工申诉的三个决策阶段在现实中很难在明确的时间点上进行区隔，例如员工可能在每个阶段决策完成后都进行长时间的心理计算，但也可能瞬间完成三个阶段的决策。因此，在研究设计上，本文参考以往类似研究，采取的是一次取样，也就无法明确自变量和因变量的因果关系。后续研究应弥补本研究调研方法所带来的缺陷，增加实验研究的方法，对员工的三个决策阶段进行更好的控制，从而可以和问卷调查的研究结果进行比较和印证。(4)本文的所有变量均为问卷填写人的自我汇报，尽管本文三个结果变量都为"是或否"的分类变量，且"申诉还是沉默"以及"正式申诉还是非正式申诉"都为员工对其客观发生行为的回忆，且区分标准也非常清晰，但结果变量"是否知觉到不公正对待"为员工的主观认知，因此仍存在同源误差的可能。(5)本文的研究设计只是考察对于员工负面影响程度最大的一次不公正事件的反应方式，后续研究可以参考 Bacharach 和 Bamberger(2004)的方法，将针对不同事件的累计申诉次数作为结果变量，比较和本文研究结果是否存在异同。

◎ 参考文献

[1]别雪君，高芸，吴冰. 高校青年教师利益诉求现状的调研与分析[J]. 武汉商业服务学院学报，2011，25(6).

[2]常凯. 劳动关系的集体化转型与政府劳工政策的完善[J]. 中国社会科学，2013(6).

[3]陈微波. 基于劳动冲突治理视角的利益表达问题研究[J]. 求实，2013(1).

[4]重庆市总工会. 非公企业员工利益诉求表达机制存在的问题与对策[J]. 工会信息，2014(15).

[5]王士红，孔繁斌. 心理契约对国家审计人员 EVLN 行为的影响——基于组织支持感到调节作用研究[J]. 南京社会科学，2015(3).

[6]吴忠民. 中国现阶段劳动者利益诉求方式分析[J]. 社会学评论，2013，1(2).

[7]徐晓明，刘静，边超. 高校青年教师生活状态、发展状况及利益诉求调查与对策研究[J]. 河北工业大学学报(社科版)，2010，2(4).

[8]郑伯壎，周丽芳，樊景立. 家长式领导量表：三元模式的建构与测量[J]. 本土心理学研究，2000 (14).

[9]郑晓涛，柯江林，石金涛，郑兴山. 中国背景下员工沉默的测量以及信任对其的影响[J]. 心理学报，2008，40(2).

[10]郑永兰，许丹阳. 新生代农民工利益表达的实证研究——以江苏省为例[J]. 长白学刊，2016(1).

[11]Adams, J. S. Inequity in social exchange [M]//Berkowitz, L. *Advances in experimental social psychology*. New York：Academic Press, 1965.

[12]Bacharach, S. B. , Lawler, E. L. *Power and politics in organizations*[M]. San Francisco：

Jossey-Bass, 1981.

[13] Bacharach, S. B. , Bamberger, P. The power of labor to grieve the impact of the workplace, labor market, and power-dependence on employee grievance filing [J]. *Industrial and Labor Review*, 2004, 57(4).

[14] Barclay, L. J. , Skarlicki, D. P. , Pugh, S. D. Exploring the role of emotions in injustice perceptions and retaliation [J]. *Journal of Applied Psychology*, 2005, 90(4).

[15] Bemmels, B. , Foley, J. R. Grievance procedure research: A review and theoretical recommendations [J]. *Journal of Management*, 1996, 22(3).

[16] Blancero, D. , Dyer, L. Due process for non-union employees: The influence of system characteristics on fairness perceptions [J]. *Human Resource Management*, 1996, 35(3).

[17] Boroff, K. E. , Lewin, D. Loyalty, voice, and intent to exit a firm: A conceptual and empirical analysis [J]. *Industrial and Labor Relations Review*, 1997, 51(1).

[18] Boswell, W. R. , Olson-Buchanan, J. B. Experiencing mistreatment at work: The role of grievance filing, nature of mistreatment, and employee withdrawal [J]. *Academy of Management Journal*, 2004, 47(1).

[19] Budd, J. *Labor relations: Striking a balance* (4th edition) [M]. New York: McGraw-Hill Education, 2012.

[20] Bulter, P. Non-union employee representation exploring the efficacy of the voice process [J]. *Employee Relations*, 2005, 27(3).

[21] Cappelli, P. , Chauvin, K. A test of an efficiency model of grievance [J]. *Industrial and Labor Review*, 1991, 45(1).

[22] Carnevale, P. J. , Olson, J. B. , O'Connor, K. M. Formality and informality in a laboratory grievance system [C]//Lind, E. A. (Chair). Analyzing organizational grievance systems. Symposium conducted at the annual conference of the International Association for Conflict Management, Minneapolis, MN, 1992.

[23] Chang, K. , Cooke, F. L. Legislating the right to strike in China: Historical development and prospects [J]. *Journal of Industrial Relations*, 2015, 57(3).

[24] Cooke, F. L. Newdynamics of industrial conflicts in China: Causes, expressions and resolution alternatives [M]//Gall, G. (eds). *New forms and expressions of conflict at work*. New York: Palgrave Macmillan, 2013.

[25] Cooke, F. L. , Xie, Y. H. , Duan, H. M. Workers' grievances and resolution mechanisms in Chinese manufacturing firms: Key characteristics and the influence of contextual factors [J]. *The International Journal of Human Resource Management*, 2016, 27(8).

[26] Cortina, L. M. , Magley, V. J. Raising voice, risking retaliation: Events following interpersonal mistreatment in the workplace [J]. *Journal of Occupational Health Psychology*, 2003, 8(4).

[27] Dahl, R. A. The concept of power [J]. *Behavior Science*, 1957(3).

[28] Dundon, T. , Rollinson, D. *Understanding employment relations* [M]. New York: McGraw-

Hill Education, 2011.

[29] Emerson, R. M., Exchange theory (part 1and 2) [M]// Berger, J., Zelditch, M., Anderson, B. (Eds.). *Sociological theories in progress* (Vol. 2). Boston: Houghton Mifflin, 1972.

[30] Farrell, D. Exit. Voice, loyalty, and neglect as responses to job dissatisfaction: A multidimensional scaling study[J]. *Academy of Management Journal*, 1983, 26(4).

[31] Feuille, P., George H. Grievance Procedures and Dispute Resolution[M]//Gerald F., Sherman R., Darold B. (eds.). *Handbook of human resource management*. Cambridge, Mass.: Blackwell, 1995.

[32] Folger, R., Cropanzano, R. *Organizational justice and human resource management*[M]. Thousand Oaks, CA: Sage, 1998.

[33] Freeman, R. B., Medoff, J. L. *what do unions do?* [M]. New York: Basic Books, 1985.

[34] Frone, M. R. Interpersonal conflict at work and psychological outcomes: Testing a model among young workers[J]. *Journal of Occupational Health Psychology*, 2000, 5(2).

[35] Greenhalgh, L. Relationships in negotiations[J]. *Negotiation Journal*, 1987(3).

[36] Hirschman, A. 0. Exit. *Voice, and loyalty: Responses to decline in firms, Organizations, and states*[M]. Gambridge, Mass.: Harvard University Press, 1970.

[37] Hopeck, P., Desrayaud, N., Harrison, T. R., Hatten, K. Deciding to use organizational grievance processes: Does conflict style matter? [J] *Management Communication Quarterly*, 2014, 28(4).

[38] Klaas, B. S., DeNisi, A. Managerial reactions to employee dissent: The impact of grievance activity on performance ratings[J]. *Academy of Management Journal*, 1989, 32 (4).

[39] Klaas, B. S. Determinants of grievance activity and the grievance system's impact on employee behavior an integrative perspective [J]. *Academy of Management Review*, 1989, 14(3).

[40] Lewin, D. Dispute resolution in the nonunion firm: A theoretical and empirical analysis [J]. *Journal of Conflict*, 1987, 31(3).

[41] Lewin, D., Peterson, R. B. *The modern grievance procedure in the United States* [M]. New York: Quorum Books, 1988.

[42] Lewin, D. Theoretical and empirical research on the grievance procedure and arbitration: A critical review[M]// Eaton, A. E., O'Keefe, J. H. (eds). *Employment dispute resolution and worker rights in the changing workplace*. Urbana-Champaign, IL: Industrial Relations Research Association, 1999.

[43] Lewin, D., Peterson, R. B. Behavioral outcomes of grievance activity [J]. Industrial Relations, 1999, 38(4).

[44] Luchak, A. A. What kind of voice do loyal employees use? [J]. British Journal of Industrial Relations, 2003, 41(1).

[45]Magenau, J. M. , Pruitt, D. G. The social psychology of bargaining. In Stephenson, G. M. , Brotherton, C. J. (eds), Industrial Relations: A Social Psychology Approach[M]. Wiley, Chichester, 1979.

[46]Olson-Buchanan, J. B. , Voicing discontent: what happens to the grievance filer after the grievance? [J]. *Journal of Applied Psychology*, 1996, 81(1).

[47]Olson-Buchanan, J. B. To grieve or not to grieve factors related to voicing discontent in an organizational simulation [J]. *The International Journal of Conflict Management*, 1997, 8 (2).

[48]Olson-Buchanan, J. B. , Boswell, W. R. The role of employee loyalty and formality in voicing discount[J]. *Journal of Applied Psychology*, 2002, 87(6).

[49]Olson-Buchanan, J. B. , Boswell, W. R. An integrative model of experiencing and responding to mistreatment at work [J]. *Academy of Management Review*, 2008, 33(1).

[50] Peterson, R. B. , Lewin, D. Research on unionized grievance procedures: management issues and recommendations [J]. *Human Resource Management*, 2000, 39(4).

[51]Porter, L. W. , Lawler, E. E. *Managerial attitudes and performance*[M]. Homewood, IL: Irwin, 1968.

[52]Price, J. L. , Mueller, C. W. *Professional turnover: The case of nurses*[M]. New York: Sp Medical and Scientific, 1981.

[53]Skarlicki, D. , Ellard, J. H. , Kelln, B. R. C. Third-party perceptions of a layoff: Procedural, derogation, and retributive aspects of justice [J]. *Journal of Applied Psychology*, 1998, 83(1).

[54]Turner, T. , O'Sullivan, M. Speaking up employee voice and attitudes to unions in a non-union US multinational firm[J]. *Industrial Relations Journal*, 2013, 44(2).

[55]Varman, R. , Bhatnagar, D. Power and politics in grievance resolution managing meaning of due process in an organization[J]. *Human Relations*, 1999, 52(3).

[56]Walker, B. , Hamilton, R. T. Employee-employer grievance: A review[J]. *International Journal of Management Reviews*, 2011, 13(1).

[57]Wheeler, H. N. Punishment theory and industrial discipline [J]. *Industrial Relations*, 1976, 15(2).

The Impact of Employee Power and Effectiveness of Grievance Processing on Employee Grievances: The Overall Investigation of the Three Decision-Making Stages

Zheng Xiaotao[1] Yu Mingchuan[2] Wang Qi[3] Sun Rui[4]

(1, 2, 3 Business School, Shanghai Normal University, Shanghai, 200234;

4 Chinese Academy of Personnel Science, Beijing, 100101)

Abstract: Few studies investigate the integrative process of employee's experiencing and responding mistreatment. This study analyzing data of 250 employees indicates that the less effectiveness of grievance processing, the more possibility employee will experience mistreatment. The less effectiveness of grievance processing, the more inclined to choose keeping silence for the employees who have experienced the mistreatment. The less of grievance processing, the more inclined to choose formal grievance for the employees who voiced their dissent. In addition, employee's power has no significant effect on the integrate process. The result deepens and extends the related organizational conflict and employee grievance theory.

Key words: Mistreatment; Voice; Silence; Employee power; Effectiveness of grievance processing

专业主编：杜旌

工作场所中"男女搭配"能否带来"干活不累"

——基于资源保存理论的视角*

● 陈建安[1,2]　武雪朦[3]

(1, 3　武汉大学经济与管理学院人力资源研究中心　武汉　430072;

2　武汉大学中国产学研合作问题研究中心　武汉　430072)

【摘　要】工作场所中"男女搭配"已经超越抽象的性别平等观，成为任务团队试图赢得竞争力的结构性安排之一。本文按照"男女搭配"的内涵界定、触发资源、资源转化成心理体验的思路开展逻辑推导：(1)"男女搭配"既包括生理性别的多元化又涉及社会性别背后隐含的认知差异和价值观差异。(2)依据资源保存理论，"男女搭配"仅是个体心理资源或群体内生资源扩张或损耗的触发源，其中异性相吸作为"利之刃"能够扩充个体的心理资源，异类相斥作为"伤之刃"既能扩充又能损耗群体的内生资源。(3)引入任务特征和个体特质，逻辑推理发现：对于低强度或简单任务，最好采用"图式化女人（关系导向型女人）和跨性别图式化男人（关系导向型男人)"的"男女搭配"，能够带来"干活不累"；对于高强度或复杂任务，最好采用"图式化男人（任务导向型男人）和跨性别图式化女人（任务导向型女人)"搭配，带来"干活不累，干活高效"，或者"跨性别图式化男人（关系导向型男人）和图式化女人（关系导向型女人)"搭配次之，能够带来"干活不累"。这些结论解答了"男女的性别搭配有何规律，哪种性别搭配更具优势"的问题。

【关键词】男女搭配　性别多元化　干活不累　任务特征

[中图分类号]C936　　　[文献标识码]A

1. 引言

现实生活中，有些团队的成员构成全是男人，有些团队的成员构成则都是女人，甚至还有些团队的成员构成是男女混搭。"男女混搭"的现象在工作场所中经常被调侃为"男女

---

* 基金项目：国家社会科学基金教育学一般课题"中国大学生创业成功标准及其与创业行为的关联机制研究"（BIA150092)。

通讯作者：陈建安，E-mail：chenjianan@ whu. edu. cn。

搭配，干活不累"。实际上，工作场所中的"男女搭配"与成员构成性别多元化是紧密相关的。管理学领域对性别多元化的认识经历了从社会政策层面向人力资源管理领域战略层面的转变。20 世纪 90 年代及之前的性别多元化研究主要关注职场领域的性别歧视和偏见。自从 2000 年以来性别多元化研究则主要依据相似-吸引理论、社会认同理论和歧视理论推断性别多元化对群体认同、工作满意度、关系和谐等带来的消极影响；2010 年之后的相关研究则采用地位等级理论、性别再现理论、刻板印象或社会角色理论来诠释性别多元化对小组创新绩效、个体工作满意度(含任务体验和社交体验)或团队承诺带来的负面效应。当然，少量学者利用信息加工理论、异性-吸引理论诠释了性别多元化对工作满意度、决策冒险程度、绩效(公司、团队或个人)、关系冲突和任务冲突降低带来的积极效应，甚至从结构洞理论和资源配置理论视角来诠释高管团队性别多元化对公司伦理责任、财务绩效、创新能力并非带来纯积极或纯消极效应。这些研究中仅部分成果涉及工作满意度、群体认同(或承诺)、关系和谐(或冲突)等与心理体验相关的构念，并且存在结论不一致。结论不一致的主要原因在于：性别多元化对心理体验的积极效应仅从资源的收益视角来诠释，消极效应则侧重从资源的损耗视角来诠释，这两种"非此即彼"视角的诠释都存在一定的片面性，也说明上述理论对于解释性别多元化存在缺陷。迄今为止，西方学术界并没有从管理学视角形成一个解释工作场所中性别多元化如何影响员工心理体验的完整、清晰的作用机制。国内学者对于性别多元化的研究则大多聚焦于女性赋权、消除歧视的社会学视角，或者分析高管团队(例如董事会)对组织绩效的影响。即使杨振兵(2016)提出男性职工为获取女性好感而产生异性效应，并基于行业层面与省际层面数据对比验证了工作场所从业人员"男女搭配"对团队绩效的异性效应，但是并没有涉及微观层面的相关机理揭示。因此，非常有必要系统揭示"男女搭配"对干活累或不累的作用机理。

资源保存理论描述资源在个人和社会环境之间的交互过程，包括资源积累(或扩张)和资源损耗(或丧失)，为性别多元化领域的研究开拓了一个新思路。具体来说，从资源视角存在性别多元化带来成员心理体验的两条生成机制：其一是异性相吸→资源积累和资源扩张→积极心理体验强化，其二是异类相斥→资源损耗和资源丧失→积极心理体验弱化。鉴于此，本文依据资源保存理论对资源得失的整合视角，按照内涵界定、触发资源、资源转化成心理体验的思路，揭示工作场所中"男女搭配"作为情景刺激对个体心理资源和群体内生资源的触发机制；鉴于群体内生资源会影响"在群体中的个体"的心理资源，引入团队任务特性和个性特质，诠释不同类型"男女搭配"影响"在群体中的个体"的心理体验的作用机制。通过对"男女搭配"触发机制和资源转化机制的理论分析，本研究结论便于企业能够从机理透视分析中更好地理解"男女搭配"对员工心理体验的影响机制，进而使"男女搭配"在团队组建上发挥更好的效果。

2. "男女搭配"是否等于"生理性别多元化"

"男女搭配"在英文中存在类似的说法，即性别多元化(gender diversity)、混合性别团队(mixed sex group)、性别构成(gender composition)或性别配对(mixed-sex dyads)、性别差异(gender dissimilarity)等。虽然众多研究的构念在叫法上存在差异，但是这些构念均与工作场所中性别构成的异质性相关。

2.1 性别从生理属性到社会属性的内涵

每一个人既是自然人又是社会人。从自然人视角来说，人的性别是天生具备的外显生理属性(sex)，包括"男人"(man)或"女人"(woman)两大类，即性别两元论。男女在生理结构上的差异导致二者在爆发力、体力、耐力上是不同的。性别两元论强调男女之间的生理结构差异，却忽视了二者的相似性，从而无法全面诠释性别背后的复杂性。

从社会建构视角来说，社会性别(gender)具有复杂的深刻内涵，特指男性(male)和女性(female)之间一系列不同的角色特点，即符合社会期望的品质特征、思维观念和行为模式的集合体。相关研究表明女性和男性在性格、沟通风格、教育背景和职业经历与专业性方面都是不同的(Feingold，1994)。社会性别的差异和分化并不是与生俱来的，而是男性和女性在人类历史上进行角色扮演的结果，女性逐渐被建构为屈从于男性的群体。尤其是在中国，特定的社会认知图式(刻板印象)普遍将男女的生理性别差异等同于社会性别差异，以性别角色来强调女人和男人之间的区别。在社会对性别角色的刻板印象中，男性被期望更多是任务导向，表现逻辑的、独立的、攻击性的和竞争性的(男子汉气概)(Myaskovsky et al.，2005)；女性被期望更多是人际关系导向，是直觉的、依赖的、善于表达情感的(女人气质)(Wegge et al.，2008)。依据 Bem(1981)的性别图式理论(对性别的认知结构)，刻板印象既嵌在他人的期望之中，也嵌入在个体的性别角色认同之中并形成个人的倾向(Eagly，2009)。因此，所有人自从出生以来均以性别图式作为标准来实现社会化，其中女人以女性化为社会化目标，男人向着男性化的方向发展。鉴于在社会化过程中不同生理性别的人的性别图式化程度(对传统性别角色的认同)存在差异，根据生理性别和社会性别图式化程度可以将人划分为四类：图式化女人(只具有女性特质的女人，即关系导向型女人)、图式化男人(只具有男性特质的男人，即任务导向型男人)、跨性别图式化女人(只具有男性特质的女人，即任务导向型女人)和跨性别图式化男人(只具有女性特质的男人，即关系导向型男人)。

2.2 "男女搭配"背后蕴含的多层次内涵

从多元化的表层内涵和性别的自然属性来分析，"男女搭配"就是生物学意义上的男人和女人构成的工作群体。表层的性别与工作相关性低而易识别性高，可渗透性低，都是与生俱来且不易改变的特征，因此"男女搭配"中的成员很难从一个生理性别自然转移至另一个生理性别。"男女搭配"可以采用工作群体中女性成员占群体总数的比例(Boulouta，2013)，工作群体中男女的比例或利用 Blau 异质性指数来衡量(Ali et al.，2014)。其中，Blau 异质性指数 $H=0$ 代表完全的同质性(所有的群体成员都为男人，0/100 性别比例)，$H=0.5$ 代表完全的异质性(群体成员中一半为女人，另一半为男人，代表生理性别多元化最大化，50/50 性别比例)。

从多元化的深层内涵和性别的社会属性来分析，"男女搭配"是社会学意义上的男性和女性角色构成的工作群体，即角色性别多元化。基于此视角，工作场所中"男女搭配"有着更加宽泛的内涵，强调性别背后隐含的个性特质、思维方式和行为模式差异，即认知差异(体现为成员处理信息和经验的方式、风格不一致)和价值观差异(体现为成员理解群体目标、任务的不一致)。并且,这些差异是难以识别和观察的,类别之间的可渗透性较高。例如,女汉子,即具有男性图式特征(如独立、果敢)的女人(Hilgenkamp & Livingston,2002;Ahlqvist et al.,2013)。Mulac 等(1987)也证实:在完成问题解决任务的情境中,"男女搭配"中女人趋向展示男性的思维和行为模式,男人则保持不变。

综合来说,"男女搭配"并非简单的男人与女人组合,既包含性别多元化的直观表象(生理性别多元化),又涉及其深层刻画(角色性别多元化)。生理性别多元化和角色性别多元化既有联系,也有本质的区别,如生理性别多元化容易被团体成员感觉到其存在,角色性别多元化则需要经过团体成员的内在加工才被知觉到其存在。"男女搭配"既是群体范畴的构念,更是个体嵌入群体的结构性安排,可能触发群体资源或群体中个体的心理资源。根据"男女搭配"多层内涵的复杂性,生理性别背后所隐含的异性和角色性别背后所隐含的异类是"男女搭配"中成员形象的不同侧影,非常有必要从异性-相吸、异类-相斥两个范式入手,解释"男女搭配"如何触发群体资源或群体中个体的心理资源。

3. "男女搭配"诱发"群体"和"在群体中的个体"内生资源的扩充还是损耗

本文将"累"侧重解读为类似于工作倦怠(心理资源的透支),意味着个体的情感衰竭、去人格化和低成就感等消极心理体验(Lee & Ashforth,1996)。与此相对应,"不累"意味着积极的心理体验,即心情愉快(如希望、乐观、满意)。积极的心理体验与个体所拥有的心理资源的积累或扩张相关,消极的心理体验与个体所拥有的心理资源的损耗或丧失相关。依据资源保存理论,"男女搭配"中的成员会努力获取和保护他们重视的物质资源、条件资源、个性特征资源或能量资源(Hobfoll,1998)。这些工作资源根据来源能够被划分为内生资源和外部资源,其中个体的心理资源(例如自我效能、社交欲望等)属于内部资源中的能量资源。团队所拥有的资源也能够被划分为内生资源(由群体内部所产生的资源)和外生资源(由群体外部所提供的资源)。"男女搭配"本身并非团队的工作资源,而是为团队内生资源或个体心理资源的扩充和损耗提供情境触发源,如图1所示。

3.1 异性-相吸范式下的个体心理资源扩充

从异性-相吸范式视角来说,男人和女人在"男女搭配"中均比在独立工作、"男男搭配"或"女女搭配"团队中工作更受激励,主要原因在于"男女搭配"能够带来增长的自我意识或驱动自我展示的动力(Kerr & Sullaway,1983)。具体来说,"男女搭配"作为情景刺激,被感觉到生理性别多元化之后,能够唤醒个体的自我效能和社交欲望,为满足"自我表现需求"(希望将自己的特定身份呈现给他人)和"社交需求"(希望通过与他人的交流,获得享受、愉悦和刺激的体验)提供了机会,进而可能促进团队中个体的心理资源扩充。

(1)"男女搭配"唤醒自我效能。根据自我效能理论和唤醒理论,环境中的各种刺激会唤起人的生理状态,生理状态进一步唤醒自我效能感。尤其是在独特的面子文化影响下,他人在场能够显著增强中国人的驱力或动机,体现自我表现需求的功利主义特征。以此类推,"男女搭配"中的异性吸引力自然产生促进成员互动的一种特殊驱动力——渴望得到

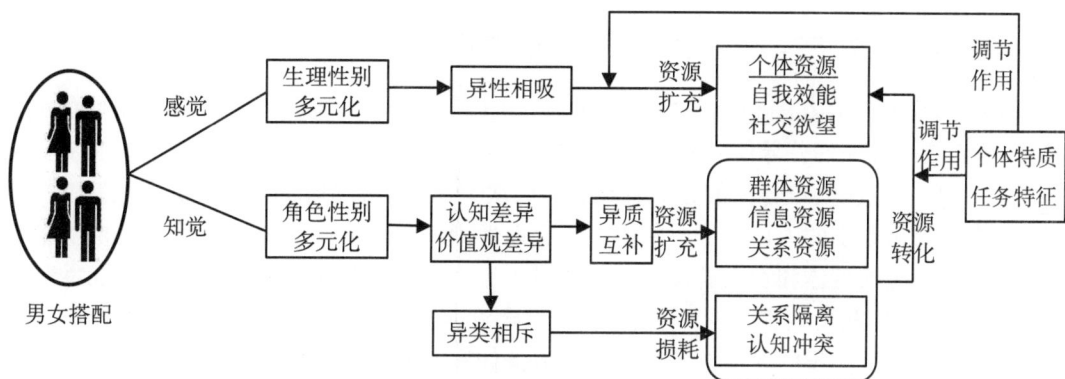

图 1　任务团队中"男女搭配"的资源触发机制

异性的认可与青睐，自然就唤醒了自我效能。例如，男人为了获得异性的好感（"求偶行为"）而承担更多的工作任务（Siemens, 2015）。尤其是"男女搭配"中双方均是有魅力的或者各自的搭档伙伴是有魅力的，男人和女人均会在互动活动中表露更多（Stiles, 1996）。例如，Cheng 等（2015）通过实验研究证实："男女"合作与"男男"或"女女"合作对脑活动的影响存在本质上的不同，只有在男女合作时，两人的大脑活动信号才表现出显著的一致性。印象管理带来的自我表现需求得到满足，则良好的感觉自然冲淡工作带来的劳累，即人们常说的"累并快乐着"，尤其乐在其中。

（2）"男女搭配"激发社交欲望。由于"异性相吸"对社交欲望的强刺激效应，男人和女人在一个性别平衡的群体中工作时，可能从接触活动之中体验到无法用语言描述的感情追求，这满足了个体的社交需求，其工作满意度相应会更高。甚至随着团队中女人比例的增加，团队成员认为团队氛围是更加令人愉快的，没有任何冲突的（Gianluca et al., 2013）。Magnus（2010）基于瑞典的 1890 个工作场所中 721123 名员工的数据调查也证明，员工离职倾向依赖于工作场所中异性员工的比率，即随着工作场所中异性员工比率增加，离职倾向下降。尤其是"男女搭配"比"男男搭配"或者"女女搭配"更容易形成超越普通职场友谊的"工作配偶"同事关系，即红颜知己或蓝颜知己。"工作配偶"关系是在工作场所中男女同事之间形成的亲密合作关系，并且这种关系不会朝柏拉图式的相恋方向发展（McBride & Bergen, 2015）。"男女搭配"带来的异性相吸效应对群体中男女成员心理体验的影响没有任何差异，但是女人比男人有更低的社交交换和更高的任务交换（Graves & Elsass, 2005），即关系导向型的女人更愿意为和"配偶"一起工作而放弃获取高收入的机会，任务导向型男人的行为并不受异性伙伴的熟悉度影响（Luise, 2015）。根据工作配偶关系理论（McBride & Bergen, 2015），形成工作配偶关系的男女双方在工作和非工作问题上相互提供支持，包括亲密的情感联结、高水平的开诚布公和支持、相互信任、诚实、忠诚和尊重，扮演真实配偶在工作场所中不能扮演的角色。

总之，从异性-相吸范式视角来看，"男女搭配"作为刺激情景，背后蕴含的生理性别多元化被个体感觉之后，由于异性相吸而增强个体的自我效能和社交欲望，实现个体心理资源的扩充，为积极心理体验提供正能量，即增强"干活不累"的愉悦感。

3.2 异类-相斥范式下的群体内生资源扩充和损耗并存

相似-吸引理论存在三个重要的假设前提：（1）人们往往喜欢那些与自己相似的人；（2）人与人之间存在的差异使人们在互动之中产生不舒服的感觉，从而人们更善待与己相似的人；（3）浅层次人口特征的相似意味着深层次个体特质的相似性。"男女搭配"中，性别是非常容易被识别的人口特征，从而成员会以性别来对自己自动归类，团队成员自然而然地被划分为男人群体和女人群体。根据假设1和假设2所体现的异类相斥原则，"男女搭配"中男人群体和女人群体之间的差异可能导致这两个群体之间的关系隔离和认知冲突。根据假设3所体现的异质互补原则，男人群体和女人群体之间的认知差异和价值观差异能够促进"男女搭配"群体信息资源和关系资源的扩展，但是也可能增强"异质相斥"带来的消极影响。因此，在异类-相斥范式下，"男女搭配"对群体内生资源的影响是非常复杂的。

（1）"男女搭配"丰富信息资源。由于人被性别图式化后导致的社会性别角色不同，男女之间存在认知差异和价值观差异。"男女搭配"可以为任务团队带来更全面的信息及差异化的观点，形成更加具有创造性的想法和更高质量的决策（Joshi & Roh，2009）。并且，图式化的女人在决策中更倾向于合作，愿意承诺和参与，可以为任务团队营造一种良好的氛围，促进个体之间信息资源的整合。因此，"男女搭配"可以为任务团队提供充足的信息（或观点）资源，实现群体的内生资源扩充。当然，信息（或观点）资源的增多虽然并不能直接带来个体的积极心理体验，但是可能影响个体的心理资源，并对决策型任务完成产生影响。

（2）"男女搭配"导致关系隔离。由于性别图式化的个体倾向于依据性别属性来认知和组织信息（相似的人口特征等同于深层的角色特征），根据相似-吸引范式，"男男搭配"或者"女女搭配"这种生理性别背后的角色相似有助于互动的双方提高彼此的吸引力。因此，从此视角来说，群体的生理性别构成越趋同，工作满意度越高（Peccei & Lee，2005）。与此相对应，依据异类-相斥原理，生理性别差异使得"男女搭配"极易产生内部"分裂"。生理性别是一个容易被观察的属性特征，为社会分类提供强有力的基础。性别多元化群体的成员会根据生理性别属性而产生内部分化（"物以类聚，人以群分"），形成"女人次群体"和"男人次群体"。遵循社会认同理论，子群体内的成员出于自尊的需要，通常以积极的眼光看待圈内人，却对非我群类的圈外人给予消极的评价。进而，根据群体竞争理论，"男女搭配"工作场所中男女各自分属不同的生理性别群体，在争夺稀缺资源时由于对立的群体利益相互会存在敌意。因此，"男女搭配"团队中男人或女人各自形成的内外群体常常由于利益冲突而互相隔离，人际关系冲突（团队成员间的人际关系不和谐，比如紧张、憎恶和厌烦）必然带来大群体内部资源消耗的问题。由此推断，"男女搭配"团队中成员构成性别多元化对成员个体的工作满意度、团队承诺带来消极的影响（Peccei & Lee，2005）。

（3）"男女搭配"驱动认知冲突和关系资源并涌。从角色匹配视角来说，"男女搭配"存在相似性匹配和互补性匹配，即"同质相谐，异质互补"。一方面，"男女搭配"作为性别不一致群体，导致男女次群体的认知冲突。根据社会角色理论，性别图式化的女人很少是任务导向的，性别图式化的男人则更多是任务导向的。同一生理性别背后深藏的思维和价值观一致对群体中配对成员的合作目标和关系质量产生积极影响（Chen et al.，2008），成员的工作满意度也更高（Kim et al.，2011）。例如，Berge 等（2016）证实，与男性群体或混合群体相比，女性团队更善于合作解决问题，也更愿意冒险。性别不相似性背后的认知差异和价值观差异则更是增强群体内部的认知冲突（成员对任务目标以及有关达成目标途径的认识不一致）。尤其是中国儒家思想中"男尊女卑"对中国人行为及意识的影响已潜移默化乃至根深蒂固，认知、思维和地位的"男女有别"在人们的内心深处被广为接受。因此，女人在男人地位较强的工作背景下，会经历更多的社会隔离和性别歧视，由此形成较低的心理幸福感（Miner-Rubino et al.，2009）。另一方面，"男女搭配"在性别角色特质的优势互补中释放正能量，带来更多的关系资源。根据性别角色理论，男女在人格与角色行为上存在显著差异，男性化特质强调任务导向，女性化特质突出关系导向。与同性伙伴互动的人期望伙伴追求与自己相同的工作目标，然而与异性伙伴互动的人则期望伙伴拥有与自己不同的工作目标（Rink & Ellemers，2006）。男女特质的优势互补能够促进人际吸引。因此，从社会角色匹配视角来说，"男女搭配"既由于认知冲突能促进这些资源的消耗，又由于性别特质互补能促进群体内关系资源和心理资源的扩充。

总之，从异类-相斥范式来说，依据自我分类理论、群体竞争理论和角色匹配理论，男女搭配中的性别角色差异不但能够带来群体认知资源和关系资源的扩充，而且易导致男女群体之间的关系隔离和认知冲突，即群体内生资源的扩充与消耗并涌。由此推断，"男女搭配"背后蕴含的性别深层多元化犹如一把双刃剑，对群体资源池（群体所有的各种特性资源或能量资源的集合）（Hobfoll，2011）既能带来负能量，也能带来正能量。鉴于群体和个体是不可分割的整体，群体资源池的变化会影响群体中个体的心理资源，进而对个体的心理体验（累或不累）可能产生显著影响。因此，综合"异性-相吸"和"异类-相斥"两个范式，将"男女搭配"对个体心理资源和群体内生资源的扩充或消耗纳入整体框架，系统考察其对成员个体心理体验的影响，才能全面理解"男女搭配"对干活累或不累的作用机理。并且，既然"男女搭配"对资源有正负两方面的影响，那么，什么条件下正面影响占主导，什么条件下负面影响占主导，这可能受到团队任务特征和"男女搭配"中成员个体特质的影响。

4. 资源转化中任务特征和个体特质如何调节"干活不累"效应

虽然"男女搭配"作为刺激情境为个体的心理体验提供触发源，但是"男女搭配"对个体带来累或不累的效应是非常复杂的。一方面，心理体验的性质和程度受到个体的需要或特质影响。根据美国心理学家阿诺德的情绪"评定-兴奋"论，"男女搭配"仅是作为刺激情景，通过对群体内生资源的扩充和损耗为触发个体的心理体验提供可能。不同的个体由于对"男女搭配"刺激情景的评估和关注偏好存在差异，会产生差异性的心理体验。其中，评估结果对个体有利则诱发积极的心理体验（"不累"），有害则引起消极心理体验（"累"）。另一方面，任务特征在群体内生资源转化为个体心理资源的过程中发挥着重要的角色。"男女搭配"通常只是组织为了达到管理目标而实施的团队成员结构性安排的手段之一，最终落脚点还是为了实现团队任务。团队任务会驱使男女成员的合作，并使其产生对团队的承诺。成员对团队的承诺能够在性别多元化对认知冲突和关系隔离的影响中发挥调控作用(Hobman & Bordia，2006)。因此，导入任务特征和个体特质作为调节因素，分析从"男女搭配"到个体心理体验(累或不累)及从群体内生资源到个体心理体验的转化。

4.1 低强度或简单任务下"男女搭配"对个体心理体验的影响

根据 Kahneman(1973)的注意资源有限论，注意是人拥有的能够用来执行任务的心理资源，这种资源对每个人来说总量是有限的，并且任务刺激或加工越复杂，则占用的注意资源也越多。低强度或简单任务一般是执行性的日常惯例任务，不需要太多的观点和信息及较高的成员相互依赖性。根据 Shiffrin 和 Schneider(1977)的认知双加工理论解释框架，低强度或简单任务的执行无需注意资源或只需很少注意资源。因此，对于承担低强度或简单任务的"男女搭配"，个体在任务完成过程中仅需消耗少量的注意资源，从而可以将更多的注意资源分配到成员之间的社交活动。虽然"男女搭配"通过认知冲突和关系隔离可能诱发群体内生资源的损耗，但是低强度或简单任务对团队成员之间的协作要求并不高。由此推断，成员之间的相互依赖性低可以避免或减少冲突(群体内生资源的损耗)对个体心理资源带来的负面影响。

低强度或简单任务由于缺少挑战性可能会对个体成员带来枯燥感，进而诱发心理资源的消耗。但是，"男女搭配"由于存在异性之间的生理属性感觉瞬间带来的吸引力，可能对个体的心理体验产生短暂的影响，能够弥补因任务的低强度或简单常规特性带来的心理困扰。当然，"男女搭配"为组合的个体带来怎样的心理体验，视此刺激对其需要的满足情况(人的关注度)而定。在低强度或简单任务的团队情景中，"男女搭配"能够满足关系导向型个体(图式化女人和跨性别图式化男人)的心理需要，带来"干活不累"的心理体验；但是，并不能满足任务导向型个体(图式化男人或跨性别图式化女人)的心理需要。Monnier(1998)也证实：面对低强度或简单任务带来的心理困扰，团队中女人可能采用亲社会行为来应对；男人则可能采用反社会行为来响应。因此，对于承担低强度或简单任务的团队来说，"男女搭配"仅对图式化女人或跨性别图式化男人带来"干活不累"的心理体验。

当然，"男女搭配"仅是为图式化女人或跨性别图式化男人的积极心理体验("不累")提供刺激的驱动力，带来的驱动程度却与个体的生理唤醒水平相关。由于人与人之间的生理唤醒水平可能存在差异，低强度或简单任务中"男女搭配"对不同的图式化女人或跨性别图式化男人的积极心理体验强度也可能是存在差异的。生理唤醒水平与个体的心理资源(如乐观、自信、充满希望、自我效能)有着密切联系。依据资源保存理论的资源投资原则和资源丧失首要性原则(Hobfoll，1989)，拥有更多心理资源的个体会投入资源，并更容易获取资源来增加自己的资源存量；拥有心理资源较少的个体会减少资源投入，并尽量保存剩余资源。从而，拥有较多心理资源的个体的生理唤醒水平高，反之生理唤醒水平则相对比较低。依此类推，"男女搭配"尤其对于生理唤醒水平高的图式化女人或跨性别图式化男人来说带来的"干活不累"效果更佳。

4.2 高强度或复杂任务下"男女搭配"对个体心理体验的影响

高强度或复杂任务对"男女搭配"的资源转化存在两个方面的影响：首先，高强度或复杂任务需要大量的注意力资源，弱化个体对"异性相吸"效应的关注。根据 Shiffrin 和 Schneider(1977)的双加工理论，高强度或复杂任务属于受意识控制加工范畴，需要个体投入大量的注意力资源。人的注意力资源是有限的，所以在承担高强度或复杂任务的"男女搭配"中，个体在面临多信息(复杂任务需要来自多方面的信息或观点)或高强度任务时必须分配其有限的注意力资源。对任务投入更多的关注势必意味着在搭配成员之间的社交活动上关注的下降甚至忽视，从而"男女搭配"基于性别表层多元化带来对个体积极心理体验的影响在减弱。甚至，高强度或复杂任务促使群体成员无暇关注异性相吸带来的自我效能和社交欲望，从而感觉的性别表层多元化对个体的心理体验没有影响(Guillaume et al.，2014)；其次，高强度或复杂性任务意味着需要成员之间相互依赖，减弱"男女"认知冲突和关系隔离对个体心理资源的损耗。性别深层多元化既能带来关系资源，又依然导致认知冲突和关系隔离，其中认知冲突和关系隔离对关系整合有消极影响(Guillaume et al.，2014)。关系整合会驱使个体以积极的态度和情感去对待自己身边的人，认知冲突和关系隔离则会驱使个体以消极的方式对待团队中的成员。这种认知冲突和关系隔离带来的消极影响可以通过合作群体规范、工作场所特征和人力资源管理政策的调节而相应减少，但是并不能完全被消除(Seong & Hong，2013)。根据资源保存理论的资源保护首要性和资源获取次要性(Hobfoll，1989)，团队成员非常关注认知冲突和关系隔离对自己所拥有资源可能带来的损耗。但是，在高相互依赖的团队中，任务的重要性能够在认知冲突和关系隔离之间发挥缓冲作用，即当团队在完成重要任务事项时，个体之间的认知冲突和关系隔离没有任何关系(Sonja，2012)。在高相互依赖的团队中，人不但希望独特性需要得到满足，而且存在归属感的满足(Shore et al.，2011)，归属感需求能够促进男女之间的心理联结感增强。尤其中国人是以关系为中心的，关注相互依赖的关系和人际交往的和谐，从而群体成员比西方的工作团队成员更注重发展群体内的人际交往联系(Zhang & Hou，2012)。

当然，个体特质不同对"男女搭配"带来群体资源的关注点有所不同。任务导向型个体(如图式化男人和跨性别图式化女人)非常看重工作目标的达成，对认知资源和认知冲突比较关注；关系导向型个体(如跨性别图式化男人和图式化女人)非常看重关系和谐，对关系资源和关系隔离比较关注。综合高强度或复杂任务特征和个体特质，由此推断：

(1)对于承担高强度或复杂任务的团队，"男女搭配"对图式化男人或跨性别图式化女人带来"干活不累"，并使任务高效率地完成。一方面，"男女搭配"中图式化男人或跨性别图式化女人将注意力集中工作任务上，会充分利用"异类互补"带来的信息资源扩充，提高工作要求与工作资源的匹配度，更好地完成高强度或复杂任务，进而积累个体心理资源(如工作压力的减少，成就感的增强)。另一方面，图式化男人或跨性别图式化女人认为，成为团队成员意味着承诺，承诺由团队意识激发，并包含对团队整体的职责和义务(Hamilton，2011)，从而高相互依赖性弱化了认知冲突和关系隔离带来的个体心理资源损耗。

(2)对于承担高强度或复杂任务的团队，"男女搭配"对图式化女人或跨性别图式化男人带来"干活不累"心理体验，但不会产生任务完成的高效率。一方面，跨性别图式化男人或图式化女人的团队意识由个体之间的关怀关系激发，包含对团队成员彼此之间的承诺，并非来自职责的承诺(Hamilton，2011)。因此，在工作任务完成过程中，关系导向的跨性别图式化男人或图式化女人将注意力资源集中在关系建立上。虽然"异类相斥"导致的关系隔离或多或少会对跨性别图式化男人或图式化女人的心理体验产生负面影响，但是从长远视角来看，承担高强度或复杂任务的"男女搭配"由于高相互依赖带来的关系整合大于关系隔离，因此带来"干活不累"的心理体验。另一方面，关系导向的个体由于不注重绩效，难以利用"男女搭配"带来的信息资源，最终导致在完成高强度或复杂任务时可能出现工作效果差，效率低下。

5. 管理启示与研究展望

本研究为"男女搭配，干活不累"的复杂现象提供了独特的解释，得到的管理启示如下：(1)"男女搭配"并非简单的男人和女人组合，关键在于被成员个体感觉或知觉到性别多元化氛围。其中，感觉的生理性别多元化程度对承担低强度或简单任务的搭配成员的心理体验影响比较大，知觉的角色性别多元化程度则对承担高强度或复杂任务的搭配成员的心理体验影响比较大。从而，"男女搭配"作为团队结构性安排，不仅需要平衡男女生理性别的组合比例，更应考虑社会性别角色的搭配比例。(2)根据任务特征对不同特质的男女进行搭配组合，并不需要企业支付显性成本，却能发挥事半功倍的积极效果。其中，对于低强度或简单任务，最好采用"图式化女人和跨性别图式化男人"的"男女搭配"，能够带来"干活不累"的心理体验，促进员工队伍稳定；对于高强度或复杂任务，最好采用"图式化男人或跨性别图式化女人"搭配，能够带来"干活不累和干活高效"双重效果，或者"跨性别图式化男人或图式化女人"搭配次之，至少能够带来"干活不累"的心理体验，达成意想不到的员工队伍稳定效果。

本研究基于工作资源-需求模型，采用逻辑推理的思路厘清"男女搭配"的资源触发机制和资源转化机制，然而仅停留在思辨层面。今后，急需从以下方面展开研究，为本研究结论提供更有力的证据，增强说服力。(1)揭示异性相吸和异类相斥两种内在矛盾机制的作用机理。"男女搭配"被感觉形成异性相吸，或被知觉形成异类相斥，其中异性相吸作为"利之刃"和异类相斥作为"伤之刃"就像是铜钱的两面，在"男女搭配"中是孪生兄弟。但是，异性相吸不受利益驱使，异类相斥却受利益左右，属于人的本性。今后，应揭示这两种内在矛盾机制对个体心理体验的不同影响机制；(2)挖掘调节资源转化成个体心理体验的其他情境因素。"男女搭配"触发的资源能否转化成个体的心理体验，除受到任务特征和个体特质的影响之外，还受到众多其他情境因素的影响。例如，分辨集体主义文化和个人主义文化背景下"男女搭配"对个体"干活不累或累"心理体验的影响机制。西方国家具有浓厚的个人主义色彩，强调"自我"的意识，尤其体现在个人的独立和竞争；中国则具有集体主义的价值取向，强调"我们"的意识，尤其体现在人际关系和谐。由此推断，在集体主义文化背景下，"男女搭配"触发的资源可能带来"干活不累"的心理体验；在个人主义文化背景下，"男女搭配"触发的资源可能带来"干活挺累"的心理体验。这些需要开展跨文化的比较研究，检验是否存在基于文化情景的权变性；(3)揭示从"男女搭配"到"干活不累或累"再到团队绩效(或个体绩效)的因果作用链。"干活不累"并非企业采取"男女搭配"结构性安排的唯一目的，最终旨在能否取得高绩效。"干活不累"和高绩效是"男女搭配"的孪生目标，二者之间虽然并不矛盾，但是"干活不累"并不必然带来高绩效。今后，需要挖掘在什么条件下"男女搭配"能够同时促进"干活不累"和团队绩效，什么条件下虽然不能带来"干活不累"但是能够促进个体绩效，揭示从"男女搭配"到"团队绩效"和从"男女搭配"到"干活不累"再到"个体绩效"的多层因果关系作用链。

◎ 参考文献

[1]杨振兵. 男女搭配，干活不累：异性效应有利于提升生产效率吗[J]. 上海财经大学学报，2016，18(6).

[2]Ahlqvist，S.，et al. The potential benefits and risks of identifying as a tomboy：A social identity perspective[J]. *Self and Identity*，2013，12(5).

[3]Ali，M.，et al. Board age and gender diversity：A test of competing linear and curvilinear predictions[J]. *Journal of Business Ethics*，2014，125(3).

[4]Bem，S. L. Gender schema theory：A cognitive account of sex typing[J]. *Psychological Review*，1981，88(4).

[5]Berge，L. I. O.，et al. Gender composition and group dynamics：Evidence from a laboratory experiment with microfinance clients[J]. *Journal of Economic Behavior & Organization*，2016，131(A).

[6]Boulouta，I. Hidden connections：The link between board gender diversity and corporate social performance[J]. *Journal of Business Ethics*，2013，113(2).

[7]Chen，Y. N.，et al. Similarity in gender and self-esteem for supportive peer relationships：The mediating role of cooperative goals[J]. *Journal of Applied Social Psychology*，2008，38(5).

[8]Cheng，X. J.，et al. Synchronous brain activity during cooperative exchange depends on gender of partner：A fNIRS-based hyperscanning study[J]. *Human Brain Mapping*，2015，36(6).

[9]Eagly，A. H. The his and hers of prosocial behavior：An examination of the social psychology of gender[J]. *American Psychologist*，2009，64(8).

[10]Feingold，A. Gender differences in personality：A meta analysis[J]. *Psychological bulletin*，1994，116(3).

[11]Gianluca，L. C.，et al. Sex composition and group climate：A group actor-partner interdependence analysis[J]. *Group Dynamics-theory Research and Practice*，2013，17(4).

[12]Graves，L. M.，Elsass，P. M. Sex and sex dissimilarity effects in ongoing teams：Some surprising findings[J]. *Human Relations*，2005，58(2).

[13]Guillaume，Y. R. F.，et al.. Surface- and deep-level dissimilarity effects on social

integration and individual effectiveness related outcomes in work groups: A meta-analytic integration[J]. *Journal of Occupational and Organizational Psychology*, 2012, 85(1).

[14] Hamilton, J. L. Caring/Sharing: Gender and horizontal co-ordination in the workplace[J]. *Gender*, *Work & Organization*, 2011, 18(S1).

[15] Hilgenkamp, K. D., Livingston, M. M. Tomboys, Masculine characteristics and self-ratings of confidence in career success[J]. *Psychological Reports*, 2002, 90(3).

[16] Hobfoll, S. E. Conservation of resource: A new attempt at conceptualizing stress [J]. *American Psychologist*, 1989, 44(3).

[17] Hobfoll, S. E. Stress, culture and community: The psychology and philosophy of stress [M]. New York: Plenum Press, 1998.

[18] Hobfoll, S. E. Conservation of resource caravans and engaged settings [J]. *Journal of Occupational and Organizational Psychology*, 2011, 84(1).

[19] Hobman, E. V., Bordia, P. The role of team identification in the dissimilarity-conflict relationship[J]. *Group Processes & Intergroup Relations*, 2006, 9(4).

[20] Joshi, A., Roh, H. The role of context in work team diversity research: A meta-analytic review[J]. *Academy of Management Journal*, 2009, 52(3).

[21] Kahneman, D. *Attention and effort*[M]. Englewood Cliffs, NJ: Prentice-Hall, 1973.

[22] Kerr, N. L., Sullaway, M. E. Group sex composition and member task motivation[J]. *Sex Roles*, 1983, 9(3).

[23] Kim, M. S., et al.. Effects of gender similarity on relationships between person-group value fit and work attitudes[J]. *Asian Journal of Social Psychology*, 2011, 14(1).

[24] Lee, R. T., Ashforth, B. E. A meta-analytic examination of the correlates of the three dimensions of job burnout[J]. *Journal of Applied Psychology*, 1996, 81(2).

[25] Luise, G. The power of love: A subtle driving force for unegalitarian labor division? [J]. *Review of Economics of the Household*, 2015, 13(1).

[26] Magnus, B. The gender composition of workplaces and mens and womens turnover[J]. *European Sociological Review*, 2010, 26(2).

[27] McBride, M. C., Bergen, K. M. Work spouses: Defining and understanding a "new" relationship[J]. *Communication Studies*, 2015, 66(5).

[28] Miner-Rubino, K., et al.. More than numbers: Individual and contextual factors in how gender diversity affects women's well-being[J]. *Psychology of Women Quarterly*, 2009, 33 (4).

[29] Monnier, J., et al.. How antisocial and prosocial coping influence the support process among men and women in the US postal service[J]. *Sex Roles*, 1998, 39(1/2).

[30] Mulac, A., et al. Male/female gaze in same-sex and mixed-sex dyads gender-linked differences and mutual influence[J]. *Human Communication Research*, 1987, 13(3).

[31] Myaskovsky, L. et al.. Effects of gender diversity on performance and interpersonal behavior in small work groups[J]. *Sex Roles*, 2005, 52(9/10).

[32]Peccei, R., Lee, H. J. The impact of gender similarity on employee satisfaction at work: A review and re-evaluation[J]. *Journal of Management Studies*, 2005, 42(8).

[33]Rink, F., Ellemers, N. What can you expect? The influence of gender diversity in dyads on work goal expectancies and subsequent work commitment [J]. *Group Processes & Intergroup Relations*, 2006, 9(4).

[34]Schneider, W., Shiffrin, R. M. Controlled and automatic human information processing: Detection, search and attention[J]. *Psychological Review*, 1977, 84(2).

[35]Seong, J. Y., Hong, D. S. Gender diversity: How can we facilitate its positive effects on teams? [J]. *Social Behavior and Personality*, 2013, 41(3).

[36]Shore, L. M., et al. Inclusion and diversity in work groups: A review and model for future research[J]. *Journal of Management*, 2011, 37(4).

[37]Siemens, F. V. Team production, gender diversity, and male courtship behavior[R]. CESifo Working Paper Series No. 5259, 2015.

[38]Sonja, R. The influence of conflict issue importance on the co-occurrence of task and relationship conflict in teams[J]. *Applied Psychology-An International Review*, 2012, 61(3).

[39]Stiles, W. B. Attractiveness and disclosure in initial encounters of mixed-sex dyads[J]. *Journal of Social and Personal Relationships*, 1996, 13(2).

[40]Wegge, J., et al. Age and gender diversity as determinants of performance and health in a public organization: The role of task complexity and group size[J]. *Journal of Applied Psychology*, 2008, 93(6).

[41]Zhang, Y., Hou, L. W. The romance of working together: Benefits of gender diversity on group performance in China[J]. *Human Relations*, 2012, 65(11).

Can "Mixed-sex Dyad" in Workplace Stimulate Individual's Tireless Working Experience? Based on the Conservation of Resources Theory

Chen Jianan[1,2]   Wu Xuemeng[3]

(1, 3   Research Center for Human Resource Management of Economics & Management School of Wuhan University, Wuhan, 430072; 2   Research Center for China University-industry Institute Collaboration of Wuhan University, Wuhan, 430072)

Abstract: The "mixed-sex dyad" in the workplace goes beyond the concept of gender equality and is one of the structural design by which a task team is trying to gain more competitiveness. According to the thinking of definition, mechanism to trigger resources and transformation mechanism from resources to psychological experience in "mixed-sex dyad" team, a logical deduction is carried out as follow: "mixed-sex dyad" deals with sex dissimilarities and cognition or value differences. Based on Conservation of Resource Theory, MSD is only a trigger to cultivate or consume personal psychological resources and group endogenous resources. Thereinto, individual's psychological resources can be expanded by the opposites attracting, as the beneficial blade of a double-edged sword, and group's endogenous resources can be expanded and depleted by the heterogeneous repellent, as the harmful blade of a double-edged sword. Some findings by introducing task characteristics and personality traits are as follows: For those low-intensity or simple task teams, "schematized women and transgender schematized men" MSD can bring to tireless working experience; For those high-intensity or complex task team, "schematized men and transgender schematized women" MSD can bring to the dual effect of tireless experience and high efficiency in work, and "schematized women and transgender schematized men" MSD facilitating tirelessness in work. These conclusions give some answer of the following questions: What rules there are for "mixed-sex dyad" and which types of "mixed-sex dyad" are better to achieve high performance or reduce job burnout.

Key words: Mixed-sex   dyad; Gender   diversity; Tireless   working   experience; Task characteristics

专业主编：杜旌

珞珈管理评论［2017年卷 第3辑（总第22辑）］　Luojia Management Review No.3，2017（Sum.22）

产融结合与实体企业投资效率[*]
——基于上市公司持股金融机构的经验研究

● 谢获宝[1]　张玮玮[2]　李　祎[3]

（1，2，3　武汉大学经济与管理学院　武汉　430072）

【摘　要】本文以2006—2014年我国A股上市的实体企业为研究对象，检验产融结合对上市公司投资效率的影响。研究发现：实体企业持股金融机构能够降低企业的投资对现金流的敏感性，从而缓解企业面临的融资约束，并有利于提高企业的投资效率。进一步分析发现，相对于国有企业而言，非国有企业持股金融机构对其投资效率的改善作用更为显著；相对于其他类型的金融机构而言，企业持股银行类金融机构在改善企业投资不足方面作用更为显著，但是会增加企业的过度投资。本文为有关持股金融机构对企业投资效率影响的研究提供了经验证据，不仅进一步丰富了相关研究文献，同时也为企业产融结合战略的选择提供了借鉴。

【关键词】产融结合　持股金融机构　投资效率　融资约束

　［中图分类号］F272　　　［文献标识码］A

1. 问题的提出

　　早在1903年，拉法格在《美国托拉斯及其经济、社会和政治意义》中提出："组成这5个集团的金融资本家们，在各种公司的名义掩盖之下控制着各种类型的工业企业、商业企业和金融企业……所有美国的农业生产部门和工业生产部门都向他们纳贡"，这首次描述了这种工业资本与金融资本日趋融合的趋势。而希法亭（Hilferding Rudolf）则进一步丰富和发展了金融资本理论，认为金融资本是通过各种方式实际转变为产业资本的货币形式的资本，同时认为德国式的银行与产业间的结合关系才是产融结合的正常发展道路。从现代开放市场经济的分析框架来看，传统的"金融资本"的概念和理论尚存在许多缺陷。新的"产融结合观"认为："产融结合"是指在生产商高度集中的基础上，产业部门与金融部门

　　* 基金项目：本文是中央高校基本科研业务费专项资金项目（批准号为：2014105010202）的阶段性成果。

　　通讯作者：谢获宝，E-mail：xie_hb@263.net。

通过股权参与的方式，以及由此衍生出的信贷联系、资产证券化联系、人力资本结合、信息共享等方式，所形成的资本直接融合的关系（郑文平和苟文均，2000；余鹏翼，2002）。伴随着我国经济的发展，资本市场已经成为我国经济体系中重要的组成部分。但是，我国的实体企业不仅面临不断加剧的市场竞争，同时还承担着巨大的债务利息等负担，它们吞噬着企业的利润，实体企业生存发展愈加困难。因此，金融企业的高利润和巨大发展空间也促使大量的产业资本流入金融领域，产融结合的发展模式也为越来越多实力雄厚的实体产业所采用。在经济发展新常态下，资本市场与实体经济的有效融合也必将会对我国经济发展方式的转型升级发挥至关重要的作用。

开展高效率的投资活动是企业增强竞争力和获得可持续发展能力的重要途径，而企业的融资能力则直接关系到企业的投资项目能否顺利开展。资本市场中信息不对称的存在，导致外部融资成本远远高于内部自有资金成本，从而使得企业的投资通常低于最佳的投资水平。但是，由于内部资金在规模上的限制，内部资金并不能完全替代外部资金，造成公司的投资效率在不同的融资决策下有所差异。在我国经济发展的转型时期，整体投资机遇较多，但企业面临着广泛的融资约束问题，因此，越来越多的实体企业选择通过资本、人事等方式向金融行业渗透，为突破融资制约而积极寻求替代机制。那么，产融结合能否有效缓解融资约束的难题呢？这是本文研究的第一个问题。

曾是我国产业整合与资本运作先锋的"德隆系"，在资本市场运筹帷幄数年，最终却由于过度扩张、产业与投资未实现有效整合、忽视实际的产业运营等原因引发资金链断裂而最终走向崩盘。在我国实体企业进军金融行业不断升温的背景下，被视为"产融结合"典范的通用电气却在持续推进集团的"去金融化"进程。与此同时，美国等发达国家先后提出"再工业化"，加大对高端制造业的投资，应对产业"空心化"问题。此外，我国企业产融结合的程度总体仍然处于较低的水平，企业对金融业的投资存在着盲目效仿和过于表象的问题，并且尚未建立行之有效、立足长远的投资模式。这些问题也给持续推进产融结合的中国企业带来了启示和思考。因此，产融结合是否对实体企业的投资效率产生影响呢？这是本文研究的第二个问题。

在我国现行的金融体制下，国有企业通常享有更多的优惠政策，当国有企业出现财务问题时，政府倾向给予各类的政策支持。同时，为保持与政府的友好关系或者达到其他目的，银行更倾向于为具有政治关系的企业提供贷款，国有企业总体面临着更低的融资约束。相对于国有企业，由于所有权性质的差异，非国有企业面临着更高的融资约束。因此，非国有企业更加注重维持与银行等金融机构的良好关系（周继先，2011）。那么，产权性质是否会导致产融结合对投资效率影响的差异呢？这是本文研究的第三个问题。此外，在我国以银行间接融资为主的金融体制下，银行仍是企业最主要的融资渠道，其他融资渠道发展仍然较为缓慢。同时，我国银行信贷资源具有稀缺性和受政府严格管制的特点（Cull 和 Xu，2005），企业持股银行能够带来更大的融资便利。相较于其他类型的金融机构，与银行资本的融合是否能带来更有效率的投资呢？这是本文研究的第四个问题。

基于此，本文以2006—2014年我国A股非金融类上市公司数据为样本，对实体企业持股金融机构与企业投资效率的关系进行实证分析。研究发现：实体企业持股金融机构能够降低企业的投资对现金流的敏感性，缓解企业面临的融资约束，并有利于提高企业的投资效率。进一步分析发现，相对于国有企业而言，非国有企业持股金融机构对其投资效率的改善作用更为显著；相对于其他类型的金融机构而言，企业持股银行类金融机构在改善企业投资不足方面作用更为显著，但是会增加企业的过度投资。

本文的贡献主要有以下两点：(1)由于数据的匮乏，已有对产融结合效率的研究主要为规范研究和理论分析，鲜有的实证研究则主要集中于民营企业持股金融机构与企业经营绩效的关系，本文进一步丰富了实体企业持股金融机构对企业投资效率影响及作用机制的相关研究；(2)本文基于实体企业持股金融结构对融资约束和投资效率的影响进行研究，论证实体企业持股金融机构是否能促进投资有效性，并为企业产融结合战略的选择提供经验证据和借鉴作用。后续部分的安排如下：第二部分为理论分析与研究假设；第三部分为研究设计；第四部分为实证结果与分析；第五部分为进一步分析与讨论；第六部分为结论与启示。

2. 理论分析和研究假设

2.1 中国"产融结合"机制的发展

在改革开放之前，我国主要是通过财政投融资和非市场化的银行贷款等行政手段来实现金融资本与产业资本的结合。由于竞争机制和增值机制的缺乏，未能实现有效率的资源配置。随着经济改革的不断深入，资本市场也有所发展，商业化的银行贷款逐渐取代政府对企业的财政投融资。但是，在中国这一转型经济体的环境下，银行会受到较多的行政干预，缺乏完全的独立性。因此，政府主导的金融体系会使得金融资本与产业资本的融合缺乏足够的透明度，导致产融结合的低效率。随着经济发展的市场化程度越来越高，中国的产融结合机制逐渐定位于以相互持股为主的产融结合模式。

目前对于产融结合有效性的研究主要围绕企业绩效、产业结构、组织结构等方面展开。Li 和 Greenwood(2004)从战略管理视角检验企业进入保险行业后的协同效应，以及经营结构对企业运营绩效的影响，得出多元化分散经营的策略是无效的结论。Kevin 和 Adrienne(2006)利用美国金融控股公司 1997—2002 年的数据，检验实施产融结合的动机，发现产融结合的选择与公司存在的代理问题相关。张庆亮和孙景同(2007)通过构建企业的业绩评价指标体系，考察产融结合对企业经营绩效的影响，研究表明企业产融结合有效性总体上不显著，甚至存在无效性和负面性，但随着结合程度的提高，有效性也不断得到改善。蔺元(2010)结合产融结合的动因、类型和比例考察产融结合的效果，发现产融结合的公司成长能力更高，业绩会出现恶化，此外，参股券商或提高对金融机构的投资比例对于企业短期业绩改善具有正向作用。

综上所述，目前国内外学者对产融结合有效性方面的结论存在一定分歧，一方面我国兼具转型经济和新兴市场的双重特殊国情，国外的研究结论不一定适用。另一方面，产融结合存在多种模式，不同模式的效果存在差异。因此，本文主要从实体企业参股金融机构的模式，考察产融结合对企业投资效率的影响。

2.2 持股金融机构与企业融资约束

Modigliani 和 Miller(1958)认为在完美的资本市场条件下，企业的投资决策取决于项目未来现金流净现值，而与融资约束无关。但是，由于信息不对称导致的委托代理等问题的出现，资本市场的运行并非完全有效。在一定程度上，企业的投资依赖于现金流，投资行为会受到融资约束的影响。市场经济活动参与者各自拥有的信息不同，一些参与者掌握更多信息，而其他参与者处于信息劣势的地位，即存在着信息不对称问题，在信贷市场中尤为突出。银行与作为借款方的企业拥有的信息并非对等，企业对自身经营状况更加了解，而银行则处于相对的信息劣势地位。银行在为企业提供贷款时，为保证所提供信贷资金的安全，将会对借款者进行严格的资信考核，进而决定是否提供贷款。为了减轻信贷风险，银行更倾向于为实力雄厚的大企业或者有政府担保的国有企业提供贷款。

已有研究表明企业建立金融关联尤其是银企关联，能够缓解其面临的融资约束。一方面，金融机构为企业提供了信用担保机制，降低了信息不对称，减轻了利益关联方的投资风险，进而使企业能够以更低的融资成本获得更多的资金支持(邓建平和曾勇，2011；Ciamarra，2012)。相对于外部筹资者，银行等金融机构也具有更大的激励为股东等关联关系方创造更加便利的融资条件(Laeven，2001)。另一方面，通过持股金融机构，可以建立关系网络影响金融机构的决策，进而使实体企业获得融资便利(杜颖洁和杜兴强，2013)。作为一种"非正式机制"的存在，金融关联能够缓解企业面临的融资约束(邓建平和曾勇，2011)。

在我国经济发展转型时期，融资渠道不畅仍然是实体企业发展过程中面临的重要问题，越来越多的实体企业选择通过资本、人事等方式向金融行业渗透，为突破融资制约而积极寻求替代机制。因此，本文认为实体企业持股金融机构能够帮助企业建立金融关联，并获得更多的"关系型融资"以及更加有效的融资方案。基于此，提出本文的第一个研究假设：

H1：实体企业持股金融机构能够降低企业投资对现金流的敏感性，缓解融资约束。

2.3 异质性持股金融机构与企业投资效率

2.3.1 持股金融机构与企业投资效率

根据交易费用理论，由于信息的不对称、资源的稀缺性和人的有限理性，交易费用广泛存在于经济活动中。但是，交易费用在制约企业活动的同时，企业可以通过制度结构的安排来降低交易费用。实体企业和金融机构在进行合作时，受到市场机制的制约，并存在较高的交易费用，因此，产融结合有利于降低交易费用，提高资源的配置效率。

开展高效率的投资活动是企业增强竞争力和获得可持续发展能力的重要途径，而企业的融资能力则直接关系到企业的投资项目能否顺利开展。由于资本市场的信息不对称，外部融资成本远远高于内部自有资金成本，从而使得企业的投资通常低于最佳的投资水平。但是，由于内部资金在规模上的限制，内部资金并不能完全替代外部资金，造成公司的投资效率在不同的融资决策下有所差异。在我国经济发展的转型时期，整体投资机遇较多，但企业面临着广泛的融资约束问题，"融资难"问题也成为制约企业提高投资效率的重要因素。持股金融机构能够缓解实体企业的融资约束，减少企业放弃净现值为正的投资项目。

通过持股金融机构，实体企业与金融机构建立战略合作关系，使得双方能够获得更加真实、可靠和及时的信息，进而能够减轻双方的信息不对称问题，而长期的合作也能够减少机会主义行为。在产权的约束下，持股金融机构能够降低实体企业和金融企业在未来履行合约过程中的不确定性，减少了交易过程中由于冲突和摩擦所带来的其他成本。同时，实体企业持股金融机构，利用金融产业为企业主营业务服务，发挥金融业与企业主营业务的协同效应，能够提高企业整体资金运作水平和投资效率。另外，金融机构拥有更多的专业人才，能够为企业提供更为专业的融资方案和建议（Dittmann et al.，2010），弥补企业缺乏专业金融人才的劣势，帮助企业制订更加有效的投融资方案。综上，持股金融机构能够发挥产业资本和金融资本的互补性，促进企业的资源整合和价值链的纵向延伸（支燕和吴河北，2011）。据此，提出本文的第二个研究假设：

H2：实体企业持股金融机构能够减少企业的非效率投资行为，改善企业的投资效率。

2.3.2 产权性质与企业投资效率

作为一种重要的资源配置方式，社会资本可在帮助企业寻求稀缺资源方面发挥巨大作用，并帮助企业获得更多有利的投资机会。在我国现行的金融体制下，政府对国有企业的"父爱主义"使得国有企业通常享有更多的优惠政策，当国有企业出现财务问题时，政府倾向给予各类政策支持。同时，为保持与政府的友好关系或者达到其他目的，银行更倾向于为具有政治关系的企业提供贷款，国有企业总体面临着更低的融资约束。相对于国有企业，由于所有权性质的差异，民营企业受到金融机构信贷资金配置的歧视，面临着更高的融资约束（Allen et al.，2005）。因此，非国有企业更加注重维持与银行等金融机构的良好关系（周继先，2011）。在投资活动中，国有企业在政绩考核的驱动下，具有较强的投资冲动，并倾向于采取短视行为，忽视企业的长期发展绩效（李延喜等，2015）。而民营企业更加注重投资效率，并进行谨慎的投资（Pan 和 Tian，2015）。因此，民营企业在持股金融机构后，在减轻信息不对称和降低交易费用的方面能发挥比国有企业更大的作用。据此，提出本文的第三个研究假设：

H3：相对于国有企业，持股金融机构能够更加有效地改善民营企业的投资效率。

2.3.3 持股金融机构类型与企业投资效率

在我国以银行间接融资为主的金融体制下，银行仍是企业最主要的融资渠道，其他融资渠道发展仍然较为缓慢。同时，我国银行信贷资源具有稀缺性和受政府严格管制的特点（Cull 和 Xu，2005），企业持股银行能够带来更大的融资便利。已有研究表明，与银行维持紧密关系，能够增加企业银行贷款，降低企业投资对现金流的敏感性（Güner et al.，2008），企业资产负债率通常会有所上升（Kroszner 和 Strahan，2001；Byrd 和 Mizruchi，2005）。由于逆向选择和道德风险的存在，企业可能放弃一些净现值为正的项目或者投资风险更大的项目，而对债权人的利益造成损害。而持股金融机构，使得股东和债务人"二合一"的身份，能够减少银行和企业之间的利益冲突，缓解债权人和债务人之间的代理问题（Behr et al.，2011），促使企业开展更高效率的投资活动。

尽管已有研究结论表明，金融机构的监督优势能够减少企业的非效率投资行为

（Diamond，1984；吴超鹏等，2012），但是企业参股金融机构会弱化有效的监督作用，导致企业面临的信贷约束被软化，从而企业更容易利用信贷资金进行规模扩张，导致企业投资过度。综上，提出本文的第四个研究假设：

H4a：相较于其他类型的金融机构，持股银行的实体企业的投资不足行为较弱。

H4b：相较于其他类型的金融机构，持股银行的实体企业的投资过度行为较强。

3. 研究设计

3.1 研究样本与数据来源

本文以 2006—2014 年为研究期间，选取中国 A 股非金融类上市公司为研究样本，考察实体企业持股金融机构对其投资效率的影响。剔除金融企业、ST 类企业和数据缺失的样本，最终得到 14711 个有效观测值。为避免异常值的影响，本文对主要连续变量进行了首尾两端 1% 的缩尾处理（Winsorize）。本文使用的实体企业持股金融机构的数据主要来自 Wind 数据库和手工整理，其他财务数据来于国泰安数据库。

3.2 研究模型与变量定义

本文采用修正的 Richardson（2006）投资效率模型测度企业投资效率，具体模型如下：

$$\text{Invest}_{i,t} = \beta_0 + \beta_1 \text{Growth}_{i,t-1} + \beta_2 \text{Lev}_{i,t-1} + \beta_3 \text{Cash}_{i,t-1} + \beta_4 \text{Age}_{i,t-1} + \beta_5 \text{Size}_{i,t-1}$$
$$+ \beta_6 \text{Return}_{i,t-1} + \beta_7 \text{Invest}_{i,t-1} + \beta_j \sum \text{Year} + \beta_k \sum \text{Industry} + \varepsilon \qquad (1)$$

其中：Invest 代表企业当年新增资本投资额，用（企业购置固定资产、无形资产以及其他长期资产所支付的现金 - 企业处置固定资产、无形资产和其他长期资产收回的现金）/企业总资产进行度量；同时，本文考虑到并购支出以及折旧对新增投资额的影响，借鉴刘慧龙、王成方和吴联生（2014）中投资效率的度量方式，Invest 也用（资本支出 + 并购支出 - 出售长期资产收入 - 折旧）/总资产进行度量，其中：资本支出即为企业购置固定资产、无形资产以及其他长期资产所支付的现金，并购支出为取得子公司及其他营业单位支付的现金净额，出售长期资产收入即为企业处置固定资产、无形资产和其他长期资产收回的现金，折旧即为当期折旧费用，从而产生了投资效率的替代性度量指标。Growth 代表企业的成长性，用营业收入增长率衡量；Lev 为资产负债比率；Cash 为企业现金持有量，（货币资金 + 短期投资）/企业总资产；Age 代表企业上市年限；Size 为企业总资产取自然对数；Return 代表企业股票年度回报率；Year 和 Industry 分别为年度虚拟变量和行业虚拟变量。

借鉴 Fazzari et al.（1988）和 Güner（2008）的方法，本文构建模型（2）检验实体企业持股金融机构对融资约束的影响，具体模型如下：

$$\text{Invest}_{i,t} = \beta_0 + \beta_1 \text{CF}_{i,t} + \beta_2 \text{CF}_{i,t} \times \text{Hold}_{i,t} + \beta_3 \text{Size}_{i,t} + \beta_4 \text{ROA}_{i,t} + \beta_5 \text{Lev}_{i,t} + \beta_6 \text{SOE}_{i,t}$$
$$+ \beta_7 \text{Age}_{i,t} + \beta_8 \text{TobinQ}_{i,t} + \beta_9 \text{Cash}_{i,t} + \beta_{10} \text{Top1}_{i,t} + \beta_{11} \text{Indboard}_{i,t}$$
$$+ \beta_j \sum \text{Year} + \beta_k \sum \text{Industry} + \varepsilon \qquad (2)$$

其中，CF 为经营活动现金流量净额/企业总资产；Hold 为虚拟变量，若企业持股金融机构则取值为 1，否则为 0；CF×Hold 为两者的交乘项。回归系数 β_2 则为投资对现金流敏感性系数，反映了实体企业持股金融机构对企业融资约束的影响，系数值越大说明企业投资对现金流敏感性越高，面临着更高的融资约束。

通过模型(1)计算出企业的投资效率后，本文利用模型(3)检验实体企业持股金融机构对投资效率的影响。模型(3)如下：

$$
\begin{aligned}
\text{Inef\_Inv}_{i,t} = {} & \beta_0 + \beta_1 \text{Hold}_{i,t} + \beta_2 \text{SOE}_{i,t} + \beta_3 \text{Size}_{i,t} + \beta_4 \text{ROA}_{i,t} + \beta_5 \text{Lev}_{i,t} + \beta_6 \text{Age}_{i,t} \\
& + \beta_7 \text{TobinQ}_{i,t} + \beta_8 \text{Cash}_{i,t} + \beta_9 \text{Top1}_{i,t} + \beta_{10} \text{Indboard}_{i,t} + \beta_{11} \text{Duality}_{i,t} \\
& + \beta_j \sum \text{Year} + \beta_k \sum \text{Industry} + \varepsilon
\end{aligned}
\tag{3}
$$

利用模型(1)残差的绝对值作为考察实体企业投资效率的代理变量，用 Inef_Inv(Inef_Inv_Alternative)表示，数值越大表明企业越偏离最优投资，企业的投资效率越低。残差为正代表投资过度，取绝对值并用 Over_Invest 表示，该值越大，投资过度越严重；残差为负代表投资不足，取绝对值并用 Under_Invest 表示，该值越大，投资不足越严重。Hold 为虚拟变量，若实体企业持股金融机构取值为 1，否则为 0。以往研究表明，企业财务特征和治理特征对投资效率具有显著影响，因此本文加入相关因素作为控制变量(相关变量定义如表 1 所示)。

表1   **变 量 定 义**

变量名称	变 量 定 义
Inef_Inv	非效率投资，模型(1)回归结果残差绝对值，其中估计模型(1)所需的变量 Invest 是基于(企业购置固定资产、无形资产以及其他长期资产所支付的现金−企业处置固定资产、无形资产和其他长期资产收回的现金)/企业总资产进行计算所得
Inef_Inv_Alternative	非效率投资，模型(1)回归结果残差绝对值，借鉴刘慧龙等(2014)的方式，所需的变量 Invest 是基于(企业购置固定资产、无形资产以及其他长期资产所支付的现金+取得子公司及其他营业单位支付的现金净额−企业处置固定资产、无形资产和其他长期资产收回的现金−当期折旧费用)/企业总资产计算所得
Hold	虚拟变量，若实体企业持股金融机构则取值为 1，否则为 0
Bank	虚拟变量，若实体企业持股的金融机构类型为银行则取值为 1，否则为 0
CF	现金流量=经营活动现金流量净额/资产总额
Size	企业规模=企业总资产取自然对数
Cash	现金持有量 =(货币资金+短期投资)/资产总额
ROA	盈利能力，总资产收益率=净利润/资产总额均值
Lev	财务杠杆，资产负债率=负债总额/资产总额
Growth	成长性，营业收入增长率=(本年营业收入−上年营业收入)/上年营业收入
TobinQ	公司价值，托宾 Q 值=(股权市值+净债务市值)/资产总额
Top1	第一大股东持股比例

变量名称	变量定义
Duality	虚拟变量，若董事长和总经理为同一人，则取值为1，否则为0
Indboard	独立董事人数占董事会人数的比例
SOE	产权性质，若实体企业为国有控股，则取值为1，否则为0
Age	上市年限，观测值年份减上市年份
Year	年度虚拟变量
Industry	行业虚拟变量，按照证监会2012年行业分类标准进行划分

4. 实证结果与分析

4.1 描述性统计

如表2所示，2006—2014年，我国持股金融机构的实体企业数量总体呈上升趋势，由2006年的396家增加至2014年的576家。其中，2007—2008年，我国持股金融机构的实体企业数量有所下降，这可能是因为金融危机的出现，以及我国政府对国有企业投资活动的政策限制；而从2009年开始，由于之前限制投资活动的政策逐步放开，我国持股金融机构的实体企业数量开始逐年增加。此外，在持股金融机构的类型中，银行占据主导地位，到2014年底占比为63.5%。其他类别的金融机构主要为证券公司、财务公司、基金公司、期货公司、信托公司和保险公司。伴随着部分企业集团的规模迅速扩大，为了实现集团内部资金的有效融通和利用效率的提高，财务公司也受到了越来越多企业的重视，数量由最初的31家增长至2014年底的78家，数量增加一倍以上。

表2　　我国持股金融机构的实体企业数量及持股金融机构类型统计

年份 类别	2006	2007	2008	2009	2010	2011	2012	2013	2014
银行	165	133	142	172	205	233	305	329	366
证券公司	141	96	93	85	75	71	73	67	57
财务公司	31	23	30	33	43	47	64	71	78
基金公司	5	6	7	6	6	5	8	10	11
期货公司	9	9	9	10	11	12	15	14	13
信托公司	31	12	18	17	17	19	21	24	21
保险公司	14	14	15	16	19	22	19	24	30
合计	396	293	314	339	376	409	505	539	576

表 3 为相关变量的描述性统计。非效率投资 Inef_Inv 的平均值为 0.073，Infe_Inv_Alternative 的平均值为 0.050，表明非效率投资较为广泛地存在于我国企业中。企业持股金融机构平均持股比例为 1.4%，说明我国总体持股水平还处于较低的水平。企业规模（Size）的均值为 21.796，标准差为 1.252，表明样本中实体企业在规模上存在较大的差异。盈利能力（ROA）的均值为 4.1%，表明我国企业总体资产收益率较低。财务杠杆（Lev）的均值为 45.5%，平均资产负债水平较为合理，样本中实体企业的上市年限和 TobinQ 也有较大的差异。同时，独立董事占比（Indboard）的均值为 36.7%，说明我国企业满足上市公司董事会中应当至少 1/3 为独立董事的规定。表 4 为主要变量的相关系数表，实体企业持股金融机构（Hold）与非效率投资（Inef_Inv）之间的 Pearson 相关系数为 -0.220，Spearman 相关系数为 -0.201，均在 1% 的水平上显著为负，初步支持本文的研究假设，即表明实体企业持股金融机构有利于提高企业的投资效率。

表 3　　　　　　　　　　　　　主要变量描述统计

变量名	观测值数	均值	中位数	标准差	最小值	最大值
Inef_Inv	14711	0.073	0.050	0.063	0.000	0.254
Inef_Inv_Alternative	14711	0.050	0.035	0.115	0.000	0.243
Hold	14711	0.245	0.000	0.430	0.000	1.000
Hold_Bank	14711	0.133	0.000	0.340	0.000	1.000
Hold_Percengtage	14711	0.014	0.000	0.061	0.000	1.000
SOE	14711	0.516	1.000	0.500	0.000	1.000
Size	14711	21.796	21.649	1.252	19.073	25.500
ROA	14711	0.041	0.037	0.061	-0.229	0.224
Lev	14711	0.455	0.456	0.226	0.030	1.180
Age	14711	9.642	9.753	5.545	1.000	20.986
TobinQ	14711	2.594	2.023	1.821	0.908	11.437
Cash	14711	0.182	0.143	0.139	0.001	0.980
Top1	14711	0.362	0.344	0.152	0.092	0.750
Indboard	14711	0.367	0.333	0.052	0.250	0.571
Duality	14711	1.801	2.000	0.399	1.000	2.000

表4

主要变量 Pearson 和 Spearman 相关系数矩阵

	Inef_Inv	Hold	SOE	Size	ROA	Lev	Age	TobinQ	Cash	Top1	Indboard	Duality
Inef_Inv	1	-0.220***	-0.439***	-0.235***	0.212***	-0.443***	-0.781***	0.120***	0.456***	0.0333***	0.0623***	-0.251***
Hold	-0.201***	1	0.143***	0.227***	-0.0293***	0.104***	0.195***	-0.147***	-0.112***	-0.0058	-0.0277***	0.0700***
SOE	-0.396***	0.143***	1	0.315***	-0.0970***	0.221***	0.341***	-0.173***	-0.185***	0.203***	-0.0768***	0.268***
Size	-0.221***	0.214***	0.310***	1	0.0890***	0.296***	0.211***	-0.442***	-0.179***	0.285***	0.0309***	0.153***
ROA	0.247***	-0.0525***	-0.128***	0.0456***	1	-0.393***	-0.157***	0.197***	0.287***	0.109***	-0.0165*	-0.0302***
Lev	-0.384***	0.115***	0.237***	0.358***	-0.392***	1	0.315***	-0.170***	-0.436***	0.00669	-0.0182*	0.126***
Age	-0.755***	0.197***	0.347***	0.253***	-0.208***	0.315***	1	-0.0617***	-0.280***	-0.0906***	-0.0149	0.187***
TobinQ	0.183***	-0.175***	-0.219***	-0.522***	0.330***	-0.335***	-0.145***	1	0.151***	-0.0912***	0.0542***	-0.0912***
Cash	0.346***	-0.0814***	-0.166***	-0.151***	0.321***	-0.396***	-0.264***	0.187***	1	-0.000486	0.0181*	-0.131***
Top1	0.0447***	-0.00706	0.205***	0.245***	0.105***	0.0188*	-0.101***	-0.0989***	-0.00328	1	0.0383***	0.0630***
Indboard	0.0489***	-0.0256**	-0.0750***	0.0156	-0.0189*	-0.0180*	-0.0129	0.0248**	0.0174*	0.0170*	1	-0.0908***
Duality	-0.212***	0.0700***	0.268***	0.157***	-0.0503***	0.134***	0.191***	-0.123***	-0.107***	0.0583***	-0.0820***	1

注：***、**和*分别表示在1%、5%和10%的水平上显著。其中，左下角为Pearson相关系数表，右上角为Spearman相关系数表。

4.2 回归分析

4.2.1 实体企业持股金融机构与融资约束

表5为检验实体企业持股金融机构与融资约束的回归结果,其中第(1)列是 OLS 回归的结果,第(2)列为固定效应回归的结果。在第(1)列的回归结果中,CF×Hold 的系数 β_2 在5%的水平上显著为负,表明持股金融机构能够缓解实体企业投资对现金流敏感性,即缓解实体企业面临的融资约束,支持了本文的研究假设 H1。实体企业持股金融机构,能够增加企业与各类资本市场的关联,能为实体企业的融资提供专业支持,缓解实体企业在资本市场的融资难题。此外,在其他的控制变量中,产权性质(SOE)与投资规模显著负相关,表明国有企业的投资规模受到的限制更低,政府的"父爱主义"对国有企业的资金支持更多。企业财务杠杆(Lev)与投资规模显著负相关,一方面受制于企业资金的限制,另一方面可能由于债权人为维护自身权利,降低风险,倾向于在债务契约中增加限定条款,限制企业投资规模。企业的盈利能力(ROA)、公司价值(TobinQ)、现金持有(Cash)与企业的投资规模显著为正,表明盈利能力高、公司价值高、现金持有量多的实体企业投资规模越大。第(2)列的回归结果为固定效应回归结果,CF×Hold 的系数 β_2 的 T 值为 -1.638,边际显著为负(在5%的水平上单尾显著),再次支持研究假设 H1。该回归中其他变量的系数与 OLS 回归结果基本一致。

4.2.2 实体企业持股金融机构与投资效率

表6为检验持股金融机构与实体企业投资效率的回归结果,第(1)列和第(2)列为模型(2)中因变量分别基于前文所述的两种 Invest 度量方式计算所得进行回归分析的结果。在第(1)列的回归结果中,Hold 的回归系数为 -0.003,并在1%水平上显著,表明持股金融机构能够减少实体企业的非效率投资行为,即改善实体企业的投资效率,支持了本文的研究假设 H2。此外,企业规模(Size)的系数为 -0.003,并在1%水平上显著,说明规模较小的公司由于发展历史较短、管理水平有限等原因,投资效率倾向于更低;Age 的系数显著为负,表明随着实体企业上市年限的增加,非效率投资行为相应减少;TobinQ 的系数显著为正,说明企业的市场价值越高于重置成本,投资机会越多,则企业投资效率倾向于更低;现金持有(Cash)显著为正,表明实体企业持有过多的现金,容易诱发非效率投资行为。另外,财务杠杆(Lev)与非效率投资行为显著负相关,表明债务契约的制约功能促使企业更谨慎地选择投资项目,进而提高实体企业的投资效率。第(2)列的回归结果中,Hold 的回归系数为 -0.002,并也在1%水平上显著,与第(1)列回归结果一致,支持本文的研究假设 H2。

表 5 实体企业持股金融机构与融资约束

	(1) OLS		(2) 固定效应	
	系数	t 值	系数	t 值
CF×Hold	-0.005**	(-1.969)	-0.003*	(-1.638)
CF	0.004***	(-3.221)	-0.001	(-0.759)
SOE	-0.008***	(-14.029)	-0.001	(-0.594)
Size	-0.003***	(-12.657)	-0.002***	(-2.973)
ROA	0.013**	(2.489)	0.010***	(2.610)
Lev	-0.021***	(-13.620)	-0.003*	(-1.836)
Age	-0.008***	(-146.073)	-0.001***	(-11.840)
TobinQ	0.001***	(3.465)	-0.001***	(-4.086)
Cash	0.071***	(37.272)	0.039***	(16.136)
Top1	0.000	(0.284)	0.014***	(3.717)
Indboard	0.008*	(1.760)	0.005	(1.064)
Constant	0.181***	(30.649)	0.116***	(8.989)
Year F. E	Included		—	
Industry F. E	Included		—	
Observations	14711		14711	
Adjusted R^2	0.810		0.126	

注：***、**和*分别表示在1%、5%和10%的水平上显著，括号内为 t 值。

表 6 实体企业持股金融机构与投资效率

	(1) Inef_Inv		(2) Inef_Inv_Alternative	
	系数	t 值	系数	t 值
Hold	-0.003***	(-4.999)	-0.002**	(-1.709)
SOE	-0.007***	(-13.071)	0.003	(0.683)
Size	-0.003***	(-11.359)	-0.004	(-1.376)
ROA	0.011**	(2.262)	0.134*	(1.786)
Lev	-0.021***	(-13.685)	0.036*	(1.871)
Age	-0.008***	(-144.122)	-0.001	(-0.218)
TobinQ	0.001***	(3.040)	0.001***	(5.465)
Cash	0.070***	(36.736)	0.009	(0.455)
Top1	0.0001	(0.154)	-0.006	(-1.176)
Indboard	0.006	(1.256)	0.042	(1.642)
Duality	-0.004***	(-6.836)	-0.005	(-1.091)
Constant	0.185***	(30.740)	0.193***	(3.666)
Year F. E	Included		Included	
Industry F. E	Included		Included	
Observations	14711		13512	
Adjusted R^2	0.810		0.051	

注：***、**和*分别表示在1%、5%和10%的水平上显著，括号内为 t 值。

5. 进一步分析与讨论

5.1 产权性质对实体企业持股金融机构改善非效率投资行为的影响

为了进一步检验不同产权性质下，持股金融机构对实体企业投资效率影响的差异，本文在模型（3）中增设交乘项 Hold×SOE，其对应的回归系数反映了国有企业相较于民营企业而言，持股金融机构对实体企业投资效率影响的差异。表 7 为研究假设 H3 的回归结果，在第（1）列中，Hold×SOE 的系数为 0.006，在 1% 的水平上显著为正，在第（2）列的回归结果中 Hold×SOE 的系数为 0.003，在 5% 的水平上显著为正，这充分表明相较于国有企业而言，持股金融机构更能改善非国有企业的非效率投资行为，支持了研究假设 H3 的逻辑推理，与李维安和马超（2014）的发现较为一致。其他变量的结果与前文基本一致。

表 7 　　　　　　　　**实体企业持股金融机构、产权性质与投资效率**

	（1）Inef_Inv		（2）Inef_Inv_Alternative	
	系数	t 值	系数	t 值
Hold×SOE	0.006 ***	（5.297）	0.003 **	（2.119）
SOE	−0.009 ***	（−14.239）	−0.003 **	（−2.574）
Hold	−0.007 ***	（−7.348）	−0.002 *	（−1.914）
Size	−0.003 ***	（−11.418）	0.001	（0.467）
ROA	0.012 **	（2.385）	0.031 ***	（3.820）
Lev	−0.021 ***	（−13.525）	0.007 ***	（3.091）
Age	−0.008 ***	（−142.879）	−0.001 ***	（−6.265）
TobinQ	0.001 ***	（2.938）	0.001 * * *	（7.370）
Cash	0.070 ***	（36.627）	−0.011 ***	（−3.491）
Top1	0.001	（0.389）	−0.001	（−0.291）
Indboard	0.005	（1.021）	0.009	（1.300）
Duality	−0.004 ***	（−6.659）	−0.001	（−0.222）
Constant	0.186 ***	（30.858）	0.118 ***	（13.869）
Year F. E	Included		Included	
Industry F. E	Included		Included	
Observations	14711		13512	
Adjusted R^2	0.81		0.259	

注：***、**和*分别表示在 1%、5% 和 10% 的水平上显著，括号内为 t 值。

5.2 实体企业持股银行与投资效率

为检验本文的研究假设 H4，即相较于其他类型金融机构，实体企业持股银行对投资效率的影响是否存在显著差异，本文将研究样本限制于所有持股金融机构的实体企业样本中，在模型(3)中使用 Hold_Bank(是否持股银行，若持股的主要金融机构为银行则取值为1，否则为0)替代 Hold 变量。同时，本文将非效率投资行为划分为投资过度和投资不足两类，分别进行测试。回归结果如表 8 所示，第(1)列是基于全样本进行分析，发现 Hold_Bank 的系数为正，并在 10% 水平上单尾显著。第(2)列是基于投资过度的样本进行分析，Hold_Bank 的系数显著为正，并在 1% 水平上显著。第(3)列是基于投资不足的样本进行分析，Hold_Bank 的系数显著为负，并在 1% 水平上显著。以上结果说明相对于其他类型的金融机构，持股银行更能够改善实体企业的投资不足行为，但是更有可能诱发实体企业的投资过度行为。其他变量的结果与前文基本一致。但是，在对借鉴刘慧龙等(2014)的度量方式计算的非效率投资指标进行分析时，发现 Hold_Bank 的系数在全样本中显著为正，在投资过度的子样本中显著为正，但是在投资不足的子样本中不显著，这可能更加支持了相对于其他类型的金融机构，持股银行更可能诱发实体企业的投资过度行为，这是在资本市场治理过程中值得重点关注的方面。

表 8 实体企业持股银行与投资效率

	（1）	（2）	（3）	（4）	（5）	（6）
	Inef_Inv			Inef_Inv_Alternative		
	Invest	Over_Invest	Under_Invest	Invest	Over_Invest	Under_Invest
Hold_Bank	0.001	0.002***	−0.002***	0.002*	0.004*	0.000
	(1.455)	(3.109)	(−2.587)	(1.803)	(1.915)	(0.128)
SOE	−0.008***	−0.004***	−0.002**	0.002	0.001	0.002
	(−6.922)	(−5.045)	(−2.331)	(1.489)	(0.236)	(1.155)
Size	−0.002***	−0.004***	0.002***	0.003***	0.000	0.005***
	(−4.177)	(−9.787)	(6.685)	(3.497)	(0.122)	(5.114)
ROA	0.023**	0.029***	−0.020***	0.022	0.051**	−0.004
	(2.227)	(3.085)	(−3.024)	(1.334)	(2.222)	(−0.141)
Lev	−0.011***	−0.020***	0.018***	0.011**	0.024***	−0.000
	(−3.858)	(−8.312)	(9.439)	(2.514)	(3.700)	(−0.009)
Age	−0.007***	−0.010***	0.008***	−0.001***	−0.000	−0.002***
	(−54.998)	(−103.931)	(52.191)	(−7.263)	(−0.398)	(−14.542)
TobinQ	0.001*	0.000	0.000	0.002***	0.001	0.003***
	(1.723)	(0.066)	(1.046)	(3.529)	(1.167)	(3.275)

	（1）	（2）	（3）	（4）	（5）	（6）
	Inef_Inv			Inef_Inv_Alternative		
	Invest	Over_Invest	Under_Invest	Invest	Over_Invest	Under_Invest
Cash	0.053 ***	0.071 ***	−0.060 ***	−0.025 ***	−0.046 ***	−0.005
	(10.760)	(19.329)	(−14.346)	(−4.106)	(−4.238)	(−0.870)
Top1	−0.005	−0.005 **	−0.003	−0.002	−0.019 **	0.015 ***
	(−1.593)	(−1.989)	(−1.300)	(−0.346)	(−2.569)	(3.297)
Indboard	0.005	−0.010	0.018 ***	0.002	−0.030	0.026 **
	(0.571)	(−1.440)	(3.188)	(0.198)	(−1.525)	(2.043)
Duality	−0.004 ***	−0.003 ***	0.0005	−0.000	−0.001	0.002
	(−3.065)	(−3.046)	(0.197)	(−0.004)	(−0.431)	(0.922)
Constant	0.141 ***	0.210 ***	−0.187 ***	0.061 ***	0.124 ***	−0.068 ***
	(13.247)	(25.601)	(−22.057)	(3.724)	(4.368)	(−3.399)
Year F.E	Included	Included	Included	Included	Included	Included
Industry F.E	Included	Included	Included	Included	Included	Included
Observations	3601	2236	1365	3494	1749	1745
AdjustedR^2	0.641	0.895	0.691	0.339	0.374	0.228

注：***、**和*分别表示在1%、5%和10%的水平上显著，括号内为 t 值。

5.3 内生性问题

由于实体企业持股金融机构和投资效率可能存在内生性，实体企业在持股金融机构后投资效率的改变可能与企业自身的特征相关，而不是持股金融机构所引起的。为了解决内生性问题，本文采用倾向性得分匹配（Propensity Score Matching，PSM）方法为持股金融机构的实体企业寻找配对的未持股金融机构的实体企业。

在研究期间内持股金融机构的实体企业为处理组，而匹配的未持股金融机构的实体企业为控制组。本文将产权性质（SOE）、企业规模（Size）、盈利能力（ROA）、财务杠杆（Lev）和公司价值（TobinQ）这5项指标作为PSM的依据，采取无放回的卡尺匹配方法得到最终的配对样本。为了进一步检测匹配的有效性，本文针对PSM前后的样本进行描述统计，如表9所示，在PSM后的处理组和控制组在公司基本特征上具有较大的相似性，均在 p 值上显示无显著差异。此外，结果显示控制组的非效率投资均值为0.066，处理组的均值为0.048，两组均值差异为0.018，并在1%水平上差异显著，因此，单变量测试的结果也初步反映出持股金融机构的实体企业和未持股金融机构的实体企业在投资效率上的差异，而持股金融机构的实体企业的非效率投资行为更少，初步支持本文的研究假设H2。

表9   PSM 前后样本描述性统计

变量名	Pre-PSM			Post-PSM		
	处理组	控制组	均值差异	处理组	控制组	均值差异
Inef_Inv	0.049	0.081	0.032 ***	0.048	0.066	0.018 ***
SOE	0.642	0.476	−0.166 ***	0.631	0.634	0.003
Size	22.298	21.639	−0.659 ***	22.197	22.188	−0.009
ROA	0.037	0.042	0.004 ***	0.038	0.037	−0.002
Lev	0.497	0.442	−0.055 ***	0.491	0.498	0.008
TobinQ	2.122	2.745	0.623 ***	2.155	2.161	0.006

注：***、**和*分别表示在1%、5%和10%水平上显著，括号内为 t 值。

与此同时，本文利用 PSM 得到的配对样本，针对本文的研究假设 H1 至研究假设 H4 全部重新进行回归分析，如表10所示。研究结论与前文的结果完全一致，并且主要解释变量的系数显著性略有提高。

表10   PSM 样本回归结果

	（1）	（2）	（3）	（4）	（5）	（6）
	融资约束	投资效率	国有企业民营企业	持股银行		
				全样本	投资过度	投资不足
Hold×CF	−0.006 **					
	（−2.196）					
CF	−0.002					
	（−1.148）					
Hold		−0.003 ***	−0.007 ***			
		（−5.105）	（−6.316）			
Hold_SOE			0.006 ***			
			（4.253）			
Hold_Bank				0.001	0.002 ***	−0.002 **
				（1.485）	（2.941）	（−2.491）
控制变量	Included	Included	Included	Included	Included	Included
Year F.E	Included	Included	Included	Included	Included	Included
Industry F.E	Included	Included	Included	Included	Included	Included
Observations	6970	6970	6970	3485	2153	1332
Adjusted R^2	0.723	0.724	0.725	0.640	0.896	0.691

注：***、**和*分别表示在1%、5%和10%水平上显著，括号内为 t 值。

5.4 稳健性检验

5.4.1 持股比例对实体企业投资效率的影响

上文中选用是否持股金融机构(Hold)这一虚拟变量来检验持股金融机构对实体企业投资效率的影响。但是，部分实体企业持有金融机构的股份比例较低，可能并不能发挥较大的影响力。为增强检验结果的稳健和可靠性，本文采用持股比例(Hold_Percentage)代替Hold 这一变量。

稳健性检验结果如表 11 所示，在第(1)列中，Hold_Percentage 的回归系数为−0.021，随着持股比例的提高，企业的非效率投资行为减少，再一次验证了原假设 H2，即实体企业持股金融机构能够提高企业的投资效率。另外，在回归结果中，第一大股东持股比例Top1 与非效率投资(Inef_Inv)正相关，表明随着实体企业股权的集中，可能诱发控股股东与小股东的代理问题，大股东操纵非效率投资获得最终控制权收益，并造成对小股东利益的侵蚀。

表 11 　　　　　　　　　　　　　　持股比例对实体企业投资效率的影响

	(1) Inef_Inv		(2) Inef_Inv_Alternative	
	系数	t 值	系数	t 值
Hold_Percentage	−0.021***	(−5.568)	−0.019**	(−2.311)
SOE	−0.008***	(−13.112)	−0.004***	(−4.098)
Size	−0.003***	(−11.384)	0.003***	(6.054)
ROA	0.011**	(2.089)	0.064***	(7.160)
Lev	−0.021***	(−13.635)	−0.004	(−1.503)
Age	−0.008***	(−145.317)	−0.002***	(−22.445)
TobinQ	0.001***	(3.305)	0.003***	(8.752)
Cash	0.070***	(36.954)	−0.044***	(−13.450)
Top1	0.001	(0.355)	−0.015***	(−5.487)
Indboard	0.005	(1.195)	0.002	(0.248)
Duality	−0.004***	(−6.784)	−0.004***	(−3.708)
Constant	0.184***	(30.612)	0.904*	(1.940)
Year F. E	Included		Included	
Industry F. E	Included		Included	
Observations	14711		14669	
Adjusted R^2	0.810		0.108	

注：***、**和*分别表示在1%、5%和10%水平上显著，括号内为 t 值。

5.4.2 其他有关投资效率的度量方式

考虑到不同的投资效率度量方式可能对本文的分析结果造成差异，本文重新基于其他有关投资效率度量指标进行全文结果的分析。

首先，借鉴 Biddle 等人的研究(2009)，利用下面的模型(4)分年度分行业进行回归得到的残差度量投资非效率行为。

$$Invest_{i,t} = \beta_0 + \beta_1 SalesGrowth_{i,t-1} + \varepsilon \tag{4}$$

其次，也有学者将 Richardson(2006)的模型中企业增长率的指标替换为企业价值与权益市场价值的比值来度量企业的投资机会并计算投资非效率行为。

$$Invest_{i,t} = \beta_0 + \beta_1 V/P_{i,t-1} + \beta_2 Lev_{i,t-1} + \beta_3 Cash_{i,t-1} + \beta_4 Age_{i,t-1} + \beta_5 Size_{i,t-1}$$
$$+ \beta_6 Return_{i,t-1} + \beta_7 Invest_{i,t-1} + \beta_j \sum Year + \beta_k \sum Industry + \varepsilon \tag{5}$$

利用上述模型计算的非效率投资行为指标，我们针对研究假设 H2 至 H4 的检验重新进行回归分析(如表 12 所示)，发现基本结果在单尾的显著性水平上保持一致。

表 12　　　　　　　　　　　其他投资效率度量方式的稳健性检验

	(1) Inef_Inv 1	(2) Inef_Inv 2	(3) Inef_Inv 1	(4) Inef_Inv 2	(5) Inef_Inv 1	(6) Inef_Inv 2	(7) Over_Inv 1	(8) Over_Inv 2	(9) Under_Inv 1	(10) Under_Inv 2
Hold	-0.005***	-0.002*	-0.006***	-0.003***						
	(-4.876)	(-1.749)	(-3.533)	(-2.693)						
Hold_SOE			0.001	0.004**						
			(0.705)	(2.266)						
Hold_Bank					0.002	0.002*	0.003	0.003	-0.001	0.000
					(1.058)	(1.803)	(1.204)	(1.594)	(-0.674)	(0.128)
SOE	-0.001	0.003	-0.005***	-0.002**	-0.006***	0.002	-0.004*	-0.000	-0.002	0.002
	(-0.150)	(0.624)	(-4.374)	(-2.221)	(-3.745)	(1.489)	(-1.796)	(-0.174)	(-1.414)	(1.155)
其他控制变量	Included	Included	Included	Included	Included	Included	Included	Included	Included	Included
Year F.E	Included	Included	Included	Included	Included	Included	Included	Included	Included	Included
Industry F.E	Included	Included	Included	Included	Included	Included	Included	Included	Included	Included
Constant	0.125**	0.189***	0.060***	0.112***	0.018	0.061***	-0.103***	0.109***	0.074*	-0.068***
	(2.543)	(3.613)	(6.372)	(13.420)	(0.966)	(3.724)	(-3.546)	(3.756)	(1.927)	(-3.399)
Observations	14669	13529	14669	13529	3591	3494	1846	1749	1745	1745
Adjusted R^2	0.027	0.049	0.110	0.267	0.100	0.339	0.288	0.347	0.117	0.228

注：***、**和*分别表示在1%、5%和10%水平上显著，括号内为 t 值。

6. 结论与启示

本文基于实体企业持股金融机构的视角，分析了产融结合对投资效率的影响。本文采用 2006—2014 年我国 A 股的非金融类上市公司数据，检验实体企业持股金融机构对投资效率的影响，并得出以下结论：(1)实体企业持股金融机构有利于缓解企业的融资约束；(2)实体企业持股金融机构能够提高企业的投资效率；(3)在我国资本市场中，不同所有权性质的企业面临着不同的投融资环境，实体企业持股金融机构对其投资效率的影响也不同，持股金融机构对改善非国有企业投资效率的作用更为显著；(4)在我国以银行信贷为主的金融体制下，银行仍然是企业最主要的融资渠道，实体企业持股金融机构类型为银行对改善企业投资不足的作用更为显著，但是同时会诱发更多的投资过度行为。

上述研究分析为我们理解实体企业控股金融机构实现的"产融结合"模式如何影响企业的投资效率提供了理论支持，拓展了有关企业投资效率的理论知识，丰富了相关领域的研究。值得特别注意的是，尽管实体企业通过控股金融机构有助于获得更多信贷资金从而缓解自身的融资约束，但是，对于金融机构类型的选择需要结合企业自身特点进行战略抉择。此外，由于国有企业与民营企业之间的代理冲突存在本质上的差别，国有企业更多面临的是所有权与经营权分离所导致的第一类代理问题，而民营企业面临更多的是大股东与小股东信息不对称所导致的第二类代理问题。当实体企业选择持股的金融机构时需要考虑自身代理问题的特征，有选择性地实现"产融结合"。当然，本文研究仍然存在着一定的局限性，本文主要从微观角度对实体企业持股金融机构和投资效率的关系进行研究，而未涉及经济周期、金融发展程度等宏观因素的影响。

◎ 参考文献

[1]保尔·拉法格. 拉法格文选[M]. 北京：人民出版社，1985.

[2]邓建平，曾勇. 金融关联能否缓解民营企业的融资约束[J]. 金融研究，2011 (8).

[3]杜颖洁，杜兴强. 银企关系、政治联系与银行借款——基于中国民营上市公司的经验证据[J]. 当代财经，2013(2).

[4]刘慧龙，王成方，吴联生. 决策权配置、盈余管理与投资效率[J]. 经济研究，2014 (8).

[5]李维安，马超. "实业+金融"的产融结合模式与企业投资效率——基于中国上市公司控股金融机构的研究[J]. 金融研究，2014 (11).

[6]蔺元. 我国上市公司产融结合效果分析——基于参股非上市金融机构视角的实证研究[J]. 南开管理评论，2010(5).

[7]李延喜，曾伟强，马壮，陈克兢. 外部治理环境、产权性质与上市公司投资效率[J]. 南开管理评论，2015 (1).

[8]吴超鹏，吴世农，程静雅，等. 风险投资对上市公司投融资行为影响的实证研究[J]. 经济研究，2012 (1).

[9]希法亭·鲁道夫. 金融资本[M]. 北京: 商务印书馆, 1994.

[10]余鹏翼. 产融结合的制度变迁及制度安排[J]. 经济学动态, 2002 (6).

[11]周继先. 信息共享、银企关系与融资成本——基于中国上市公司贷款数据的经验研究[J]. 宏观经济研究, 2011 (11).

[12]张庆亮, 孙景同. 我国产融结合有效性的企业绩效分析[J]. 中国工业经济, 2007 (7).

[13]郑文平, 苟文均. 中国产融结合机制研究[J]. 经济研究, 2000(3).

[14]支燕, 吴河北. 动态竞争环境下的产融结合动因——基于竞争优势内生论的视角 [J]. 会计研究, 2011 (11).

[15]Allen, F, J. Qian, M. J.. Law, Finance, and economic growth in China [J]. *Journal of Financial Economics*, 2005(1).

[16]Behr, P., Entzian, A., Guettler, A. How do lending relationships affect access to credit and loan conditions in microlending? [J]. *Journal of Banking and Finance*, 2011 (8).

[17]Byrd, D., Mizruchi, M.. Bankers on the Board and the Debt Ratio of Firms[J]. *Journal of Corporate Finance*, 2005 (1).

[18] Ciamarra, E. S. Monitoring by affiliated bankers on board of directors: Evidence from corporate financing outcomes [J]. *Financial Management*, 2012 (3).

[19] Cull, R., Xu, L. C. Institutions, ownership, and finance: The determinants of profit reinvestment among Chinese firms[J]. *Journal of Financial Economics*, 2005(1).

[20]Diamond, D. W. Financial intermediation as delegated monitoring[J]. *Review of Economic Studies*, 1984 (3).

[21]Dittmann, I., Maug, E., Schneider, C.. Bankers on the boards of German firms: What they do, what they are worth, and why they are (still) there [J]. *The Review of Finance*, 2010 (1).

[22]Fazzari, S., Hubbard, G., Peterson, B.. Financing constraints and corporate investment [J]. *Brookings Paper on Economic Activity*, 1988 (1).

[23]Güner, A. B., Malmendier, U., Tate, G. Financial expertise of directors [J]. *Journal of Financial Economics*, 2008 (2).

[24] Laeven, L. Insider lending and bank ownership: The case of Russia [J]. *Journal of Comparative Economics*, 2001 (2).

[25]Li, S. X., Greenwood, R. The effect of within-industry diversification on firm performance: Synergy creation, multi-market contact and market structuration[J]. *Strategic Management Journal*, 2004 (12).

[26]Modigliani, F., Miller, M. H. The cost of capital, corporation finance, and the theory of investment[J]. *American Economic Review*, 1958 (3).

[27]Pan, X., Tian, G. Does banks' dual holding affect bank lending and firms' investment decisions? Evidence from China [J]. *Journal of Banking & Finance*, 2015(55).

[28]Richardson, S. Over-investment of free cash flow [J]. *Review of Accounting Studies*, 2006

(11).

[29] StirohK, J., Rumble, A. The dark side of diversification: The case of US financial holding companies[J]. *Journal of Banking & Finance*, 2006(8).

Integration of Industrial-finance Capital and Investment Efficiency of Entity Enterprises: An Empirical Study on the Shareholding of Financial Institutions

Xie Huobao[1]   Zhang Weiwei[2]   Li Yi[3]

(1, 2, 3   Economics and Management School of Wuhan University, Wuhan, 430072)

Abstract: This study investigates the effects of integration of industrial-finance capital on the investment efficiency, using the sample of publicly listed companies in China's A-share market from 2006 to 2014. We find that shareholding of financial institutions could not only decrease the investment-cash flow sensitivity and financial constraints, but also improve the corporate investment efficiency. Further analysis of the results suggest that the investment efficiency of non-SOEs achieves greater improvement after shareholding of financial institutions than SOEs. In addition, shareholding of bank plays more important role in under-investment improvement than other kinds of financial institutions, but increases over-investment behavior. This study provides evidence for the effects of integration of industrial-finance capitalon the investment efficiency, and not only fills the gaps in relating study, but also provides useful suggestions for the practical business.

Key words: Integration of industrial and financial capital; Shareholding of financial institutions; Investment efficiency; Financial constrains

专业主编：李青原

管理层权力、制度环境与董事会报告可读性
——来自我国上市公司的经验证据*

● 陈银娥[1]　江　媛[2]

（1，2　长沙理工大学经济与管理学院　长沙　410076）

【摘　要】本文基于我国 1253 家上市公司 2007—2014 年发布的共 10024 份年报中的董事会报告数据，对上市公司管理层权力、制度环境与年报可读性之间的关系进行实证研究，研究发现：公司业绩对董事会报告可读性具有正向影响，而管理层权力会放大这种影响；相比非国有企业，国有企业管理层权力放大这种影响的动机更强；市场制度环境越差，企业管理层权力放大这种影响的动机更强。据此，本文从董事会报告可读性视角提出了完善内部公司治理和外部制度环境的相关建议。

【关键词】管理层权力　制度环境　董事会报告　可读性

［中图分类号］F275.5　　　［文献标识码］A

1. 引言

在资本市场上，上市公司披露的信息是投资者进行有效投资决策的基础。其中财务信息虽然在一定程度上能反映企业的经营业绩和财务状况，但是很多重要信息无法通过财务报表完全披露，而且企业的财务信息主要反映企业的历史经营状况，难以为投资者预测未来业绩进行投资决策提供有效信息。非财务信息作为财务信息的有益补充，其作用越来越受到人们的重视。尤其是随着各国学者对公司信息披露问题研究的逐步深入，年报可读性正成为一个热点话题。从近年来对《公开发行证券的公司信息披露内容与格式准则第 2 号——年度报告的内容与格式》不断修改的总体趋势可以发现，我国证监会也越来越重视上市公司非财务信息的披露。

公司年报中的董事会报告是企业管理层与利益相关者沟通的重要方式，也是投资者阅读最多的部分（Lee and Tweedie，1975；Courtis，1995）。董事会报告作为非财务信息披露的重要载体以语言信息为主，大量的文字信息为管理层操纵语言信息进行印象管理提供了

＊ 基金项目：本文系 2015 年湖南省研究生科研创新项目（CX2015B349）的阶段性成果。
通讯作者：江媛，E-mail：1105687063@qq.com。

更大的空间。公司管理层可以根据自身利益以及公司利益的需要，通过设计语言形式夸大或掩盖某些事项，尽量美化公司及管理层形象，通过操纵董事会报告的可读性等手段进行印象管理，最终达到影响利益相关者对公司印象的目的（Bloomfield，2008；Li，2008；Chung and Kim，2012）。因此，管理层作为企业信息披露的决策者，决定了年报信息披露的格式及内容，其权力大小决定了其操纵董事会报告可读性的强弱。同时，公司业绩是投资者最关心的指标，也是对其决策影响最大的指标之一，这诱使管理层操纵董事会报告，从而使公司财务报告业绩与公司实际业绩产生偏差。因而，将公司董事会报告可读性与公司业绩和管理层权力结合起来进行研究，不仅有助于投资者及董事会更好地了解企业的实际经营状况，而且进一步拓宽了公司治理等相关问题研究的视野。

国外学者主要研究了公司业绩、外部审计身份、公司治理、公司规模、股票收益等因素对年报可读性的影响。Subramanian（1993）的研究表明，绩优公司的年报比绩差公司的年报明显易读。Clarkson 等人（1994）通过实证研究发现，企业规模、行业属性和企业盈利能力会对年报的可读性产生显著影响。Beattie 等人（2004）发现公司上市时间越早，年度可读性越高；公司规模、企业盈利能力对年报可读性具有正向影响；企业违规记录对年报可读性具有负向影响。Li（2006）发现当企业业绩表现欠佳时，管理者会干扰信息披露，增加专业词汇的比例，增强读者阅读障碍，弱化不利因素的影响，以期望市场对该利空信息反映不足；而当企业业绩表现良好时，管理层会加强年报的可读性。Li（2008）用 Fog 指数和篇长作为衡量可读性的标准，对年报的可读性和公司业绩的相关性进行研究并发现：当公司业绩不好时，年报的 Fog 指数更高并且篇幅更长；当公司业绩良好时，年报容易读懂且简洁明了。

国内学者关于年报可读性影响因素的研究尚不多见。孙蔓莉（2002）对中文年报的可读性进行了研究，发现业绩是影响可读性的因素。孙曼莉（2004）借鉴 Simth 和 Taffler（1992）的研究方法，设计了由会计专业学生参与的完形填空测试来评价我国公司年报对于各层次信息使用者的可理解性，发现我国上市公司年报接近于半专业投资者的理解能力，但对于非专业投资者则是不可理解的。葛伟琦（2007）将我国上市公司的中英文年报进行了对比研究，发现中文年报与英文年报的可读性水平随时间变化的趋势基本一致。李常青等人（2007）认为年报可读性会受到董事会人数、公司股权集中程度、公司规模、企业盈利能力以及是否在国外投资上市的影响。李清（2012）探讨了 MD&A 与公司业绩、公司治理等因素之间的关系，发现公司业绩越好，MD&A 可读性越高；董事会、监事会规模越大，MD&A 可读性越高；董事长与总经理两职分任时，MD&A 可读性更高。

总的来看，国内外理论界将年报可读性和公司业绩与管理层权力结合起来的研究较少。Finkelstein（1992）、卢锐（2007）等人指出，管理层权力是公司管理者执行自身意愿的能力，泛指管理层对公司治理体系（包括决策权、监督权以及执行权）的影响能力，一般是在公司内部治理出现缺陷与外部制度约束缺乏的情况下，管理层所表现出的超出其特定控制权范畴的影响力（权小锋等，2010）。管理层作为企业信息披露的决策者，其权力大小对董事会报告的可读性具有重要影响。吉利等（2016）研究了管理层权力对我国上市公司社会责任信息披露可读性的影响，发现管理层权力对社会责任报告可读性具有显著正向影响。但关于管理层权力对公司业绩与年报可读性关系的影响尚没有展开研究。基于此，本文以我国 1253 家上市公司 2007—2014 年发布的共 10024 份年报中的董事会报告数据为依据，对上市公司管理层权力、公司业绩与年报可读性之间的关系进行实证研究。此外，管理层权力通常会受到包括产权性质、市场化进程和法制环境等在内的制度环境的影响（杨兴全等，2014；李小荣等，2015；张敦力等，2016），于是本文进一步扩展到制度环境对管理层权力这一操纵行为的影响。本文的研究思路如下，首先对现有文献进行了回顾与梳理，并提出了本文的研究假说，然后采用因子分析法构建一个综合指标作为管理层权力的代理变量，采用内容分析法构建董事会报告可读性指标，检验管理层权力对公司业绩与董事会报告可读性相关性的影响；同时进一步研究了制度环境对管理层权力这一操纵行为的影响；最后，对实证研究结论进行了分析和总结，并提出了相关建议。

2. 理论与假设

根据代理理论，企业信息披露是减少信息不对称、降低代理成本的主要方式，也是公司外部利益相关者了解公司的最主要手段。信息的可读性是否与受众群体的理解能力相配合、相适应，决定了信息的传递效率。企业管理层作为内部人，在信息资源上拥有优势，在向报告使用者提供信息时，会从自身利益出发，通过操纵可读性等印象管理手段影响报告信息使用者的认知和对企业的印象。Schlenker（1975）通过实证研究发现，人们在信息不对称的情况下可能进行印象管理。相比管理层作为内部人，利益相关者作为外部人，在信息上处于弱势，无法有效辨别信息真假，且如果要检验信息的真实可靠性需要付出极高的成本却只能收获小利，这种高信息成本使得他们缺乏监督的积极性，进而为管理层操纵董事会报告可读性进行印象管理提供了可趁之机。

在资本市场上，资源的稀缺性导致竞争者之间激烈对抗并争夺资源。而管理层可提高其声誉并展示良好的经营管理能力，继而提升其在经理人市场的竞争力，达到升职加薪的目的。即管理层可以从操纵董事会报告可读性中获利，因而具有操纵董事会报告可读性的动机。印象管理理论认为，企业在宣扬自己好的方面时，会故意增加其可读性，从而加深读者的印象；相反，在披露负面信息时，会通过增加句长、增加专业词汇比例等方式减弱可读性。当公司业绩不佳时，管理者有动机混淆信息，因为市场可能会对披露的复杂信息反应延迟（Bloomfield，2002）。因此当公司业绩差时管理层会操纵可读性来向投资者隐藏不利的信息；而当公司业绩良好时，年报容易读懂且简洁明了（Li，2008）。一般来说，管理层权力越大，受到的监督越弱，追求私利的可能性也就越大（权小锋等，2010；杨兴全等，2014），因此随着管理层权力的不断增大，其操纵报告可读性进行印象管理的空间和动机都会增大。由此，本文提出如下假说：

H1：公司业绩对董事会报告可读性具有正向影响，而管理层权力会放大这种影响。

在经济体制转型的过程中，政府逐渐放松了对国有企业的管制，国有企业通过政府的行政放权开始逐渐获得较多的经营自主权，拥有充分的经营管理权力有利于管理层经营才能的发挥。但国有企业特殊的产权性质产生"所有者缺位"和"内部人控制"问题使得管理层权力可能超越于公司治理机制之上，没有对其权力形成有效的监督和制衡（权小锋和吴世农，2010）。此外，国企高管往往由政府直接委派，当国企高管出现违规行为时，监管部门可能会对情节不太严重的违规行为采取纵容、包庇的态度，使得监管机构对国企高管的监督力度不强，违规后处罚的可能性较民企高管要低（赫颖和刘星，2009；赵璨等，2013；逯东等，2014）。因此，由国企改制的上市公司，其治理结构和监管环境与民营上市公司存在较大差异，相比于国有企业，民营企业较为完善的公司治理可能更能约束管理层的权力（权小锋和吴世农，2010）。因此，不同产权性质下的管理层权力对董事会报告可读性也产生了不同的影响。基于此，本文提出如下假说：

H2：相比非国有企业，国有企业管理层权力操纵公司业绩对董事会报告可读性影响的动机会更强。

市场化水平是一系列经济、社会、法律乃至政治体制的综合量度。夏立军和方轶强（2005）认为市场化程度会影响公司治理环境进而影响到公司治理的效率。我国各地区的市场化进程由于自然资源、地理位置、政策的不同仍然存在较大差异，这直接导致上市公司所处的治理环境也存在显著的差异，进而对公司管理层权力形成的约束力度也存在差异。公司所在地区的市场化程度越低，越不利于机构投资者和媒体发挥治理作用，监管体系与法治化水平相对越差，管理层操纵董事会报告可读性进行印象管理的行为将更严重；而公司所在地区的市场化程度越高，越有利于机构投资者和媒体发挥治理作用，监管体系与法治化水平相对越好，对管理层操纵董事会报告可读性进行印象管理的行为能够形成有效的监督与约束。基于此，本文提出如下假说：

H3：市场制度环境越差，企业管理层权力操纵公司业绩对董事会报告可读性影响的动机会更强。

3. 研究设计

3.1 数据来源与研究样本

为了检验上述假设，本文以我国沪深两市的上市公司为研究对象，由于我国新企业会计准则在2007年全面实施，为使相关财务指标具有可比性，研究区间为2007—2014年。依据以下标准对原始样本进行了筛选：(1)由于金融业上市公司的财务特征与其他类型的公司差异较大，故剔除了金融行业上市公司；(2)剔除相关指标缺失的公司。最后得到样本公司总数为1253家。本文下载了这1253家上市公司2007—2014年发布的共10024份年度报告，然后通过手工收集年度报告可读性的相关数据。财务数据和公司特征数据来自CSMAR数据库。为消除极端值的影响，本文对所有连续变量逐年按上下1%的比例进行了Winsorize处理。

3.2 变量定义

3.2.1 被解释变量：董事会报告可读性

以往研究对可读性的度量主要有公式法和非公式法两大类。公式法主要有外国学者提出的Flesch指数、Fog指数、Lix指数以及荆溪昱等（2007）提出的中文可读性公式。前者主要以英文文章为研究对象，对中文文章可读性的度量是否适用无从考证。后者只考虑了句长和词汇难易程度。非公式法主要是Taylor(1953)提出的完形填空法，Bormuth(1968)为完形填空法建立了正确率标准(教学用文章的填空正确率应达到44%，独立阅读材料的填空正确率应达到57%)，但是这种判断标准是否合理，很难定论，人们对这个分值只能有一个模糊的感性认识，而不能清楚地说出它代表了什么程度的理解水平。

本文在以往研究的基础上，根据可读性高的文章具有增进理解程度、强化阅读印象、提高阅读速度、让人坚持阅读等特点，借鉴荆溪昱等（2007）、李清（2012）、吉利（2016）等人的方法，选取以下指标量化可读性标准：

（1）董事会报告的篇幅。文章的篇幅越长，报告传递的信息越详细，相关内容的解释说明也就越丰富，更多篇幅的文字阐述能使报告阅读者正确理解公司报告中所承载的信息（吉利，2016）。基于此，本文将报告的篇幅作为考察董事会报告可读性的重要因素。

（2）董事会报告的平均句长。在现代汉语中，句子按其长度可以分为长句和短句，长句具有结构复杂、层次多、容量大等特点，会增加读者的记忆负担。相反，短句则具有短小精悍、生动活泼、结构简明等特点，在人脑短时间记忆能力的限度以内。由此可见，短句相对于长句更便于读者阅读和理解文章表达的意思。因此，本文将平均句长作为考察董事会报告可读性的标准之一。王振平（2006）认为，句子长度不是指以句号划分的句子，而是指被各种点号断开的句节。因为点号在句子里表示停顿，具有分割句子的功能。就点号来说，如句号、逗号、问号、感叹号、冒号、分号等在英汉语中所具有的基本功能是一致的。因此本文以各种点号来划分句子的长度。据统计，汉语句子的最佳长度为 7 ~ 12 字，超过此长度往往会给理解带来困难（刘必庆，1990）。

（3）专业词汇密度。单词难度是评价文章可读性的重要指标。国外研究绝大多数针对的是拉丁字母拼写的语言，往往以单词所包含的音节数或者单词的长度来作为对单词可读性的测度，但是这对于中文并不适用。年报阅读者是基本能够掌握熟悉词汇的成年人，同时年报的内容也具有其特殊性——包含大量会计专业词汇，因此本文引入会计专业词汇密度作为衡量词汇难度的一个指标。孙蔓莉（2005）认为专业性强是造成年报难懂的一个重要原因，而会计术语则是专业性强的重要体现。借鉴李清（2012）的方法，本文以董事会报告中每千字会计专业术语数占董事会报告总字数的比重来衡量专业词汇密度。若专业词汇密度越小，则越容易读懂；反之，则越难读懂。

综上，本文从三个方面度量董事会报告的可读性，即篇幅（总字数）、平均句长、专业词汇密度，将这三个方面进行同方向和标准化处理后加总得到董事会报告可读性指标 MDR。

3.2.2 解释变量：管理层权力

本文借鉴已有的研究文献（卢锐等，2008；权小锋等，2010；杨兴全等，2014），对管理层权力的衡量主要考虑以下 7 个指标：

（1）CEO 的受教育程度，博士赋值 5，硕士赋值 4，本科赋值 3，大专赋值 2，中专赋值 1，高中及以下为 0；

（2）CEO 持股比例：CEO 持股数量占总股本的比例；

（3）CEO 担任其他单位职务的数量；

（4）CEO 是否兼任董事长：若兼任则赋值 1，否则赋值 0；

（5）CEO 的任职期限；

（6）董事会的规模：用董事会的人数衡量；

（7）股权分散程度：1 减去前十大股东持股比例的平方和。

在此基础上，本文用 Stata12.0 对数据进行标准化处理，消除量纲的影响后，进行 KMO 检验和 Bartlett's Test，检验结果表明数据具有相关性，满足因子分析的条件；然后用主成分法提取主因子，并求出最大方差正交旋转矩阵、特征值和累计贡献率；最后，利用最小二乘回归分析法求出各企业的主因子得分，并以每个主因子方差贡献率占所有主因子总方差贡献率的比重作为权数进行加权计算综合得分，即管理层权力指数 Power。为检验管理者权力对企业财务绩效与董事会报告可读性关系的影响，本文假设大于 Power 的均值时取 1，否则取 0。

3.2.3　其他解释变量

（1）产权性质：国有企业赋值 1，非国有企业赋值 0。

（2）市场环境：本文以樊纲市场化指数为基础（樊纲等，2011），采用杨兴全等（2014）的方法调整得到 2010—2014 年的市场化指数。当该地区市场化进程大于当年所有地区市场化进程的平均数时取 1，否则取 0。

3.2.4　控制变量

本文借鉴相关研究设置控制变量，具体包括：公司业绩（ROE），用净资产利润率表征；企业规模（Size），用总资产的自然对数表征；成长性（q），用托宾 Q 表征；资本结构（LEV），用资产负债率表征；企业年限（NX），用公司上市年限的自然对数表征；市场风险，用 Beta 值衡量；审计质量（Audit），上市公司当年年报审计的会计师事务所排名前 10 的取值为 1，否则取值为 0；是否发生并购 MA；股价波动率 Stdret；行业（Indu）和年度（Year）虚拟变量，用来控制行业和年度的影响。具体变量定义见表 1。

表 1　　　　　　　　　　　　　　研究变量设计

变量名称		变量符号	变量定义
被解释变量	董事会报告可读性	MDR	各指标标准化处理后得分相加
解释变量	管理者权力	Power	基于因子分析的管理者权力综合评价指标
	制度环境	Property	产权性质，国有企业赋值 1，非国有企业赋值 0
		Market	樊纲市场化指数，得分超过平均数取 1，否则取 0
控制变量	公司业绩	ROE	净资产收益率
	企业规模	Size	公司总资产的自然对数
	成长性	Q	托宾 q
	资产负债率	Lev	总负债/总资产
	上市年限	NX	公司上市年限的自然对数
	市场风险	Beta	当年股票的贝塔值
	审计质量	Audit	上市公司当年年报审计的会计师事务所排名前 10 的审计质量较高，取值为 1，否则取值为 0
	并购事件	MA	当年发生并购取 1，否则取 0
	股票收益波动率	Stdret	日收益率标准差
	行业	Indu	根据中国证监会关于上市公司的行业分类标准，构建 13 个哑变量分别代表各个行业
	年份	Year	年度哑变量

3.3 研究模型

本文主要研究管理层权力对公司业绩与董事会报告可读性之间关系的影响，以及制度环境对这种影响的调节效应。为了验证研究假说，本文构建以下多元线性归回模型：

$$MDR = \alpha_0 + \alpha_1 ROE + \sum \alpha_j Control + \sum Year + \sum Indu + \varepsilon$$

$$MDR = \beta_0 + \beta_1 ROE + \beta_2 Power + \beta_3 Power \times ROE + \sum \beta_j Control + \sum Year + \sum Indu + \delta$$

4. 结果与分析

4.1 描述性统计

表2报告了主要变量的描述性统计。就全样本公司来看，在MDR报告可读性方面，最高得分为2.7837，最低得分为0，说明我国上市公司董事会报告的可读性差异较大。在管理层权力方面，最大值为3.448，最小值为-2.2288，说明我国上市公司管理层权力的差异也较大。

表3报告了董事会报告可读性各组成指标的描述性统计，从MDR各组成指标来看：董事会报告总字数的均值为8541.51字，最大值为37656，最小值为579；平均句长的均值为18.49，高于汉语句子7~12字的最佳长度（刘必庆，1990），会给读者理解带来困难，并且最大值为44.06，最小值为7.43；专业词汇密度的均值为2.90，最大值为53.33，最小值为0.01。上述结果说明我国上市公司董事会报告的篇幅、平均句长、专业词汇密度的差异都较大。

表4按年份报告了董事会报告可读性指标的描述性统计，从表中可以发现，董事会报告可读性在2007—2014年出现下降趋势，并且各年董事会报告可读性的差异较大，这表明我国上市公司的管理层与相关监管部门对年报报告可读性的关注没有发生显著改变。

表2   主要变量的描述性统计

变量	均值	标准偏差	中位数	最大值	第75百分位数	第25百分位数	最小值
MDR	1.6772	0.2401	1.6838	2.7837	1.8247	1.5356	0.0000
Power	0.0000	0.3875	−0.0366	3.4478	0.1730	−0.2256	−2.2288
ROE	0.0628	0.2199	0.0671	1.0477	0.1244	0.0206	−1.1718
Size	21.9885	1.4656	21.9226	28.0035	22.8417	21.0962	0.0000
Q	1.9936	2.1957	1.3408	14.5627	2.3489	0.7430	0.1913
Lev	0.5536	0.2795	0.5414	2.1863	0.6806	0.3870	0.0795
NX	12.4802	69.6678	2.5638	683.1247	2.7752	2.3022	0.0217

变量	均值	标准偏差	中位数	最大值	第75百分位数	第25百分位数	最小值
Beta	1.0844	0.2634	1.0995	5.0748	1.2313	0.9445	−4.9277
Audit	0.5747	0.4944	1.0000	1.0000	1.0000	0.0000	0.0000
MA	0.7413	0.4379	1.0000	1.0000	1.0000	0.0000	0.0000
Stdret	0.0330	0.0480	0.0290	2.5592	0.0370	0.0238	0.0003

表3   MDR 各组成指标描述性统计

变量	均值	标准偏差	中位数	最大值	第75百分位数	第25百分位数	最小值
总字数	8541.51	3834.57	7857	37656	10307	5925.50	579
平均句长	18.49	2.86	18.52	44.06	20.00	17.11	7.43
专业词汇密度	2.90	1.83	2.85	53.33	3.94	1.63	0.01

表4   MDR 分年度描述性统计

年度	均值	标准偏差	中位数	最大值	第75百分位数	第25百分位数	最小值
2007	1.7989	0.1633	1.7823	2.5926	1.8808	1.6973	0.5469
2008	1.7931	0.2153	1.7938	2.7389	1.9158	1.6576	0.0000
2009	1.6367	0.2464	1.6394	2.5922	1.7975	1.4790	0.5856
2010	1.6253	0.2279	1.6305	2.5067	1.7688	1.4797	0.5113
2011	1.6091	0.2456	1.6109	2.6199	1.7486	1.4689	0.7106
2012	1.6679	0.2237	1.6676	2.5157	1.7953	1.5356	0.2667
2013	1.6204	0.2617	1.6191	2.7837	1.7812	1.4634	0.5812
2014	1.6659	0.2374	1.6689	2.5088	1.8074	1.5149	0.5277

4.2 单变量分析

表5是主要变量的 Pearson 相关性检验结果。从表5中可以看出，可读性 MDR 与管理层权力和公司业绩显著正相关，并且管理层权力和企业盈利能力交乘项系数显著为正，说明管理层权力会放大企业财务绩效与董事会报告可读性的正相关性。在控制变量部分，公司规模、上市年限、市场风险、并购事件、股价波动率与可读性 MDR 正相关，成长性、资本结构与可读性 MDR 负相关。

表5

主要变量的相关系数矩阵

	MDR	Power	ROE	Power×ROE	Size	Q	Lev	NX	Beta	Audit	MA	Stdret
MDR	1											
Power	0.053***	1										
ROE	0.0472***	-0.0032	1									
Power×ROE	0.0592***	0.2229***	0.5921***	1								
Size-	0.2335***	0.0296***	0.0892***	0.0606***	1							
Q-	-0.2262***	-0.018*	0.0585***	0.0588***	-0.4678***	1						
Lev1	-0.0892***	-0.0212**	-0.0376***	-0.0552***	0.0136	0.0129	1					
NX +	0.0656***	-0.0218**	-0.0006	-0.0047	-0.0079	-0.013	-0.0149	1				
Beta	0.0889***	-0.0105	-0.0318***	-0.0114	0.1348***	-0.2726***	-0.0792***	-0.0053	1			
Audit	-0.0463***	-0.0134	-0.0091	-0.0196**	0.2176***	-0.0762***	-0.0219**	0.0092	-0.0178*	1		
MA	0.0249**	0.0103	0.0209**	0.0142	0.0176*	0.0061	0.0767***	-0.0087	-0.0031	-0.0202**	1	
Stdret	0.0414***	-0.0106	0.0199**	0.0073	-0.0413***	0.0602***	0.0148	-0.0074	-0.0762***	-0.0847***	0.0441***	1

注：*，**，***分别表示10%、5%和1%的置信水平下显著。

4.3 多元回归分析

表6报告了模型（1）的多元回归结果。回归结果显示，无论是总体还是管理层权力分组样本，公司业绩对董事会报告可读性的正向影响均在1%水平上显著，说明公司业绩越好，年报可读性越强。并且管理层权力较高组（Power＝1）公司业绩的回归系数要大于管理层权力较弱组（Power＝0）。

表6 公司绩效与董事会报告可读性

变量	总体	Power＝0	Power＝1
	（1）	（2）	（3）
ROE	0.0585 ***	0.0447 ***	0.0767 ***
	（5.56）	（3.29）	（4.5）
Size	0.0323 ***	0.0256 ***	0.0387 ***
	（16.89）	（9.79）	（13.64）
Q	−0.0161 ***	−0.0211 ***	−0.0072 ***
	（−12.79）	（−12.44）	（−3.77）
Lev	−0.0659 ***	−0.0701 ***	−0.0593 ***
	（−7.53）	（−6.14）	（−4.28）
NX	0.0002 ***	0.0002 ***	0.0003 ***
	（6.87）	（4.57）	（5.65）
Beta	0.0681 ***	0.0584 ***	0.0987 ***
	（7.48）	（4.82）	（6.46）
Audit	0.0121 **	0.0172 **	0.0074
	（2.3）	（2.38）	（0.96）
MA	0.0076	0.0121 **	0.0057
	（1.52）	（1.79）	（0.77）
Stdret	0.0740	0.1467	−0.4764 **
	（1.01）	（1.78）	（−2.52）
Constant	1.1139	1.2869	0.9609
	（24.17）	（20.72）	（13.71）
行业	控制	控制	控制
年份	控制	控制	控制
Number of obs	9778	5275	4360
Adj R-squared	0.1909	0.2048	0.1963

注：＊、＊＊、＊＊＊分别表示10％、5％和1％的置信水平下显著。

表7报告了模型（2）的多元回归结果。第（1）列显示，公司业绩、管理层权力对董事会报告可读性的正向影响均在1％水平上显著，并且管理层权力和公司业绩的交乘项系数

显著为正,说明管理层权力会放大公司业绩对董事会报告可读性的正向影响,假设1得到验证。第(2)列显示,对于非国有控股公司(Property=0),管理层权力和公司业绩的交乘项系数不显著;第(3)列则显示,对于国有控股公司(Property=1),管理层权力和公司业绩的交乘项系数显著为正,表明相比非国有企业,国有企业管理层权力放大公司业绩与董事会报告可读性正相关性的动机会更强,假设2得到验证。

表7 公司绩效、管理层权力与董事会报告可读性

变量	总体	property = 0	property = 1
	(1)	(2)	(3)
ROE	0.0380 ***	0.0154	0.0557 ***
	(2.82)	(0.73)	(3.15)
Power	0.0120 ***	0.0230 ***	0.0039
	(2.62)	(2.88)	(0.69)
Power×ROE	0.0510 **	0.0417	0.0580 **
	(2.36)	(1.23)	(2.04)
Size	0.0316 ***	0.0433 ***	0.0225 ***
	(16.39)	(12.16)	(9.52)
Q	−0.0154 ***	−0.0140 ***	−0.0154 ***
	(−12.07)	(−7.55)	(−7.98)
Lev	−0.0648 ***	−0.0521 ***	−0.0848 ***
	(−7.34)	(−4.08)	(−6.47)
NX	0.0002 ***	0.0003 ***	0.0002 ***
	(6.84)	(4.8)	(5)
Beta	0.0677 ***	0.0384 ***	0.0742 ***
	(7.4)	(2.62)	(6.02)
Audit	0.0128 **	0.0058	0.0141 **
	(2.42)	(0.6)	(2.21)
MA	0.0075	0.0015	0.0126 **
	(1.5)	(0.16)	(2.12)
Stdret	0.0769	0.0790	−0.3852
	(1.05)	(1.02)	(−0.99)
Constant	1.1351 ***	0.8946 ***	1.3582 ***
	(24.44)	(10.74)	(22.58)
行业	控制	控制	控制
年份	控制	控制	控制
样本数	9635	3357	6198
Adj R-squared	0.1884	0.2342	0.1495

注: *、**、***分别表示10%、5%和1%的置信水平下显著。

根据公司所处地区的制度环境差异，以樊纲市场化指数中的市场总体环境指数、政府干预指数、金融市场化指数、中介与法制环境指数的中位数为标准，我们将样本分为制度环境较差和制度环境较好两组，采用分组回归分析法检验研究假设 3，分组检验结果见表 8。在所有回归模型中，ROE 的回归系数均显著为正，进一步说明公司业绩是影响年报可读性的重要因素。在市场化水平较低、政府干预较强及中介与法治水平低效的样本组，管理层权力和公司业绩交乘项系数显著为正，说明在这些地区，市场制度环境对企业管理层权力的约束较弱，管理层更容易操纵公司业绩与董事会报告可读性的相关性。在制度环境较好的样本组，管理层权力和公司业绩交乘项系数为正，但是统计上并不显著。以上结果表明，市场制度环境越差，企业管理层权力操纵公司业绩与董事会报告可读性正相关性的动机会更强，从而验证了研究假设 3。

表 8　　　　　　　　　　　　　管理层权力、制度环境与董事会报告可读性

变量	制度环境较差				制度环境较好			
	市场总体环境较差	政府干预较强	金融市场化程度较弱	中介与法制发展滞后	市场总体环境较好	政府干预较弱	金融市场化程度较强	中介与法制发展良好
ROE	**0.0294** *	**0.0357** **	**0.0675** **	**0.0276** *	**0.0471** **	**0.0363** **	**0.0212**	**0.0668** **
	(1.86)	(2.03)	(3.15)	(1.86)	(1.99)	(1.76)	(1.23)	(2.18)
Power	0.013 **	0.0148 **	0.0116	0.0126 **	0.0107	0.01 **	0.0136 **	0.0104
	(2.19)	(2.06)	(1.35)	(2.19)	(1.61)	(1.66)	(2.49)	(1.35)
Power×ROE	**0.0635** **	**0.0621** **	**0.0646** *	**0.0553** **	0.0388	0.0405	0.0438	0.0347
	(2.21)	(2.08)	(1.77)	(2.21)	(1.1)	(1.3)	(1.63)	(0.81)
Size	0.0371 ***	0.0396 ***	0.0349 ***	0.0352 ***	0.0278 ***	0.0265 ***	0.0297 ***	0.0269 ***
	(13.49)	(12.29)	(9.14)	(13.49)	(10.55)	(10.89)	(13.22)	(9.13)
Q	−0.0123 ***	−0.0101 ***	−0.0089 ***	−0.0149 ***	−0.0171 ***	−0.0191 ***	−0.0174 ***	−0.0151 ***
	(−9.15)	(−5.3)	(−3.86)	(−9.15)	(−9.42)	(−11.23)	(−11.36)	(−7.3)
Lev	−0.0878 ***	−0.0776 ***	−0.0696 ***	−0.0797 ***	−0.0432 ***	−0.054 ***	0.0615 ***	−0.0428 ***
	(−7.22)	(−5.76)	(−4.34)	(−7.22)	(−3.38)	(−4.58)	(−5.78)	(−2.87)
NX	0.0002 ***	0.0002 ***	0.0002 ***	0.0002 ***	0.0002 ***	0.0002 ***	0.0002 ***	0.0002 ***
	(6.08)	(4.8)	(4.06)	(6.08)	(3.51)	(4.68)	(5.54)	(2.99)
Beta	0.0574 ***	0.0743 ***	0.0715 ***	0.0524 ***	0.066 ***	0.0574 ***	0.0724 ***	0.075 ***
	(4.57)	(4.69)	(4.03)	(4.57)	(5.08)	(5.05)	(6.4)	(4.86)
Audit	0.0027	0.0087	0.0021	0.0019	0.0209 ***	0.0151 **	0.0188 ***	0.0273 ***
	(0.28)	(1.03)	(0.21)	(0.28)	(2.85)	(2.21)	(2.97)	(3.28)
MA	0.0065	0.0058	0.0027	0.0104 *	0.0085	0.0089	0.0095	0.0051
	(1.65)	(0.73)	(0.28)	(1.65)	(1.19)	(1.37)	(1.63)	(0.62)
Stdret	−0.0037	0.1646 *	0.1502 *	0.0647	0.3718 **	−0.0486	−0.3174 *	0.005
	(0.88)	(1.72)	(1.81)	(0.88)	(2.12)	(−0.43)	(−1.79)	(0.01)
Constant	1.0262 ***	0.9458 ***	1.0373 ***	1.0734 ***	1.2296 ***	1.263 ***	1.1959 ***	1.2956 ***
	(17.66)	(12.76)	(11.8)	(17.66)	(17.53)	(20.48)	(21.31)	(14.99)
行业	控制	控制	控制	控制	控制	控制	控制	控制
年份	控制	控制	控制	控制	控制	控制	控制	控制
样本数	4645	3581	2526	5676	4990	6054	7109	3959
Adj R-squared	0.2118	0.2337	0.2409	0.2124	0.1811	0.1689	0.1671	0.1709

注：*、**、***分别表示10%、5%和1%的置信水平下显著。

从控制变量的回归系数和显著性水平来看，公司规模(Size)、上市年限(NX)、市场风险(Beta)与董事会报告可读性显著正相关；成长性(托宾 Q)和资产负债率(Lev)与董事会报告可读性显著负相关。控制变量的回归结果说明，公司规模越大、上市时间越长、面临的市场风险越高，越会进行印象管理增强董事会报告的可读性，以树立良好的形象；在资产负债率较高的情况下，公司会减弱董事会报告的可读性，加大读者接收信息的难度，避免负面影响。

4.4 稳健性检验

本文以标准化处理后的专业词汇密度作为可读性变量重新进行了检验，回归结果见表9，结果表明并未改变上述结论。此外，本文通过替换管理层权力指标，将 CEO 是否兼任董事长、任职年限、在外任职数量、教育背景、CEO 持股比例、董事会规模以及股权分散程度 7 个指标进行无量纲化处理后直接加总作为管理层权力的替代变量，重新进行了检验，结果也并未改变上述结论。

表9　　　　　管理层权力、制度环境与董事会报告可读性(专业词汇密度)

变量	制度环境较差				制度环境较好			
	市场总体环境较差	政府干预较强	金融市场化程度较弱	中介与法制发展滞后	市场总体环境较好	政府干预较弱	金融市场化程度较强	中介与法制发展良好
ROE	**0.0248*****	**0.0334*****	**0.0543*****	**0.0206*****	0.0173	0.0094	0.0079	0.027*
	(3.14)	(3.82)	(5.35)	(2.8)	(1.54)	(0.97)	(0.95)	(1.92)
Power	0.0092***	0.01***	0.0044	0.0081***	−0.0003	0.0011	0.0048*	−0.0005
	(2.96)	(2.81)	(1.09)	(2.84)	(−0.08)	(0.4)	(1.85)	(−0.15)
Power ×ROE	**0.0379*****	**0.0353****	0.0162	**0.0382*****	0.031*	0.033**	0.0385***	0.0227
	(2.86)	(2.38)	(0.94)	(3.08)	(1.84)	(2.26)	(2.99)	(1.14)
Size	0.0129***	0.0131***	0.011***	0.0126***	0.0062***	0.0064***	0.008***	0.0043***
	(9.19)	(8.17)	(6.09)	(9.74)	(4.96)	(5.56)	(7.36)	(3.18)
Q	−0.0065***	−0.0052***	−0.0041***	−0.0077***	−0.0092***	−0.0102***	−0.0096***	−0.0081***
	(−7.54)	(−5.46)	(−3.74)	(−9.55)	(−10.66)	(−12.76)	(−13.07)	(−8.57)
Lev	−0.1046***	−0.1054***	−0.107***	−0.1028***	−0.0684***	−0.0693***	−0.0767***	−0.0567***
	(−17.57)	(−15.76)	(−14.06)	(−18.81)	(−11.2)	(−12.51)	(−15.01)	(−8.27)
NX	0.0001***	0.0001***	0.0001*	0.0001***	0	0	0*	0
	(3.33)	(2.66)	(1.94)	(3.71)	(−0.56)	(0.74)	(1.72)	(−1.47)
Beta	0.0424***	0.0582***	0.053***	0.0381***	0.0414***	0.0348***	0.0469***	0.0488***
	(6.55)	(7.39)	(6.3)	(6.72)	(6.66)	(6.51)	(8.62)	(6.9)
Audit	−0.0071*	−0.0042	−0.0062	−0.0069**	−0.0029	−0.0055*	−0.0032	−0.0023
	(−1.89)	(−1.01)	(−1.34)	(−2)	(−0.82)	(−1.71)	(−1.04)	(−0.6)
MA	−0.0001	0.0022	0.0038	0.0022	0.0004	−0.0013	−0.0006	−0.0005
	(−0.03)	(0.56)	(0.82)	(0.71)	(0.11)	(−0.43)	(−0.22)	(−0.12)
Stdret	−0.1119***	−0.0119	−0.0078	−0.0677*	0.0552	−0.1383***	−0.4175***	−0.5174***
	(−2.88)	(−0.25)	(−0.2)	(−1.87)	(0.66)	(−2.6)	(−4.9)	(−2.73)
Constant	0.688***	0.6582***	0.7153***	0.7014***	0.8409***	0.8501***	0.7983***	0.899***
	(21.25)	(17.88)	(17.17)	(23.3)	(25.1)	(29.36)	(29.61)	(22.64)
行业	控制	控制	控制	控制	控制	控制	控制	控制
年份	控制	控制	控制	控制	控制	控制	控制	控制
样本数	4645	3581	2526	5676	4990	6054	7109	3959
Adj R-squared	0.1918	0.2085	0.2129	0.1797	0.1316	0.1272	0.1413	0.1277

注：*、**、***分别表示10%、5%和1%的置信水平下显著。

5. 结论与建议

本文拓展了对企业信息披露印象管理行为的考察，检验管理层权力对公司业绩与董事会报告可读性关系的影响，以及制度环境对这种影响的调节效应。研究发现：公司业绩对董事会报告可读性具有正向影响，而管理层权力会放大这种影响；相比非国有企业，国有企业管理层权力放大这种影响的动机更强；市场制度环境越差，企业管理层权力放大这种影响的动机越强。

针对上述研究结论，本文提出以下几点管理建议：一方面，政府相关部门应进一步完善公司年报信息披露的法律法规以提高年报的可读性。例如对年报的专业性水平进行重新设计和调整，要求对其中专业性较强的会计术语加注解释；以专业化年报为蓝本，同时提供专业化和简化型年报；对主要财务指标采取图示法，作为投资者理解年报的辅助措施等。另一方面应进一步完善公司内部治理机制以约束管理层权力，防控管理层通过操纵董事会报告进行印象管理的机会主义行为，指导和促成公司披露高质量的年度报告。本研究还发现，除了相关法律法规和公司内部治理机制，还可以通过加强制度约束机制以监督企业信息披露行为，较高的市场化程度和完善的中介与法制环境在一定程度上能抑制管理层操纵董事会报告可读性的行为。

◎ 参考文献

[1]葛伟琦. 我国上市公司中英文年报可读性对比研究[J]. 宁波大学学报，2007(1).

[2]赫颖，刘星. 资本投向、利益攫取与挤占效益[J]. 管理世界，2009(5).

[3]吉利，张丽，田静. 我国上市公司社会责任信息披露可读性研究——基于管理层权力与约束机制的视角[J]. 会计与经济研究，2016(1).

[4]荆溪昱，赵世范，翁凌志. 中文文章适读性线上分析系统之发展研究[R]. 科技教育课程改革与发展学术研讨会论文集，2007.

[5]李小荣，董红晔. 高管权力、企业产权与权益资本成本？[J]. 经济科学，2015(4).

[6]刘宓庆. 现代翻译理论[M]. 南昌：江西教育出版社，1990.

[7]卢锐. 管理层权利、薪酬差距与绩效[J]. 南方经济，2007(7).

[8]逯东，王运陈，付鹏. CEO激励提高了内部控制有效性吗？——来自国有上市公司的经验证据[J]. 会计研究，2014(6).

[9]权小锋，吴世农，文芳. 管理层权力、私有收益与薪酬操纵[J]. 经济研究，2010(11).

[10]孙蔓莉. 上市公司年报的可理解性研究[J]. 会计研究，2004(12).

[11]孙蔓莉. 公司年报中的印象管理行为研究[M]. 北京：人民出版社，2005.

[12]夏立军，方轶强. 政府控制、治理环境与公司价值：来自中国证券市场的经验证据[J]. 经济研究，2005(5).

[13]阎达五，孙蔓莉. 深市B股发行公司年度报告可读性特征研究[J]. 会计研究，2002(5).

[14]杨兴全，张丽平，吴昊旻. 市场化进程、管理层权力与公司现金持有[J]. 南开管理评论，2014(2).

[15]张敦力，江新峰. 管理者权力、产权性质与企业投资同群效应[J]. 中南财经政法大学学报，2016(6).

[16]赵璨，曹伟，朱锦余. 治理环境、产权性质与内部控制治理效应——基于公司违规视角的研究[J]. 会计与审计研究，2013(6).

[17]Beattie, V. A, Jones, M. J. *The communication of information using graphs in corporate annual reports*[M]. London：Certified Accountants Educational Trust, 1992/2004(Aug).

[18]Bloomfield, R. Discussion of annual report readability, current earnings, and earnings persistence[J]. *Journal of Accounting and Economics*, 2008(45).

[19]Bormuth, J. R. Cloze readability procedure[J]. *Elementary English*, 1968, 45(4).

[20]Clarkson, P. M, Kao, J. L. , Richardson, G. D. The voluntary inclusion of forecasts in the MD&A section of annual reports[J]. *Contemporary Accounting Research*, 1994, 11(1).

[21]Finkelstein, S. Power in top management teams：Dimensions, measurement, and validation [J], *The Academy of Management Journal*, 1992, 35(3).

[22]John, k. C. Readability of annual reports：Western versus Asian evidence[J]. *Accounting Auditing and Accountability Journal*, 1995, 18.

[23]Kim, Y. , Park. , M. R. , Wier, B. Is earnings quality associated with corporate social responsibility? [J]. *The Accounting Review*, 2012, 87(3).

[24]Lee, T. A. , Tweedie, D. P. Accounting information：An investigation of private shareholder usage[J]. *Accounting and Business Research*, 1975, 5(20).

[25]Li, F. Do stock market investors understand the risk sentiment of corporate annual reports? [R]. *University of Michigan Working Paper*, 2006.

[26]Li, F. Annual report readability, current earnings, and earnings persistence[J]. *Journal of Accounting and Economics*, 2008, 45.

[27]Schlenker, B. R, Schlenker, P. A. Reactions following counter attitudinal behavior which produces positive consequences[J]. *Journal of Personality and Social Psychology*, 1975, 31 (5).

[28]Subramanian, C. Determinants of corporate borrowing[J]. *Journal of Finance Economics*, 1993, 5.

Management Power, Institutional Environment and Readability of Board Report
—An Empirical Study of Listed Companies in China

Chen Yin-e[1]   Jiang Yuan[2]

(1, 2 Economics and Management, School of Changsha University
of Science and Technology, Changsha, 410076)

Abstract：Based on 10024 board reports in 1253 listed companies published from 2007 to 2014, we analyzed empirically the relationship between management power, system environment and the readability of corporate board report. The research shows that: There is a positive correlation between company's performance and the readability of the report, while the management power will make this relation more obvious; Compared with non-state-owned enterprises, the motive to manipulate of management power in state-owned enterprises is stronger; The worse the market system environment is, the stronger the motive of the positive correlation between management power to manipulate the company's performance and the readability of board reports will be. From the angle of readability of annual reports, this paper provides certain reference significance for improving internal corporate governance and external institutional environment.

Key words: Management power; System environment; Board reports; Readability

专业主编: 曾伏娥

新产品推出早晚期消费者的促销偏好差异研究*

● 陈荣[1] 田静[2] 张梦倩[3]

(1，2 清华大学经济管理学院，北京 100084；3 中国东方资产管理股份有限公司 北京 100084)

【摘 要】随着产品尤其是电子类产品生命周期的缩短，新产品上市早期往往借助促销以期迅速打开市场，入市后随着竞争加剧也需要通过促销来维系或促进销量。本文意在探究消费者在产品推出的早晚期对不同促销方式的偏好。通过模拟手机上市情境，得出以下主要研究结论：(1)产品推出早期，消费者对折扣促销的购买意愿和促销满意度高于赠品促销方式；产品推出晚期，消费者对赠品促销的购买意愿和促销满意度高于折扣促销。(2)相对于促销方式，促销时机对产品的感知交易价值影响更显著。(3)消费者的价格敏感度、创新接纳度起到一定的调节作用。价格敏感度高的消费者对不同促销组合的偏好无明显差异，但对促销活动的整体偏好比低价格敏感度的消费者要高；而创新接纳度高的消费者无论是在产品推出早期还是晚期，都更青睐赠品促销方式。

【关键词】促销时机 促销方式 价格敏感度 创新接纳度

［中图分类号］F272.3 ［文献标识码］A

1. 引言

随着互联网经济和全球化的发展，消费者的需求日益提升和多样化，企业为吸引消费者而进行的促销活动也推陈出新。Yeshin(2006)指出，美国过去20年里营销预算的重要趋势就是从广告移向促销，促销费用保持平均每年12%的年增长率。相似地，国内企业的促销活动费用与广告费用之比已由原来的4∶6转为6∶4(朱瑞庭，2003)。如何使大幅增长的促销经费得到有效运用成为营销者迫切关注的问题。Blattberg和Neslin(1990)将促销定义为意图对相关顾客行为造成直接冲击的营销事件。促销可以帮助营销者实现诸多目标，如鼓励新用户试用，促进现有用户的忠诚度，应对竞争对手的竞争性威胁，建立和维护顾客数据库等等(Yeshin，2006)。

* 基金项目：本文受国家自然科学基金项目(项目批准号：71472104)、清华大学自主科研计划、教育部人文社会科学重点研究基地重大项目(项目批准号：16JJD630006)的资助。

通讯作者：田静，E-mail：tianj. 13@ sem. tsinghua. edu. cn。

企业促销活动种类繁多，打折（cents-off）、减价（sales）、赠券（coupons）、返利（rebates/refunds）、抽奖（sweepstakes）等都是促销的常见形式，如何选择促销工具是营销部门一直关心的问题（Gelb，Andrews & Lam，2007）。国内学者也对折扣、赠品和返券等几种广泛使用的促销工具进行了比较研究，发现促销方式对我国消费者的交易价值感和消费意向有不同影响（韩睿，田志龙，2005）。根据促销诱因的类型，Golder 和 Tellis（1993）将促销分为"降低成本型"和"附加价值型"促销。在此基础上本文将选取折扣（降低成本型）和赠品（附加价值型）两种典型促销形式进行深入研究。

除此之外，"什么时候促销"也是促销策略能否成功需要考虑的关键因素。从品牌资产的角度来看，促销活动是一把双刃剑。一方面，销售促进尤其是价格促销会损害品牌资产，因为它们仅能在短期促进销售和品牌转换时起作用（Gupta，1988；Palazón-Vidal & Delgado-Ballester，2005），且在产品上市初期就进行价格促销可能造成低质量的品牌印象（Yoo，Donthu，& Lee，2000）；另一方面，促销不仅是一种市场策略，还是企业应对激烈竞争的手段，当顾客感知到企业加大促销投入时，他们对产品的信心将得到提升（Kirmani & Wright，1989），这种提升也涉及企业品牌资产的各部分，包括忠诚度、知晓度、品牌形象和感知质量等（Cobb-Walgren，Ruble，& Donthu，1995）。促销时机作为促销策略的重要因素，如果能与促销活动匹配得当，将给消费者带来积极的产品质量预期和正面的品牌印象认知；相反如果选择失误，则会给品牌资产带来不可逆转的伤害。尤其是在科技迅猛发展的时代，行业竞争日趋白热化，企业不断革新技术、创新营销方式，以苹果、三星为例，电子产品的更新换代尤为显著。在这种竞争环境下，制定与产品推出时期相适应的促销策略成为营销者关注的问题。

促销体系在形式和时机上的复杂性，导致营销者在选择促销方式中存在很强的盲目性和主观性。尽管有许多学者研究了促销活动对消费者行为的影响（郝辽钢，2008；金立印，2008），但少有研究将促销方式与促销时机相结合进行研究。每个产品的生命周期都不一样，比如耐用性产品和日用性消费品的生命周期就有很大的差别（Golder & Tellis，2004）。根据产品所在的不同生命周期，就会有与不同促销时机相对应的促销方案，如何将促销方式发挥到最优化，促销时机起到了关键作用。在新产品推出早期，怎样的促销方式能更好地吸引消费者的眼球？随着竞争产品源源不断地推出，产品进入成长期和成熟期，企业又该以怎样的促销方式应对激烈的市场竞争？回答有关问题对制订产品营销计划具有重要的指导意义。本研究将从促销方式和促销时机两个维度着手，通过模拟实验的方法进行实证分析。此外，本文还从消费者价格敏感度、创新接纳度两个角度，分析了个体特征在促销活动中的影响。

2. 理论综述与研究假设

2.1 促销活动与消费行为

促销活动对消费者决策和行为带来的影响历来都是研究者关注的问题。如 Munger 和 Crewal（2001）比较了三种促销方式（免费赠品、打折、返现）对消费者的感知质量、价格接受程度、感知价值、购买意向的影响，结果发现在价格减让幅度相同的情况下，消费者对提供可选择的免费赠品这种促销方式评价最好，打折次之，对返现的评价最差。Smith和 Sinha（2000）比较了"价格促销（省50%）"、"额外产品促销（买一赠一）"、"混合促销（一次买两个即省50%）"对消费者感知交易价值（transactionvalue）的影响，研究结果发现"采用增加利得的编辑方式优于采用损失减少的编辑方式"。也有不同的研究发现，折扣的促销效果优于赠品促销，如金立印（2008）发现折扣比赠品更能刺激消费者的反复购买；Kamins，Folkes 和 Fedorikhin（2009）认为赠品促销会影响消费者对主产品的购买意愿和忠诚度，甚至会对关键产品的品牌产生较大的负面影响（Simonson，Carmon & O'Curry，1994）。综上所述，对折扣、赠品等促销方式的研究文献较多，但存在不一致的研究结论。加之前人少有对促销时机的详细探讨，本文拟将促销时机和促销方式结合起来，探究消费者对不同促销组合策略的反应与偏好。

本文以更新换代较快的手机为例，选取产品推出早期和晚期两个时段进行促销活动。由于产品刚推出时制造成本较高，广告费用投入较大，因而产品售价高，企业获利难，此时商家进行促销能够快速抢占市场份额，阻止竞争者的进入；而随着时间推移，同类竞争产品不断推出，给产品的销量带来威胁，此时商家也可以通过促销对产品重新定位以应对激烈的竞争，获得更多边际利润（贾艳瑞，2006）。

鉴于促销方式的多样性，本文主要依据最典型的促销诱因分类，选取"降低成本型"中的"折扣（discount）"和"附加价值型"中的"赠品（premiums）"两种促销方式进行分析。尽管两种促销活动为消费者提供的利益为同等价值，根据 Tversky 和 Kahneman（1981）的框架效应理论（framing effect），产品或促销信息的不同表述方式也会对消费者决策产生影响（Buda，& Zhang，2000）。其中，折扣是指按一定比率或方式调低商品售价，即减少利润以降低顾客交易成本；赠品是在正常价格下，对消费者提供免费产品，来拉近品牌与消费者的距离，提高感知交易价值，以刺激消费者产生购买行为。

消费者的购买意愿是衡量促销活动有效性的最直接标准。Blattberg，Briesch 和 Fox（1995）提出，消费者购买一种产品就意味着放弃购买另一种产品，这对于消费者来说是一种机会成本，商品价格越高，意味着机会成本越大，产品对于消费者的吸引力也就越小。新产品刚刚步入市场时，消费者对产品质量并不了解，商家大多采用"撇脂定价"（skimming pricing），希望从购买动机最强的消费群体中尽快收回成本（Liu，2010）。新产品推出时的高价位让消费者感知到较高的交易成本，商家可以通过一定比例的折扣促销，来降低消费者的感知损失以提高购买意愿。而在产品推出晚期，同类产品竞争趋于激烈，产品在其他新产品的对比之下性能不再占优势，此时采取赠品促销起到了提高产品附加值的作用（黄丽霞，2002），从而增强消费者的购买意愿。因此我们提出以下假设：

H1.1：产品推出早期，消费者对折扣式促销的购买意愿大于赠品式促销。

H1.2：产品推出晚期，消费者对赠品式促销的购买意愿大于折扣式促销。

Oliver（2010）认为，满意度是消费者内心成就感的反馈，这种成就感来源于商品或服务给消费者带来的愉悦，实现或超额实现了消费者的预期。McGill 和 Anand（1989）发现当消费者存在多种选择时，产品的一些特质会在消费者脑海中形成生动的影像并刻有深刻烙印，通过这些影像构想出消费过程，消费者会产生一种消费满足感，即预期满意度。消费者对促销活动的满意不仅能短期刺激消费者购买，还能影响到下一次的购买体验，对目标品牌产生信任和较高的忠诚度，对其他竞争品牌给予较少的关注。在产品推出早期，消费者有关产品质量的信息主要来源于商家宣传，来自其他消费者的使用体验、口碑信息较少，进行购买决策时消费者会感知到较高风险，此时商家通过折扣促销降低消费者的感知损失，从而提高消费者对促销活动的满意度。在产品推出晚期，消费者对产品质量、性能的了解较为充分，感知风险不再是阻碍消费者购买的主要原因，此时商家通过赠品促销增加消费者的感知收益，能较好地提升消费者从促销活动中获得的满足感。继而我们做出如下假设：

H2.1：产品推出早期，消费者对折扣式促销的满意度大于赠品式促销。

H2.2：产品推出晚期，消费者对赠品式促销的满意度大于折扣式促销。

此外，本研究还将对产品的感知交易价值进行测量。Monroe（1973）认为消费者在购买前会对产品的感知收益和感知成本进行比较，如果感知收益大于感知成本，那么消费者认为该产品可以给自己带来感知价值，感知价值越大，消费者越会觉得物超所值。随着时间推移，同类产品和新产品不断问世，产品的市场价格会大幅下降，消费者感知到的交易价值将会不断提升。并且由于消费者对产品交易价值的感知发生在购买过程的各个阶段，促销方式只是在购买的部分过程发生影响，而促销时机是根据不同阶段来进行促销活动，对整个过程都产生影响。因而我们提出如下假设：

H3.1：促销时间距离产品推出时间越长，消费者的感知交易价值越高。

H3.2：相比促销方式，促销时机对消费者的感知交易价值影响更为显著。

2.2 价格敏感度与促销活动偏好

传统经济学理论认为价格敏感度即消费者需求弹性函数，价格变动引起的需求变化越大，价格敏感度越高。之所以不同消费者的价格敏感度不同，是因为人们在长期购买活动中的意识、习惯以及对商品的感知体验，对商品的价格形成了一个参考范围，并依据这个参考范围来衡量商品的价格（Monroe，1973）。消费者的价格敏感度越高，价格变动引起的需求变化越大，因而进行促销活动越能增加他们对产品的需求；也正因他们对促销活动的反应较为强烈，所以对不同促销活动的购买意愿和满意度均较高，从而没有明显的偏好差异。而对于价格敏感度低的消费者，不同促销活动带来的影响应该是有差异的，在产品推出早期，商家采取折扣促销能够直接降低感知交易成本，从而刺激消费者购买，而随着产品推出时间增长，市场价格降低，通过赠品促销的方式能够提高主体产品附加值，来刺激消费者购买。因此我们提出如下假设：

H4.1：价格敏感度高的消费者对促销活动的购买意愿和满意度高于价格敏感度低的消费者。

H4.2：价格敏感度高的消费者对各促销活动的偏好没有显著差异。

H4.3：产品推出早期，价格敏感度低的消费者更愿意接纳折扣式促销方式；产品推出晚期，价格敏感度低的消费者更愿意接纳赠品式促销方式。

2.3 创新接纳度与促销活动偏好

Brown（1992）根据采用创新产品的相对时间将消费者分为五类：创新者 2.5%、早期采用者 13.5%、早期大众 34%、晚期大众 34% 和落伍者 16%。对于创新接纳度高的消费者而言，他们密切关注、勇于尝试喜欢的新产品，因而对新产品的高价格并不敏感，反倒是与产品相关的赠品更能吸引他们购买。而对于创新接纳度低的消费者，他们不太愿意主动尝试刚上市的产品，促销的出现能更好引导消费者了解产品，因而不同的促销活动对创新接纳度低的消费者产生的影响有较大差异：在产品推出早期，通过折扣促销降低市场价格更能接近消费者的心理预期价格；在产品推出晚期，通过赠品式促销增加产品附加值更能吸引消费者的购买。因而我们提出如下假设：

H5.1：无论在产品推出早期还是晚期，相比折扣式促销方式，创新接纳度高的消费者更愿意接纳赠品式促销方式。

H5.2：产品推出早期，创新接纳度低的消费者更愿意接纳折扣式促销方式；产品推出晚期，创新接纳度低的消费者更愿意接纳赠品式促销方式。

3. 实验设计与实验方法

3.1 实验总体设计

消费者对促销组合的反应与偏好是衡量促销活动是否有效的关键，我们将购买意愿、促销满意度和感知交易价值这三个因变量组成一个标准测量框架。根据前文分析，本文将促销方式和促销时机作为自变量，也即操控变量。鉴于已有文献对促销时机的研究较少，依据智能手机行业调查结果，现行市场上智能手机的普遍生命周期为 2 年左右，其中产品推出阶段约为 6 个月，因而本研究选用"2 个月"和"6 个月"这两个具体时间来考察促销活动的有效性。实验采纳 2（促销时机：上市 2 个月、上市 6 个月）×2（促销方式：折扣式促销、赠品式促销）的组间设计。通过描述购买场景对促销时机和促销方式进行操纵，测量被试在不同促销场景下的购买意愿、促销满意度和感知价值。最后，我们将对每位被试的价格敏感度和创新接纳度进行测量，以作为调节变量对不同组间设计的购买意愿和促销满意度进行研究分析。

3.2 变量测量与实验描述

为了实验的真实有效，本研究选取创新程度高、更新换代较快的手机品类作为目标商品，一是因为选购手机对消费者来说是相对复杂的决策过程，不至于习惯购买或冲动购买；二是手机品类是广大消费者都有过的购物体验，便于情境模拟。我们选取大多数消费者心目中理想的款式作为实验刺激物，一款外观时尚、功能齐全、娱乐性强的手机。被试是清华大学的 120 名本科生和研究生，该群体对手机产品有较强的知识背景和消费需求。被试首先阅读详细的购买场景，然后完成问卷。问卷共有四个版本，每个版本由随机选取的 30 名被试完成，并且每位参与者都只会阅读到一种场景。

在实验中，促销时机主要通过描述手机"上市 2 个月"和"上市 6 个月"进行操纵；对于促销方式，则是通过"15% 的市场价格折扣"、"相当于 15% 市场价格的赠品"来操纵。此外，本实验也根据现实情况，依上市时间长短对手机价格有所调整，刚上市的市场通行价格为 5000 元，6 个月后的市场通行价格为 4200 元，变量的描述如表 1 所示。

表 1   控制变量在实验中的描述

促销方式	促销时机	
	2 个月	6 个月
折扣式	这款手机已经上市了 2 个月，通行价格为 5000 元。凡购买这款手机的顾客，当场能得到 15% 的价格折扣，足足为您节省 750 元	这款手机已经上市了 6 个月，当前价格为 4200 元。凡购买这款手机的顾客，当场均能得到这款手机 15% 的价格折扣，足足为您节省 630 元
赠品式	这款手机已经上市了 2 个月，通行价格为 5000 元。凡购买这款手机的顾客，当场均能得到总价值相当于原价 15% 共计 750 元的赠品(价值 300 元的蓝牙耳机、价值 150 元的充电宝、价值 100 元的手机壳、价值 200 元的话费)	这款手机已经上市了 6 个月，当前价格为 4200 元。凡购买这款手机的顾客，当场能得到总价值相当于原价 15% 共计 630 元的赠品(价值 280 元的蓝牙耳机、价值 100 元的充电宝、价值 100 元的手机壳、价值 150 元的话费)

本研究主要关注的因变量是购买意愿、促销活动满意度、感知交易价值。其中，购买意愿采用 Sweeney，Soutar 和 Johnson(1999)的修改量表，促销活动满意度的测量来源于 Shiv 和 Huber(2000)的研究，并在 Teas 和 Agarwal (2000)的研究中设计了感知交易价值的修改量表。此外，对价格敏感度和创新接纳度两个个人倾向特征进行了测量。价格敏感度的测量题目来自于 Donthu 和 Garcia(1999)的研究，创新接纳度则借鉴了 Ailawadi，Neslin 和 Gedenk(2001)的测量题项。本文采取李克特 7 点量表进行量化测量。

4. 实验结果分析

4.1 测量可靠性分析

由于所测量变量多为多指标变量，本实验采用了 Cronbach's α 内部一致性系数对相关量表的可信度进行检验。所有量表的总信度为 0.757，由于感知交易价值为单指标测量，无内部一致性系数，其他各变量信度系数值在 0.743~0.860，都大于 0.7，达到了满意的信度。故变量一致性获得通过，测量结果具有较高的可靠性。

4.2 假设检验

4.2.1 促销组合对购买意愿的影响

在以购买意愿作为因变量，促销时机和促销方式作为自变量的方差分析中，促销时机与促销方式的交叉检验显著($F = 4.673$，Sig. < 0.05)，促销时机和促销方式对购买意愿的影响均不显著。即促销活动和促销方式交互结合对购买意愿变量存在显著影响。

从图 1 可以看出，在产品上市 2 个月时进行促销活动，被试对折扣式促销的购买意愿高于赠品促销式($M_{折扣}=4.4500$；$M_{赠品}=3.9833$；$p<0.05$）；在 6 个月进行促销活动，被试对赠品式促销的购买意愿高于折扣促销式($M_{折扣}=4.2333$；$M_{赠品}=4.8667$；$p<0.05$），且促销时机和促销方式对购买意愿产生显著的交互效应。消费者对产品的购买意愿首先来自于产品的价格，对刚上市的高价格会较敏感，所以倾向于折扣式促销方式；当产品推出 6 个月后，产品市价已经下降，因此折扣效果不明显，赠品反而会增加产品的价值，成为一种有效提升购买意愿的手段。故假设 H1.1 和 H1.2 得到验证。

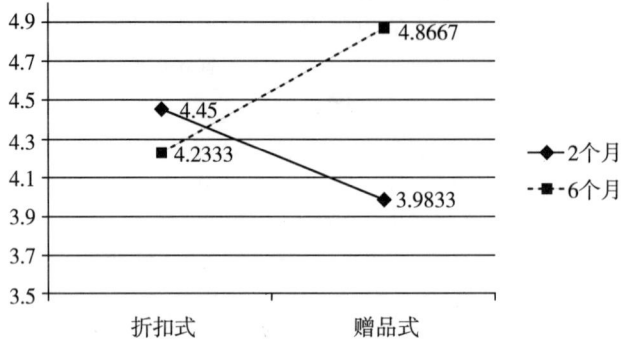

图 1　不同促销组合对购买意愿的交互影响

4.2.2　促销组合对促销活动满意度的影响

在以促销活动满意度作为因变量，促销时机和促销方式作为自变量的方差分析中，促销时机与促销方式的交叉检验显著($F=8.520$，Sig. <0.01），促销时机和促销方式对购买意愿的影响均不显著，即促销活动和促销方式交互结合对促销活动满意度存在显著影响。

如图 2 所示，在 2 个月进行促销活动，被试对折扣式促销满意度的评价高于赠品式($M_{折扣}=4.7556$；$M_{赠品}=4.2667$；$p<0.05$）；在 6 个月进行促销活动，被试对赠品式促销满意度的评价高于折扣式($M_{折扣}=4.4667$；$M_{赠品}=5.3111$；$p<0.05$），且促销时机和促销方式对促销活动满意度产生显著的交互影响。同理验证了假设 H2.1 和 H2.2。

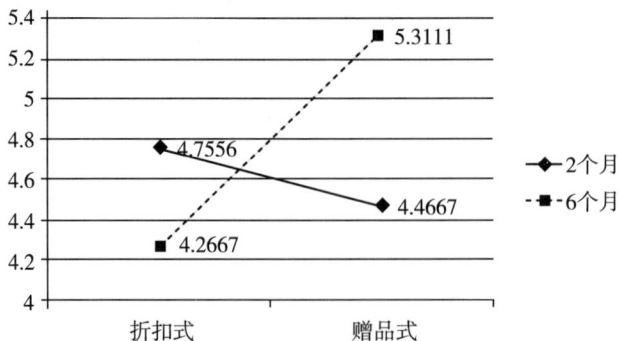

图 2　不同促销组合对促销活动满意度的交互影响

4.2.3　促销组合与感知交易价值

以感知交易价值为因变量，从推出促销活动的不同时机来看（$M_{2个月} = 3.433$，$M_{6个月} = 3.983$），可以认为促销时间距离产品上市后时间越长，产品的市价越接近消费者心中的理想价格，在这时进行促销活动，消费者的交易感知价值会有所提升，即验证了假设 H3.1。从不同促销方式的角度看，"15% 的市场价格折扣"相比"相当于 15% 市场价格的赠品"并未影响到被试的感知交易价值，即折扣式和赠品式给消费者带来的交易价值是没有区别的，验证了实验场景操纵的合理性。由于促销时机对它的主影响显著（$M_{2个月} = 3.433$，$M_{6个月} = 3.983$；$p < 0.05$），而促销方式对产品感知交易价值没有显著作用，相对于促销方式，促销时机对产品感知交易价值影响更显著，即证明了 H3.2。

4.2.4　价格敏感度的调节效应

将价格敏感度作为调节变量进行分析时，我们发现其中一个题项"不管什么产品，我总是在最优价格下购买"会造成歧义，不能准确表示价格敏感度的描述，所以只对三个问题进行分析。首先求出被试价格敏感度倾向得分的平均值（$M = 4.24$）。以平均值为基准，将每个被试的值与平均值相减，如果大于 0，则说明被试在相应倾向上得分较高，以此步骤对价格敏感度得分进行标准化。最终按价格敏感度将被试分为高低两组，来分析价格敏感度对购买意愿和促销满意度的影响。

如表 2 所示，无论是 2 个月还是 6 个月，折扣式还是赠品式，高价格敏感度组的购买意愿和促销满意度总要高于低价格敏感度组，即 H4.1 得到验证。且在高价格敏感度组中，交互效应分析显示促销时机和促销方式的交互效应不显著，即价格敏感度高的消费者对各促销组合的偏好没有显著差异，验证了 H4.2。而在低价格敏感度组中，2 个月进行促销活动时，被试对折扣式促销的购买意愿/满意度高于赠品式（$M_{折扣 i} = 4.192$，$M_{赠品 i} = 3.000$，$p < 0.05$；$M_{折扣 s} = 4.6162$，$M_{赠品 s} = 3.3627$，$p < 0.01$）；在 6 个月进行促销活动，被试对赠品式促销的购买意愿/满意度高于折扣式（$M_{折扣 i} = 3.875$，$M_{赠品 i} = 4.538$，$p < 0.05$；$M_{折扣 s} = 3.9994$，$M_{赠品 s} = 5.0008$，$p < 0.01$），且促销时机与促销方式的交互效应对购买意愿/满意度都显著产生影响（$p_{购买意愿} < 0.05$，$p_{促销活动满意度} < 0.01$），故 H4.3 得到了验证。

表 2　　　　　　　价格敏感度对不同促销组合购买意愿/促销满意度的影响

调节变量状态（高/低）	促销时机	促销方式	购买意愿	促销满意度
			均值	均值
价格敏感度低	2 个月	折扣	4.192	4.6162
		赠品	3.000	3.3627
		差异值	$\Delta = 1.192^{*}$	$\Delta = 1.2535^{**}$
	6 个月	折扣	3.875	3.9994
		赠品	4.538	5.0008
		差异值	$\Delta = 0.663^{*}$	$\Delta = 1.0014^{**}$

调节变量状态(高/低)	促销时机	促销方式	购买意愿	促销满意度
			均值	均值
价格敏感度高	2个月	折扣	4.647	4.8629
		赠品	4.553	4.7895
	6个月	折扣	4.643	5.0000
		赠品	5.118	5.5488

注：*表示 $p<0.05$，**表示 $p<0.01$，***表示 $p<0.001$。

4.2.5　创新接纳度的调节效应

将创新接纳度作为调节变量进行分析，首先求出被试创新接纳度倾向得分的平均值（$M=4.27$）。以平均值为基准，将每个被试的值与平均值相减，如果大于0，则说明被试在相应倾向上得分较高，以此步骤对创新接纳度得分进行标准化。最终将被试按创新接纳度分为高低两组，来分析创新接纳度对购买意愿和促销满意度的影响。

如表3所示，无论是产品推出2个月（$M_{折扣s}=4.5131$，$M_{赠品s}=4.7021$，$p<0.05$）还是6个月（$M_{折扣s}=4.2935$，$M_{赠品s}=5.6495$，$p<0.05$），高创新接纳度组对赠品式促销的满意度都显著高于折扣式，即H5.1得到验证。而在低创新接纳度度组中，产品在推出2个月进行促销时，被试对折扣式促销的购买意愿/满意度高于赠品式（$M_{折扣i}=4.559$，$M_{赠品i}=3.364$，$p<0.05$；$M_{折扣s}=4.9418$，$M_{赠品s}=3.5136$，$p<0.05$）；在6个月进行促销活动，被试对赠品式促销的购买意愿/满意度高于折扣式（$M_{折扣i}=4.115$，$M_{赠品i}=4.655$，$p<0.05$；$M_{折扣s}=4.3923$，$M_{赠品s}=4.9273$，$p<0.05$），且促销时机与促销方式的交互效应对购买意愿/满意度都显著产生影响（$p_{购买意愿}<0.05$，$p_{促销活动满意度}<0.05$），故H5.2得到了验证。

表3　　　　创新接纳度对各组间搭配购买意愿/促销满意度的影响单因素分析

调节变量状态(高/低)	促销时机	促销方式	购买意愿	促销满意度
			均值	均值
创新接纳度低	2个月	折扣	4.559	4.9418
		赠品	3.364	3.5136
		差异值	$\Delta=1.195^{*}$	$\Delta=1.4282^{*}$
	6个月	折扣	4.115	4.3923
		赠品	4.655	4.9273
		差异值	$\Delta=0.54^{*}$	$\Delta=0.535^{*}$
创新接纳度高	2个月	折扣	4.308	4.5131
		赠品	4.342	4.7021
	6个月	折扣	4.324	4.2935
		赠品	5.105	5.6495

注：*表示 $p<0.05$，**表示 $p<0.01$，***表示 $p<0.001$。

5. 结论与意义

5.1 研究结论

本文从社会认知的角度，比较折扣式促销和赠品式促销在产品推出不同时期对消费者购买行为的影响。我们发现促销组合对购买意愿和促销满意度有显著影响，在产品推出早期，折扣式促销方式效果比赠品式促销方式效果更好，消费者更愿意接纳折扣促销；在产品推出晚期，赠品式比折扣式效果更好，消费者更愿意接纳赠品促销。虽然促销时机与促销方式对感知交易价值的交互影响不显著，但促销时机比促销方式的影响更为显著，且距产品上市时间越长，消费者对促销活动的感知交易价值越高。

具体到消费者的个体特征，我们发现，不管对于何种促销组合，价格敏感度高的消费者对促销活动的购买意愿和满意度总要高于低敏感度的消费者；不论是在产品推出早期还是晚期，创新接纳度高的消费者更愿意接纳赠品式促销方式。而价格敏感度低的消费者在产品推出早期更愿意接受折扣促销，在产品推出晚期更愿意接受赠品促销；创新接纳度低的消费者在产品推出早期也更愿意接受折扣促销，在产品推出晚期更愿意接受赠品促销。

5.2 理论贡献

促销作为营销四要素之一，是与消费者沟通最直接有效的方式。本文重点研究的是消费者在产品推出不同时机对折扣和赠品的偏好研究。通过模拟手机促销活动场景进行实验，结果发现和证明了消费者在不同时机对促销工具的偏好存在差异，并通过购买意愿和促销满意度的测量，实证得出了促销时机和促销方式的最优组合。再以消费者的价格敏感度和创新接纳度作为调节变量，结合促销时机和促销方式分析购买意愿和促销满意度。目前学术界针对产品如何促销及选择促销方式的研究结果很多（金立印，2008；Munger & Grewal，2001；Smith & Sinha，2000），但将促销时机作为自变量的研究很少，本研究首次把促销时机和促销方式结合起来，观察其不同组合变化对消费者购买行为的影响，研究结论具有创新性和可靠性，为产品促销领域的研究提供了新的理论参考。

5.3 实践意义

当今时代人们的需求和消费观念日新月异，产品生命周期不断缩短，企业在进行促销活动时，不仅仅需要考虑纷繁复杂的促销方式。分析表明，促销时机对消费者的购买意愿和促销满意度有较大的影响，甚至比促销方式的影响还要显著。通过将促销时机与促销方式进行最优搭配，就能更有效地刺激消费者购买，增加产品销售量，从而提高利润。本研究还发现，对于不同个体特征的消费者也需要采取不同的促销方式，从而减少不必要的促销损失。对于企业来说，不同阶段应有不同的营销目的，产品处于不同生命阶段也有其独特的促销策略。不仅要根据消费者需求大胆创新，开发适合消费者的产品，还需要根据消费者个性特征在不同阶段选择理想的促销方式，从而为企业带来更多的忠实顾客，提升经济效益，保持持续的竞争优势。

6. 研究不足与未来研究方向

在消费者对促销时机和促销方式组合的偏好中，我们只分析了促销时机(早期/末期)和促销方式(折扣/赠品)这四种具体组合。考虑到促销方式的多样性(如，免费试用、优惠券、竞赛促销、有奖促销等)，促销时机界定方式的复杂性，并不排除还有其他最优组合。不同商品固有的属性所适应的最优促销组合也有所不同。本研究只选取手机作为实验刺激物，虽然较有针对性，但不能很好地对此研究结果进行全行业推广。因此，对不同促销组合和商品类别及属性之间关系的研究，也是未来的重要方向。除此之外，参与本实验研究的被试均是在校大学生，消费者的年龄、职业、教育背景等都会影响消费决策，可能给研究结果造成一定偏差。未来的研究还可以将样本群体推广到不同类型的消费者(革新者与跟随者，满意转换者、不满意转换者与保留者等)。

◎ **参考文献**

[1]郝辽钢. 企业促销活动如何影响消费者行为——理论综述[J]. 华东经济管理,2008,22(4).

[2]黄丽霞. 赠品促销形式对消费者的直觉价值与购买意愿之影响[D]. 台湾大学商学研究所，2002.

[3]韩睿，田志龙. 促销类型对消费者感知及行为意向影响的研究[J]. 管理科学，2005，18(2).

[4]金立印. 促销活动效果比较研究——诱因类型、获得时机和条件限制对促销效果的影响[J]. 管理评论，2008，20(8).

[5]贾艳瑞. 基于产品生命周期理论的营销实践思考[J]. 江苏商论，2006(1).

[6]朱瑞庭. 消费者求变购买行为及零售商的市场机会[J]. 商业经济与管理，2003(7).

[7]Ailawadi, K. L., Neslin, S. A., Gedenk, K. Pursuing the value-conscious consumer: Store brands versus national brand promotions[J]. *Journal of Marketing*, 2001, 65(1).

[8]Blattberg, R. C., Neslin, A. S. *Sales promotion: Concepts, methods and strategies* [M]. New Jersey: Prentice Hall, 1990.

[9]Blattberg, R. C., Briesch, R., Fox, E. J. How promotions work[J]. *Marketing Science*, 1995, 14(3).

[10]Brown, R. Managing the "S" curves of innovation[J]. *Journal of Consumer Marketing*, 1992(9).

[11]Buda, R., Zhang, Y. Consumer product evaluation: The interactive effect of message framing, presentation order, and source credibility [J]. *Journal of Product & Brand Management*, 2000, 9(4).

[12]Cobb-Walgren, C. J., Ruble, C. A., Donthu, N. Brand equity, brand preference, and purchase intent[J]. *Journal of Advertising*, 1995, 24(3).

[13]Donthu, N., Garcla, A. The internet shopper[J]. *Journal of Advertising Research*, 1999,

39(5/7).

[14]Gelb, B. D. , Andrews, D. , Lam, S. K. A strategic perspective on sales promotions[J].
MIT Sloan Management Review, 2007(48).

[15]Golder, P. N. , Tellis, G. J. Pioneer advantage: Marketing logic or marketing legend?
[J]. *Journal of Marketing Research*, 1993, 30(5).

[16]Golder, P. N. , Tellis, G. J. Growing, growing, gone: Cascades, diffusion, and turning
points in the product life cycle[J]. *Marketing Science*, 2004, 23(2).

[17]Gupta, S. Impact of sales promotions on when, what, and how much to buy[J]. *Journal of
Marketing Research*, 1988, 22(5).

[18]Kamins, M. A, Folkes, V. S. , Fedorikhin, A. Promotional bundles and consumers' price
judgments: When the best things in life are not free[J]. *Journal of Consumer Research*,
2009, 36(4).

[19]Kirmani, A, Wright, P. Money talks: Perceived advertising expense and expected product
quality[J]. *Journal of Consumer Research*, 1989, 18(4).

[20]Liu, H. Dynamics of pricing in the video game console market: Skimming or penetration?
[J]. *Journal of Marketing Research*, 2010, 47(3).

[21]McGill, A. L. , Anand, P. The effect of vivid attributes on the evaluation of alternatives:
The role of differential attention and cognitive elaboration [J]. *Journal of Consumer
Research*, 1989, 16(2).

[22]Monroe, K. B. Buyers' subjective perceptions of price[J]. *Journal of Marketing Research*,
1973, 10(1).

[23]Munger, J. L. , Grewal, D. The effects of alternative price promotional methods on
consumers' product evaluations and purchase intentions[J]. *Journal of Product and Brand
Management*, 2001, 10(3).

[24]Oliver,R. L. *Satisfaction: A behavioral perspective on the consumer*[M]. ME Sharpe, 2010.

[25] Palazón-Vidal, M. , Delgado-Ballester, E. Sales promotions effects on consumer-based
brand equity[J]. *International Journal of Market Research*, 2005, 47(2).

[26]Shiv, B. Huber, J. The impact of anticipating satisfaction on consumer choice[J]. *Journal
of Consumer Research*, 2000, 27(2).

[27]Simonson, I. , Carmon, Z. , O'Curry, S. Experimental evidence on the negative effect of
product features and sales promotions on brand choice[J]. *Marketing Research*, 1994(40).

[28]Smith, M. F. , Sinha, I. The impact of price and extra product promotions on store
preference[J]. *International Journal of Retail & Distribution Management*, 2000, 28(2).

[29]Sweeney, J. C. , Soutar, G. N. , Johnson, L. W. The role of perceived risk in the quality-
value relationship: A study in a retail environment[J]. *Journal of Retailing*, 1999, 75(1).

[30]Teas, R. K. , Agarwal, S. The effects of extrinsic product cues on consumers' perceptions of
quality, sacrifice, and value[J]. *Journal of the Academy of marketing Science*, 2000, 28(2).

[31]Tversky, A. , Kahneman, D. The framing of decisions and the psychology of choice[J].

Science, 1981, 211(4481).

[32] Yeshin, T. *Sales promotion* [M]. Cengage Learning EMEA, 2006.

[33] Yoo, B., Donthu, N., Lee, S. An examination of selected marketing mix elements and brand equity [J]. *Journal of the Academy of Marketing Science*, 2000, 28(2).

Study on Consumers' Preference on Promotion Tools with Timing of New Product Launching

Chen Rong[1]   Tian Jing[2]   Zhang Mengqian[3]

(1, 2 Economics and Management School of Tsinghua University, Beijing, 100084;

3 China Orient Asset Management Co., LTD, Beijing, 100084)

Abstract: With the product life cycle shortening generally, the promotion strategy is essential to firms since new products need to seize the market rapidly and existed products need to get more profit with the entrance of competitors. This paper studies the consumers' preference on promotion tools in different periods. Through simulating the context of mobile phone promotion, this paper finds that: 1) during the early state, consumers prefer the discounts than the premiums; during the lately state, the premiums are preferred reversely. 2) The impact of timing (vs. tools) on perceived transaction value is larger. 3) Consumers' sensitivity of price and acceptance of innovation play as moderators. The high price-sensitivity consumers' have no obvious preferences between different promotion activities, whose general purchase intention and satisfaction are higher than the lower group's; the high innovation-acceptance consumers preferred the premiums during both early and lately states.

Key words: Promotion timing; Promotion tools; Price sensitivity; Innovation acceptance

专业主编: 曾伏娥

企业微博的内容对其传播效果的影响研究*

● 黄敏学¹　彭　捷²　李　萍³

(1, 2, 3　武汉大学经济与管理学院　武汉　430072)

【摘　要】 社会化媒体时代，企业在做品牌传播时要将重点向社会化媒体转移。考虑到微博有高效快捷的信息传播能力和双向沟通的优势，本文选择新浪微博为研究对象，用观察数据和文本分析的方法，利用泊松回归的计量模型，从社会资本理论的角度出发，来研究微博内容的特征变量和形式变量对其传播效果的影响。结果显示，敬佩性、有趣性、新奇性和生动性能同时提高点赞量、转发量和评论量，语言活泼性和互动性可以增强转发量和评论量，有用性只能提高转发量。品牌管理者可以根据我们的研究结果，了解有什么样的特点和内容的微博更容易被传播，进而更好地管理品牌主页。

【关键词】 社会化媒体　企业微博　线上内容　口碑　泊松回归

［中图分类号］F272.3　　　［文献标识码］A

1. 问题的提出

社会化媒体的用户越来越多。社会化媒体的传播不同于以往商业媒体的传播，传统广告主要是依赖于传统商业媒体向消费者传播一定信息进而达到一定的目的，强调的是直接的到达率，不需要再传播；而社会化媒体的传播过程中，则必须借助于企业与用户相互作用才能达到传播目的，即企业传播的内容必须能激发用户的认同或兴趣等，使之产生口碑，进而自发地将内容进行再传播。本文要探究的就是社会化媒体时代，企业如何设计传播内容来匹配社会化媒体特殊需要，进而达到一定的传播效果。

考虑到微博扁平快的传播特点和双向沟通的优势，本文选择新浪微博为研究对象。可以发现，以往对微博的研究，更多的是从用户角度去研究，包括用户为什么接受、使用微博等，或者描述性谈论了企业微博营销该如何做，很少有学者从企业角度出发研究企业生成内容（firm generated content）的传播。而企业生成内容想要传播广泛则必须引起用户的再

* 基金项目：本研究得到国家自然科学基金项目（71372127，71328203）和教育部新世纪优秀人才项目（NCET-12-0420）的资助。

通讯作者：黄敏学，E-mail：huangminxue@126.com。

传播，为此，有很多学者研究了口碑的再传播机制，但是这些特性在微博里如何体现，如何设计，并没有太多人去研究。本文则结合了社会化媒体的特征，从社会资本理论的角度，对以往口碑传播的机制进行了拓展。消费者分享微博信息的过程是一个主动建立社会关系和形成社会资本化的过程，当消费者感知企业的微博信息价值越大的话，就越愿意分享，这样有利于社会关系和社会资本化的形成，而信息质量分为内部线索即特征变量和外部线索即形式变量两种类型，因此本文从微博内容的特征变量和形式变量两个维度入手，选取社会化媒体中很重要的三个操作——点赞、转发和评论作为传播效果评估的量化指标，来研究企业微博内容对其传播效果的影响。

为了更好地反映企业的实际行为，我们舍弃了以往的问卷调查法而采取观察数据的方法。通过对历史数据的回溯和文本的分析，归纳了企业微博内容的特征变量和形式变量，并借助泊松回归的计量模型来分析理论的假设。

2. 理论基础与研究假设

2.1 社会资本理论

社会资本理论的核心观点是人们参与社区，是想获得内嵌于社会关系网络中的各种有形或无形的社会价值，以达到自己的目的(Nahapiet & Ghoshal, 1998)。用户参与网络社区也是出于类似的动机(Lin, 1999)，因此社会资本理论可以用于解释网络社区的用户分享行为(Mathwick, Wiertz & Ruyter, 2008)，即在分享信息中获得虚拟社会关系中的有形和无形的社会价值，进而达到自己的私人目的。个体运用自己的社会资本获取价值的过程就是资本化过程(capitalization)(Lin, 1999)。微博分享的过程则属于利用信息分享来达到自己的目的即获取价值的过程，所以是一个社会资本化的过程。

同时，企业微博的传播又是一个对企业生成内容再传播的过程。以往研究指出，网络口碑的再传播存在一个内在动机，即传播者首先得认可接受网络口碑的内容，然后才会分享给其他用户①。这是因为，消费者对口碑信息的再传播动机不同于消费者基于自身体验的直接口碑动机，直接口碑动机更多的是一种与产品相关的动机，包括对产品的满意或不满。而再传播动机一般有以下几种：与自我相关的动机，包括自我提高、获得社会尊重等；与他人相关的动机包括帮助他人、平台支持等；与信息相关的动机等②③。无论哪种动机，传播者都可以从这个过程中获取个人价值，而消费者要从再传播口碑过程中获得社会资本化价值，就必须严格把关所要传播的信息质量，只有自己可感受到自己想要价值的

---

① 黄敏学，王峰，谢亭亭. 口碑传播研究综述及其在网络环境下的研究初探[J]. 管理学报，2010，7(1)：138-146.

② 黄敏学，王峰，谢亭亭. 口碑传播研究综述及其在网络环境下的研究初探[J]. 管理学报，2010，7(1)：138-146.

③ Hennig-Thurau, T., Gwinner, K. P., Walsh, G., et al. Electronic word-of-mouth via consumer-opinion platforms：What motivates consumers to articulate themselves on the Internet? [J]. *Journal of Interactive Marketing*, 2004, 18(1)：38-52.

信息，消费者传播时才会比较积极。因此，当消费者感知企业的微博信息价值越大的话，就越愿意分享。而信息质量分为内部线索即特征变量和外部线索即形式变量两种类型，因此本文将从企业微博的特征变量和形式变量两个维度来研究，企业微博到底具有什么样的形式变量和特征变量，消费者才会更愿意对信息进行传播。

2.2 文献回顾与模型

可以从以往对信息传播、广告以及口碑传播的研究中发现，这些研究基本上是在心理学中的动机理论、信息处理理论以及社会学中的人际传播理论的基础和框架上发展而来的。由于企业微博属于网络信息的一种，并且在传播上与网络口碑和广告有着相近之处，所以本文同时借鉴了这几方面的文献。

在关于口碑传播内容的研究领域中，很多国内外学者提出了影响口碑传播和再传播的原因。其中国内学者黄敏学(2010)等人结合广告领域的研究成果，总结了消费者对口碑信息特性的认知，发现信息质量、权威性、趣味性和鲜明性等都会对消费者的态度和判断产生一定的影响。这些研究主要是从内容的特征变量上入手的，验证了某些内容特征的重要性。而陈明亮等人提出，口碑来源可靠性、口碑内容趣味性、口碑接收者利他动机和自我提升动机是决定网络口碑再传播意愿的关键因素，该研究则包含内容的特征变量和口碑接收者心理变量等来研究线上内容的传播。

国外学者对网络内容传播的原因也做过很多探索。Jonah 等人研究了内容特性如何影响扩散性，在研究中证明了积极内容比消极内容更有病毒性，但情感和口碑传播之间的关系则比内容的极性复杂得多。内容病毒性部分程度上是受接收者的生理唤起状态影响的，使接收者有正向高唤起状态(敬佩性，awe)或负向高唤起状态(生气或焦虑)的内容比使其有低唤起或不唤起状态的内容更具有病毒性。该研究则主要是从线上内容引起的情绪入手，更加精准地研究了内容需要什么样的特征才会更加有病毒性。Lisette 等人在有关帖子传播的研究中提出，在主页上置顶的帖子将会有更强的流行性。研究还发现不同的因素影响了点赞量和评论量。生动性和互动性强的帖子特征会提高点赞量。另外，对积极评论的分享率也会提高点赞量，而有发问特征(互动性)的帖子会增加评论量，而无论正面还是负面评论都会增加评论量。

以往关注线上内容特性的研究主要是以用户自发生成口碑为研究对象，如黄敏学，陈明亮等人，他们同时也都强调了自发口碑来源可靠的重要性。而研究有一定营销目标的、非用户自发的线上内容的学者，如 Jonah 等，他们对帖子的关注主要从传播者被激发的情绪入手，主要是从机制上研究，而没有真正从发布内容上为企业提供指导依据。与本文最相近的研究是 Lisette 的研究，他研究的对象是帖子，从多个角度研究帖子的特性如何影响传播，但是主要研究的是内容的形式、位置和极性等多方面，并没有加入内容的特征变量。本文结合了以往对自发口碑传播的研究以及相关领域的研究，在 Lisette 的研究基础上根据微博内容本身的特点，将影响因素分为两类，特征变量和形式变量。其中特征变量包括敬佩性、有趣性、有用性和新奇性等，形式变量包括生动性、互动性和语言活泼性等，最终得到如图 1 所示的理论模型。

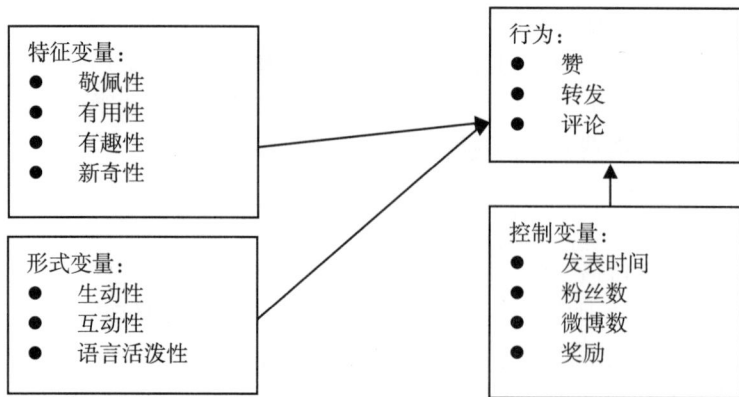

图 1   理论模型

2.3   变量说明

2.3.1   被解释变量

点赞为网络用语,指的是对(网络上的)某个内容表示赞同、喜爱,一般被理解为人气。而转发实则是分享内容,转发微博后将会被更多的人看到,所以转发是一种再传播行为。消费者传播动机会影响其再传播行为,在网络环境下,消费者会首先考虑帖子的价值是否能满足他自身的需要,再考虑利他和社会效益①。而评论本身有批评、议论之意,一般情况下如果一则网络内容能让人产生争议或有话想说,则会产生评论。因此,点赞、转发和评论有着不同的机制,本文将会分别对其影响因素进行研究。

2.3.2   敬佩性

敬佩的特点是使人有一种敬佩感或者在面对比自己更伟大的事情时所产生的感觉,如一个新的科学发现,他人克服逆境等②。它是由遇到未曾想到的可能性所刺激而产生,它所唤起的状态可能促进传播。

本文将敬佩性定义为面临能警示自己、震撼自己的语言、段子、事迹、发明、艺术、视频、技术等所产生的感觉。其中包括激发斗志的名言警句,醍醐灌顶的人生哲理,励志的真人事迹,伟大的新发现、新技术等等,我们都将根据不同的程度进行编码。

当人们遭遇某件事而产生某种情绪后,如喜悦、悲伤、愤怒、惊奇等,总是倾向于与周围的人分享这件事或这种情绪,从而获得一种更清晰而持久的积极情绪体验,或缓解消极情绪,降低该事件所引发的情绪水平③[9]。所以当微博内容能使粉丝们感到敬佩时,将更可能使他们与人分享这些东西。研究证明了使人敬佩的内容比没有产生敬佩感的内容更

---

① Homans, G. C. Social behavior as exchange[J]. *American Journal of Sociology*, 1958: 597-606.

② Fehr, E., Kirchsteiger, G., Riedl, A. Gift exchange and reciprocity in competitive experimental markets[J]. *European Economic Review*, 1998, 42(1): 1-34.

③ Lin, K. Y., Lu, H. P. Why people use social networking sites: An empirical study integrating network externalities and motivation theory[J]. *Computers in Human Behavior*, 2011, 27(3): 1152-1161.

具有病毒性①，而微博作为一种网络内容，如果某条微博能使粉丝们产生高度的敬佩感，我们猜想粉丝们也会因为高唤起状态而促进这条微博的转发，并且促进他们对该条微博内容的其他操作（点赞或者评论），所以我们假设：

H1a：微博内容的敬佩性促进微博的点赞。

H1b：微博内容的敬佩性促进微博的转发。

H1c：微博内容的敬佩性促进微博的评论。

2.3.3 有用性

有用性指的是微博能提供信息，包括生活的、娱乐的、产品的等等各种信息。

人们之所以分享故事，新闻以及其他信息，一个很重要的原因是这些内容包含有用的信息。消费者可能由于利他（对他人有用），或者自我提升（如显得自己知识渊博）②等目的而分享这些有用的信息。有用的内容也有社会交换的价值③[11]，并且人们将会因分享这些内容而产生互惠④[12]。

信息搜寻是人们使用社交网站⑤[13]，参加虚拟社区⑥[14]，并且为群组做贡献⑦[15]的一个重要原因。另外，追逐信息也解释了为什么人们接受品牌相关的内容⑧[16]。因此，如果一个品牌帖子包含品牌或者产品的信息，那么这将会增加粉丝们对该帖子的参与或使用的动机。研究表明，人们往往对社交媒体上有信息内容的广告表现积极的态度⑨[17]。所以，微博内容的有用性将会增加粉丝们对该微博的积极态度，进而产生更多的操作，于是我们假设：

H2a：微博内容的有用性促进微博的点赞。

H2b：微博内容的有用性促进微博的转发。

---

① Rimé, B., Finkenauer, C., Luminet, O., et al. Social sharing of emotion: New evidence and new questions [J]. *European review of social psychology*, 1998, 9(1): 145-189.

② Dholakia, U. M., Bagozzi, R. P., Pearo, L. K. A social influence model of consumer participation in network-and small-group-based virtual communities[J]. *International Journal of Research in Marketing*, 2004, 21 (3): 241-263.

③ Park, N., Kee, K. F., Valenzuela, S. Being immersed in social networking environment: Facebook groups, uses and gratifications, and social outcomes[J]. *CyberPsychology & Behavior*, 2009, 12(6): 729-733.

④ Muntinga, D. G., Moorman, M., Smit, E. G. Introducing COBRAs: Exploring motivations for brand-related social media use[J]. *International Journal of Advertising*, 2011, 30(1): 13-46.

⑤ Taylor, D. G., Lewin, J. E., Strutton, D. Friends, fans, and followers: Do ads work on social networks? [J]. *Business Faculty Publications*, 2011, 51(1): 258-275.

⑥ Barnett, L. A. Playfulness: Definition, design, and measurement[J]. *Play & Culture*, 1990(3): 319-336.

⑦ Chen, Q., Rodgers, S. Development of an instrument to measure web site personality[J]. *Journal of Interactive Advertising*, 2006, 7(1): 4-46.

⑧ Sernovitz, A. *Word of mouth marketing: How smart companies get people talking*[M]. Austin: Kaplan, 2009.

⑨ Herr, P. M., Kardes, F. R., Kim, J. Effects of word-of-mouth and product-attribute information on persuasion: An accessibility-diagnosticity perspective[J]. *Journal of Consumer Research*, 1991, 17(4): 454.

H2c：微博内容的有用性促进微博的评论。

2.3.4 有趣性

口碑内容趣味性是指受众浏览某产品评论或文章时感觉到的好玩程度①，包括好玩、愉快和享受等维度。Chen 和 Rodgers 把网络口碑内容的趣味性定义为引人入胜、令人兴奋和充满活力三个维度。其中，引人入胜是指网页内容的多彩性、吸引力、友好性和有魅力；令人兴奋是指画面闪烁、有图片、有动画、幽默、令人激动、引人发笑；充满活力是指网页内容呈现的互动性和动态性。韦氏字典中将有趣的事物定义为能激发起读者兴趣或者吸引注意力的事物，而本文将沿用该定义，并具体为让人感觉出乎意料，非常有意思，不合常规思维，有创新点的微博，并根据不同的程度进行打分。

Sernovitz 等人认为，口碑营销的最重要一点就是"有趣"，因为没有人愿意谈论无聊的企业，无聊的产品，无聊的广告。在口碑内容特征中，趣味性被认为是至关重要的。不少研究认为，与平铺直叙的语言风格相比，生动有趣的口碑内容对消费者行为意愿的影响更为强烈。例如，广告信息传播机制的研究表明，广告内容的趣味性能够增强受众对广告信息的接受、产品的认知和记忆，并且进一步触发信息传播行为，广告内容趣味性越强，广告信息扩散的速度越快②。当人们分享口碑时，他们不只是沟通信息，同时他们还为了自己③。大多数人希望他人对自己有较高的评价，因此谈论有趣的事情可以达到这个目的。人们对有趣的微博进行操作，如转发等，是希望他人觉得自己有趣，因此本文提出以下假设：

H3a：微博内容的有趣性促进微博的点赞。

H3b：微博内容的有趣性促进微博的转发。

H3c：微博内容的有趣性促进微博的评论。

2.3.5 新奇性

张梦等人在研究口碑传播动机的心理学影响机理时，对惊奇(surprising)的定义是由与预期不匹配的产品、服务等所诱发的短暂的情绪水平，例如产品、服务远远超过或不及自己的期望，抑或得到了某种意外的收获等，均会让消费者觉得惊异，并产生告知别人自己经历的意愿。百度百科将新奇定义为新颖奇特；新鲜奇妙，不常遇到。本文将沿用该概念，并具体为新鲜趣闻，新闻事迹，创新活动，精巧发明等未曾遇到过的、让人耳目一新的人、事、物。

Berger 等人在研究是什么因素促使了内容更容易传播时，曾对《纽约时报》中的 7000 多篇文章进行统计，结果发现有用的和新奇的文章更容易被传播，更容易被作为大多数的电子邮件列表[5]。他们的研究结果也发现，新奇的和有趣的内容更加具有病毒性，这和

---

① Alden, D. L., Mukherjee, A., Hoyer, W. D. The effects of incongruity, surprise and positive moderators on perceived humor in television advertising[J]. *Journal of Advertising*, 2000, 29(2): 1-15.

② 郑拓. 中国政府机构微博内容与互动研究[J]. 图书情报工作, 2012, 56(3): 23-28.

③ Dholakia, U. M., Bagozzi, R. P., Pearo, L. K. A social influence model of consumer participation in network-and small-group-based virtual communities[J]. *International Journal of Research in Marketing*, 2004, 21(3): 241-263.

人们传播是为了愉悦他人的观点是一致的。另外，人们传播新奇的内容也可能是为了引起他人的认同和情绪高涨，提供信息进行互惠，或者是为了提升自我声誉，比如为了告诉人们他们看过有趣的或有用的东西①。Rosen（2009）认为人们喜欢谈论不同的、新奇的事物，而新奇的事物不仅会吸引粉丝们的目光，而且还可能引发粉丝们的惊奇感，进而产生反应。所以当企业微博内容比较新奇时有可能会使人们对其进行更多的操作，于是本文提出如下假设：

H4a：微博内容的新奇性促进微博的点赞。

H4b：微博内容的新奇性促进微博的转发。

H4c：微博内容的新奇性促进微博的评论。

2.3.6 语言活泼性

刘晓娟等人在研究政务微博时将微博中出现的表情符号、语气词、网络流行词汇等元素定义为活泼因子，并根据活泼因子出现的次数来度量单条微博的活泼程度。因此，本文将语言活泼性定义为微博中包含拟声词、图片表情符号、字符表情符号以及流行网络语言等内容，并根据程度的不同进行打分。

微博语言从网络语言中衍生而来，具备了网络语言的一些特征，但并不等同于网络语言和日常社会语言，它是社会语言的一种变体，有着其独有的特征②。复旦大学教授郑拓在研究政府机构的微博时提出，语言风格分为正式化和人性化，根据语言是否活泼、含有个人感情或使用拟声词和表情等来综合判断。刘晓娟等人在研究政务微博时也提到，生动活泼的语言可以拉近政务机构与公众的距离。因此，我们认为，微博的语言风格对其受众的行为可能具有一定的影响，故有如下假设：

H5a：微博语言的活泼性促进微博的点赞。

H5b：微博语言的活泼性促进微博的转发。

H5c：微博语言的活泼性促进微博的评论。

2.3.7 生动性

生动性指的是帖子的形式特征的丰富性，即帖子对不同的感官刺激的程度③。生动的内容可以包含动画，（鲜明的）颜色，或者图片④等，其程度可以因为它刺激多个感官的方式不同而不同⑤。例如，视频就比图片更加生动，因为视频不仅刺激视觉而且刺激了听

---

① Rimé, B., Finkenauer, C., Luminet, O., et al. Social sharing of emotion: New evidence and new questions [J]. *European Review of Social Psychology*, 1998, 9(1): 145-189.

② Kisielius, J., Sternthal, B. Examining the vividness controversy: An availability-valence interpretation [J]. *Journal of Consumer Research*, 1986, 12(4): 418-431.

③ Liu, Y., Shrum, L. J. What is interactivity and is it always such a good thing? Implications of definition, person, and situation for the influence of interactivity on advertising effectiveness [J]. *Journal of Advertising*, 2002, 31(4): 53-64.

④ Goldfarb, A., Tucker, C. Online display advertising: Targeting and obtrusiveness [J]. *Marketing Science*, 2011, 30(3): 389-404.

⑤ Fortin, D, R., Dholakia, R. R. Interactivity and vividness effects on social presence and involvement with a web-based advertisement[J]. *Journal of Business Research*, 2005, 58(3): 387-396.

觉。在本文，我们将生动性定义为有图片，音乐或视频等多种形式的微博，并将根据不同程度进行编码。

鲜明、具体的信息比抽象的信息对接收者的影响更大，因为这样的信息更能吸引和保持接收者的注意力。鲍丽娟在研究人人网的内容分享特征时发现，视频和照片是用户乐于分享的内容形式。由于视频和图片这种具象的、视觉化较强的形式更容易被人理解与接受，而抽象的内容被吸收的过程比较复杂，人们需要将字符转化成具体的形象，对转化来的形象进行分析之后才能够吸收和加工，而最终自己想要得到的感受，却不一定会像视觉刺激比较强烈的内容所带来的感受那样明显和符合自身需求。因此，用户比较愿意浏览和分享能够直接通过感官来获取的自身所需的信息内容①。Lisette 等人在研究企业帖子的受欢迎度时提出，帖子的生动性和互动性将会提高点赞量。提高企业帖子的突出性的方法之一是使帖子具有生动的特征。研究表明，生动的旗帜广告在点击意愿②和点击率上都更有效。另外，高生动性也在提高对网站的态度上更有效。所以我们认为微博的生动性越高，粉丝对微博的态度将会越积极，而积极的态度将会使得粉丝点赞，转发或者评论，故有如下假设：

H6a：微博形式的生动性促进对微博的点赞。

H6b：微博形式的生动性促进对微博的转发。

H6c：微博形式的生动性促进对微博的评论。

2.3.8 *互动性*

互动性定义为"两个或两个以上的沟通双方可以通过彼此、沟通媒介或者信息而相互作用，并且这种影响的程度是同步的"③，本文将使用该概念作为该变量的定义，其编码标准如表1所示。互动性的特点是公司和客户之间的双向沟通以及客户与客户之间的双向沟通；换句话说，它是多对多的沟通。企业帖子可以有不同程度的互动性。例如，一个帖子如果只有文字则没有太强的互动性，而当它有一个网址链接时将会有更强的互动性，因为粉丝可以点击这个链接。另外，在帖子中提问会使这个帖子有高互动性，因为这个问题需要粉丝们来回答。

表1　　　　　　　　　　　　　　　互动性编码标准

水平	互 动 性	得分
低	• 链接到某个网站(主要链接于新闻网址或者博客但从不链接公司网址) • 对某几个产品进行投票	0

---

① Lin, Nan. Building a Network Theory of Social Capital[J]. *Connections*, 1999, 22(1): 28-51.

② Goldfarb, A., Tucker, C. Online display advertising: Targeting and obtrusiveness[J]. *Marketing Science*, 2011, 30(3): 389-404.

③ Nahapiet, J., Ghoshal, S. Social capital, intellectual capital, and the organizational advantage[J]. *Academy of Management Review*, 1998, 23(2): 242-266.

水平	互　动　性	得分
中	• 线下活动的预告 • 促使粉丝采取行动，如去特定网站或者点赞评论等 • 竞赛（要求粉丝们采取行动，如点赞等，以此可以赢取奖品等）	1
高	• 提问 • 调查（类似提问题，但是此时消费者可以获得奖品）	2

研究得出了关于互动性对结果变量影响的非结论性发现（没有影响 VS 积极影响），例如对广告的态度可以由所考虑的互动性程度来解释。一些研究表明，有可能会存在一个最优互动程度，但是其他研究则提出了互动程度的线性影响。由于企业发微博的目的就是刺激粉丝做出反应（如点赞、转发或者评论等），我们希望互动程度越高，所引起的点赞量、评论量和转发量越高。所以我们提出如下假设：

H7a：微博的互动程度越高，越促进粉丝对微博的点赞。

H7b：微博的互动程度越高，越促进粉丝对微博的转发。

H7c：微博的互动程度越高，越促进粉丝对微博的评论。

2.3.9　控制变量

本文将发表时间、每个企业微博主页的粉丝数、每个企业微博的所发微博数以及微博内容中是否含有奖励信息等作为控制变量。其中发表时间分为两类，工作日（周一到周五）和周末（周六周日），工作日编码为 1，否则编码为 0。发表时间的不同，在线粉丝数不同，对微博的转发量、评论量和点赞量都会有一定影响。粉丝数指的是一个微博被其他微博用户关注的数量，微博数指的是企业微博成立到数据收集日所发的微博数量，由于微博的一个特征是只有关注了该企业微博主页才能在自己的微博主页上看到该企业所发的每一条微博，而且企业发微博的量和频率不同，在自己主页上看到的概率大小就会不同，所以这些变量都有可能影响微博的转发量、评论量和点赞量。而消费者传播动机会影响其再传播行为，而消费者的个人需要动机极其重要，它能够广泛地影响到消费者的内心和外在的行为。在网络环境下，消费者会首先考虑帖子的价值是否能满足他自身的需要，再考虑利他和社会效益，因此，当有奖励驱使时（如转发有奖，按某种格式评论会有抽奖等），消费者将会因为利己动机而产生行为，所以奖励也有可能引起粉丝们对微博的操作。

3. 实证研究

3.1　数据搜集和编码过程

本文选取了六个不同产品类型的品牌，包括化妆品行业的巴黎欧莱雅，酒行业的国酒茅台，移动手机行业的三星手机，休闲服饰行业的森马，饰品行业的哎呀呀饰品，以及食品行业的雀巢咖啡。之所以选择这些品牌是因为它们都是各自行业中的流行品牌，有较高的知名度也有较多的粉丝数量，它们每一条微博都有一定的传播力度，这将有利于我们搜集点赞量、转发量和评论量。搜集时间为 2014 年 4 月 1 日，所搜集的微博为企业原创微博（VS 转发微博）。我们从每个品牌中摘选了 200~300 条原创微博文本，同时对应搜集了微博发布的时间，有无图片，视频，点赞量，转发量，评论量以及它们的粉丝数和已发微博数，具体例子见图 2 说明。

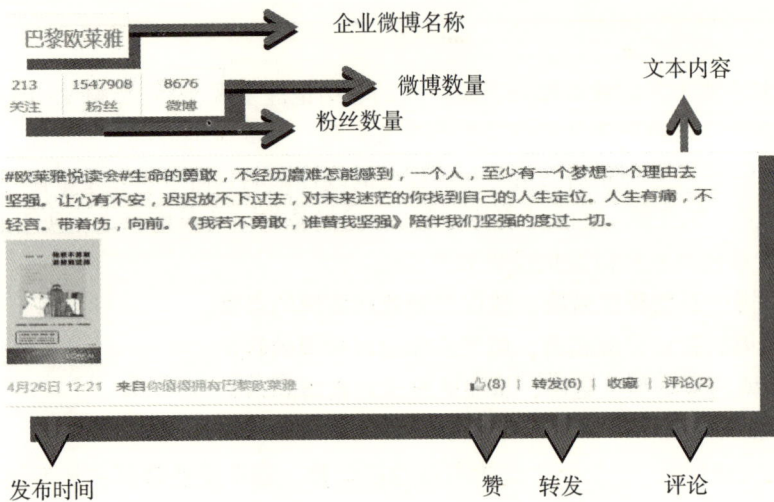

图 2 微博数据搜集示意图

编码之前，我们先去掉置顶微博，并去掉一个星期以内的微博（可能由于时间原因，一周内的微博并为被完全传播，所以我们选取 3 月 26 日之前的数据），每个品牌中截取 100~150 条微博，最终形成编码前的微博文本集。其中形式变量的编码过程是由专门的语料库将微博进行语义分解后根据不同的语序、标点以及句型关系等识别编码；而特征变量由于完全由计算机识别存在困难，我们先利用计算机的语义识别工具对相关特征词进行抽取和归类，在此基础上，再由 2 个专业人员进一步根据评分标准相互独立地修订打分，对意见不一致的进行协商，最终得到了本次分析的数据。

3.2 描述性统计分析

本次所得数据的具体情况如表 4 所示，截至数据搜集日（2014 年 4 月 1 日），每个微博的平均粉丝量为 1780820.167，平均每个微博企业发微博数为 6056，而所搜集数据中，平均每个微博的点赞量是 $18.43(SD=28.022)$，转发量为 $91.50(SD=174.252)$，评论量为 $47.24(SD=72.001)$。其中分类的具体结果如表 2 所示，从该表中可以看出，不同类别的微博传播差别很大，甚至同一个企业所发的微博传播也可能有很大的差别。

表 2					各领域的平均点赞量、转发量、评论量	
	赞		转发		评论	
	均值	标准差	均值	标准差	均值	标准差
哎呀呀饰品	0.60	0.851	66.27	127.215	12.37	2.054
国酒茅台	10.45	7.973	81.87	81.322	45.87	39.348
雀巢咖啡	23.59	26.792	108.02	214.688	94.60	86.417
三星手机	41.27	17.340	217.56	168.301	110.49	83.580
森马服饰	38.90	48.611	36.88	175.583	9.56	16.063
巴黎欧莱雅	5.72	3.719	54.43	208.129	31.24	92.298

3.3 解释变量的相关分析

对解释变量进行相关分析可得如表 3 所示的结果。敬佩性较高的微博一般都比较新奇但不够生动也没有很强的互动性；而非常有用的微博虽然语言活泼但是一般都不够有趣生动，并且也没有很强的互动性；而有趣的微博虽然很新奇语言也很活泼，并且有很强的互动性，但却没有很多信息；新奇的微博则有较高的敬佩性，比较有趣且语言活泼；而语言活泼的微博则比较有用也比较有趣新奇，互动性也很强；但是生动的微博则一般敬佩性不高，也不是很有用，也没有很强的互动性；互动性强的微博也没有很多的有用信息，并且敬佩性和互动性也不高，但是却比较有趣活泼。

表 3					解释变量的相关分析			
控制变量		敬佩性	有用性	有趣性	新奇性	语言活泼性	生动性	互动性
奖励 粉丝量 已发微博数量 微博发布时间	敬佩性	1.000	0.039	0.038	0.265***	-0.028	-0.130***	-0.082***
	有用性	0.039	1.000	-0.171***	0.032	0.082***	-0.080***	-0.181***
	有趣性	0.038	-0.171***	1.000	0.200***	0.414***	-0.050	0.130***
	新奇性	0.265***	0.032	0.200***	1.000	0.176***	-0.052	0.059
	语言活泼性	-0.028	0.082***	0.414***	0.176***	1.000	-0.055	0.083***
	生动性	-0.130***	-0.080***	-0.050	-0.052	-0.055	1.000	-0.083***
	互动性	-0.082***	-0.181***	0.130***	0.059	0.083***	-0.083***	1.000

3.4 泊松回归

本文中的因变量为每条微博所得的点赞量、评论量和转发量，均为有实际意义的计数数据，是一个非负整数变量，因此采用泊松模型进行建模，即假定点赞量、评论量和转发量的分布均服从泊松分布。所以本文所得模型如下（其中 y_1＝点赞量，y_2＝转发量，y_3＝评论量）：

$$y_{ij} = \alpha + \exp\begin{pmatrix}\beta_b \text{awe}_j + \beta_c \text{usef}_j + \beta_d \text{surprz}_j + \beta_e \text{livly}_j + \beta_f \text{vidns}_j \\ + \beta_g \text{intera}_j + \beta_h \text{awrd}_j + \beta_j \text{week}_j + \beta_n \text{fans}_{kj} + \beta_m \text{quaty}_{kj}\end{pmatrix} + \varepsilon_{ij}$$

其中 i（$i = 1 \sim 3$）代表点赞量、转发量或评论量，j 代表微博编号（$j = 1 \sim 650$），而 k 代表第 j 条评论所属的品牌的编号。y_{1j} 代表第 j 条微博的点赞量，y_{2j} 代表第 j 条微博的转发量，y_{3j} 代表第 j 条微博的评论量；awe_j 代表第 j 条微博的敬佩性；usf_j 代表第 j 条微博的有用性；surprz_j 代表第 j 条微博的新奇性；livly_j 代表第 j 条微博的语言活泼性；vidns_j 代表第 j 条微博的生动性；inera_j 代表第 j 条微博的互动性；awrd_j 代表第 j 条微博是否有奖励；week_j 代表第 j 条微博的发表时间是在周末还是工作日，工作日为 1，周末为 0；fans_{kj} 代表第 j 条微博所属的第 k 个品牌微博主页的粉丝量的对数值（$k = 1 \sim 6$）；quaty_{kj} 代表第 j 条微博所属的第 k 个品牌微博主页的微博总量的对数值（$k = 1 \sim 6$）；ε_{ij} 是残差项。ε_{1j}、ε_{2j}、ε_{3j} 分别是点赞量 y_1，转发量 y_2，评论量 y_3 的残差。

结果可以解释为自变量每增加一个单位，则会对因变量 y 产生 e^β 倍的影响（$e = 2.71828$）。当 β 为正时，$e^\beta > 1$，对 y 的影响是增强的；而当 β 为负时，$e^\beta < 1$，对 y 的影响是减弱的。

泊松回归在 R 软件中运行，结果如表 4 所示，不同的影响因素对点赞量、转发量和评论量影响不同，有些结果支持了假设，有些则与假设相悖。

表 4　　　　　　　　　　　　　泊松回归结果

假设	变量	点赞量	转发量	评论量
H1	敬佩性	0.191399	0.089335	0.214903
H2	有用性	−0.284065	0.050050	−0.059322
H3	有趣性	0.774445	0.319918	0.146003
H4	新奇性	0.294322	0.842805	0.376788
H5	语言活泼性	−0.262141	0.084717	0.105426
H6	生动性	0.121707	0.178986	0.318094
H7	互动性	−0.102765	0.147418	0.289920
	奖励	0.461998	0.059828	0.454439
	发布时间	0.428874	−0.115597	−0.054140
	粉丝量	−0.033718	0.270553	0.593350
	所发微博量	0.465207	−0.283153	−1.181177

注：所有结果均显著性小于 0.001。

3.4.1　点赞量

点赞量的泊松回归结果显示，各个因素全都显著影响点赞量。敬佩性、有趣性、新奇性、生动性等对点赞量有正向影响，即 H1a、H3a、H4a 和 H6a 成立。其中有趣性影响最大，即有趣性增加1，点赞量将会增加 $e^{0.775}=2.17$ 倍。这符合点赞的机制，因为点赞代表人们的喜爱或赞同，所以他们更愿意对有这些特征或形式的微博点赞。而有用性、语言活泼性和互动性却对点赞量有负向影响，即 H2a、H5a 和 H7a 不成立。从相关性分析发现，特征变量有用性与有趣性负相关，所以有用的信息一般都无趣，这自然将对点赞产生负向影响。而网络语言如今已经流行，仅靠语言活泼激不起大家的兴趣，相反的，可能还会引起大家的反感，所以才会产生这样的结果。而互动性对点赞有负面影响，可能的原因是互动微博主要以提问和测试等方式跟粉丝沟通，进而粉丝们进行了更多的其他操作，而互动性本身并不能使粉丝们感到喜爱。

3.4.2 转发量

转发量的回归结果显示，特征变量和形式变量的各个因素全都显著正向影响转发量，这与以往网络口碑传播的研究结论是一致的。这说明企业微博作为一种网络信息，与网络口碑的传播机制有着很多相似之处，无论是增强特征变量还是形式变量，均会促进其转发。

3.4.3 评论量

评论量的回归结果显示，各个因素全都显著影响点赞量。除了有用性为负向影响以外，其他变量的影响均为正向，即 H1c、H3c、H4c、H5c、H6c 和 H7c 成立，H2c 不成立。激起读者的敬佩感、生动有趣、新奇活泼并有很强互动性的微博都会使大家有想法或有争议，进而产生评论。而相关性分析发现，有用的微博一般都不够有趣生动，并且也没有很强的互动性，可能粉丝们只是获得了信息，并未产生其他想法，进而不愿意去评论。

4. 结论和意义

4.1 结论

本文在社会化媒体用户急剧上升的背景下，从企业生成内容的角度出发，根据以往对口碑、广告和信息的研究基础，将对口碑内容的研究拓展到对企业微博的研究，将影响因素扩充为内容的四个特征变量和三个形式变量，使用符合社会化媒体特征的传播效果的衡量指标，研究企业微博内容如何影响其传播效果，用以指导企业如何设计传播内容来匹配社会化媒体特殊需要。

结果显示敬佩性、有趣性、新奇性、生动性对点赞有明显的促进作用，即能让人感到敬佩的微博让人感到赞同，生动有趣很新奇的微博，会让人喜爱，所以这些微博能让人点赞，这样的微博一般人气会比较高，在粉丝内部可能会传播广泛。

而四个特征变量(敬佩性、有用性、有趣性、新奇性)和三个形式变量(语言活泼性、生动性、互动性)都会促进粉丝们的转发。据前所述，转发是一种再传播行为，是和别人分享内容，即转发后将会被别人看到，而转发的动机有很多，一方面是自我展示，为了自我形象的提升；另一方面是为了利他，让别人感到愉悦或者得到信息；再一方面就是利己，让自己获得奖励或回报等。而这几个变量至少能满足这几个动机之一，比如转发有趣的内容不仅能让人觉得自己有趣，又可以愉悦他人，再比如转发有互动性的微博可以获得抽奖机会等，所以这几个变量对转发都有促进作用。

除了有用性，其他几个变量都能增加评论量。自发的评论需要内容能让人产生想说些什么的意愿，要么有争议想表立场，要么有抱怨想发泄，要么情绪高昂想表达看法等；或者有激励或刺激的内容也能让人为了回报等产生评论。其中敬佩性可以激起高的情绪唤起状态[17]，新奇、生动（如对视频中的信息好坏评价不一等）的内容会产生争议，有趣、语言活泼的微博一般都很新奇且有很强的互动性（见相关性分析），所以也会引起人们的评论，而互动的微博一般有奖励刺激或者以问题结尾，这也会促使人们去评论。

4.2　贡献和意义

首先，本文有很强的理论贡献。从企业营销的角度来说，将传统广告内容的规划拓展到社会化网络时代，丰富了社会化媒体上的传播内容。从社会化媒体研究领域来说，丰富了社会化媒体的研究，以往多从用户角度研究社会化媒体，从企业角度较少，而本文则是从企业生成内容上来研究，并将口碑领域的研究拓展到了社会化媒体领域。从研究方法上来讲，本文采用观察数据和文本数据的方法，来检验内容对传播效果的影响，丰富了社会化媒体的手段。

另外，本文还有很强的实践意义。品牌管理者可以根据我们的研究结果，了解有什么样的特点和内容的微博更容易被传播，进而更好地管理品牌主页。企业可以根据发布微博的目的有意识地提高某些特征或采用某种形式。如果企业想要更好地传播品牌，那么应该注重能促进转发的一些变量；如果企业想要在现有顾客群中推出新产品或者提高人气等，则可以注重影响点赞的变量；如果企业想要了解粉丝们的想法，从中获得某种信息，则可以更关注促进评论的变量。而如果企业想要同时增加点赞、转发和评论的数量，则应该将重点放在如何提高帖子的敬佩性，使其有趣和新奇，如多发布一些震撼人心的事迹，做一些让人意想不到的活动预告或者发布有趣的图片对话等，同时企业也要重点关注生动性，如采用视频等多种方式发帖等。企业的微博究竟该写什么、怎么写，不仅跟企业营销目标和其定位有关，也跟作用对象（粉丝们有什么特征和喜好）有关，还跟产品类型和企业本身的形象有关。由于企业微博和个人微博有着完全不同的目的和作用，甚至事关企业的运营安全，企业在发布微博时要经过认真思考和衡量。

◎ 参考文献

[1]黄敏学，王峰，谢亭亭．口碑传播研究综述及其在网络环境下的研究初探[J]．管理学报，2010，7(1)．

[2]刘晓娟，王昊贤，肖雪，等．基于微博特征的政务微博影响因素研究[J]．情报杂志，2013(12)．

[3]瞿转意．社会语言学视角下的微博语言特征[J]．海外英语，2012，3．

[4]郑拓．中国政府机构微博内容与互动研究[J]．图书情报工作，2012，56(3)．

[5]Alden, D. L., Mukherjee, A., Hoyer, W. D. The effects of incongruity, surprise and positive moderators on perceived humor in television advertising[J]. *Journal of Advertising*,

2000, 29(2).

[6] Barnett, L. A. Playfulness: Definition, design, and measurement[J]. *Play & Culture*, 1990 (3).

[7] Berger, J., Milkman, K. L. What makes online content viral? [J]. *Journal of Marketing Research*, 2012, 49(2).

[8] Chen, Q., Rodgers, S. Development of an instrument to measure web site personality[J]. *Journal of Interactive Advertising*, 2006, 7(1).

[9] Cho, C. H. How advertising works on the WWW: Modified elaboration likelihood model[J]. *Journal of Current Issues & Research in Advertising*, 1999, 21(1).

[10] Coyle, J. R., Thorson, E. The effects of progressive levels of interactivity and vividness in web marketing sites[J]. *Journal of Advertising*, 2001, 30(3).

[11] De Vries, L., Gensler, S., Leeflang, P. S. H. Popularity of brand posts on brand fan pages: An investigation of the effects of social media marketing[J]. *Journal of Interactive Marketing*, 2012, 26(2).

[12] Dholakia, U. M., Bagozzi, R. P., Pearo, L. K. A social influence model of consumer participation in network and small-group-based virtual communities [J]. *International Journal of Research in Marketing*, 2004, 21(3).

[13] Fehr, E., Kirchsteiger, G., Riedl, A. Gift exchange and reciprocity in competitive experimental markets[J]. *European Economic Review*, 1998, 42(1).

[14] Fortin, D. R., Dholakia, R. R. Interactivity and vividness effects on social presence and involvement with a web-based advertisement[J]. *Journal of Business Research*, 2005, 58 (3).

[15] Goldfarb, A., Tucker, C. Online display advertising: Targeting and obtrusiveness[J]. *Marketing Science*, 2011, 30(3).

[16] Hennig-Thurau, T., Gwinner, K. P., Walsh, G., et al. Electronic word-of-mouth via consumer-opinion platforms: What motivates consumers to articulate themselves on the Internet? [J]. *Journal of Interactive Marketing*, 2004, 18(1).

[17] Herr, P. M., Kardes, F. R., Kim, J. Effects of word-of-mouth and product-attribute information on persuasion: An accessibility-diagnosticity perspective [J]. *Journal of Consumer Research*, 1991, 17(4).

[18] Homans, G. C. Social behavior as exchange[J]. *American Journal of Sociology*, 1958.

[19] Keltner, D., Haidt, J. Approaching awe, a moral, spiritual, and aesthetic emotion[J]. *Cognition & Emotion*, 2003, 17(2).

[20] Kisielius, J., Sternthal, B. Examining the vividness controversy: An availability-valence interpretation[J]. *Journal of Consumer Research*, 1986, 12(4).

[21] Lin, K. Y., Lu, H. P. Why people use social networking sites: An empirical study integrating network externalities and motivation theory[J]. *Computers in Human Behavior*, 2011, 27(3).

[22]Lin, Nan. Building a Network Theory of Social Capital[J]. *Connections*, 1999, 22(1).

[23]Liu, Y., Shrum, L. J. What is interactivity and is it always such a good thing? Implications of definition, person, and situation for the influence of interactivity on advertising effectiveness[J]. *Journal of Advertising*, 2002, 31(4).

[24]Lohtia, R., Donthu, N., Hershberger, E. K. The impact of content and design elements on banner advertising click-through rates[J]. *Journal of Advertising Research*, 2003, 43(4).

[25]Muntinga, D. G., Moorman, M., Smit, E. G. Introducing COBRAs: Exploring motivations for brand-related social media use[J]. *International Journal of Advertising*, 2011, 30(1).

[26] Nahapiet, J., Ghoshal, S. Social capital, intellectual capital, and the organizational advantage[J]. *Academy of Management Review*, 1998, 23(2).

[27]Park, N., Kee, K. F., Valenzuela, S. Being immersed in social networking environment: Facebook groups, uses and gratifications, and social outcomes [J]. *CyberPsychology & Behavior*, 2009, 12(6).

[28]Paxton, P. Is Social capital declining in the United States? A multiple indicator assessment [J]. *American Journal of Sociology*, 1999, 105(1).

[29]Rimé, B., Finkenaue, R C., Luminet, O., et al. Social sharing of emotion: New evidence and new questions [J]. *European Review of Social Psychology*, 1998, 9(1).

[30]Rosen, E. *The anatomy of buzz revisited: Real-life lessons in word-of-mouth marketing*[M]. New York: Random House LLC, 2009.

[31] Sernovitz, A. *Word of mouth marketing: How smart companies get people talking*[M]. Austin: Kaplan, 2009.

[32]Steuer, J. Defining virtual reality: Dimensions determining telepresence[J]. *Journal of Communication*, 1992, 42(4).

[33]Swan, J. E., Oliver, R. L. Postpurchase communications by consumers [J]. *Journal of Retailing*, 1989.

[34]Taylor, D. G., Lewin, J. E., Strutton, D. Friends, fans, and followers: Do ads work on social networks? [J]. *Business Faculty Publications*, 2011, 51(1).

[35]Wojnicki, A., Godes, D. Word-of-mouth as self-enhancement [D]. HBS Marketing Research Paper, 2008 (6-1).

The Effect of the Content of Enterprise's Micro-blog on Its Diffusion: An Empirical Study

Huang Minxue[1] Peng Jie[2] Li Ping[3]

(1, 2, 3 Economics and Management College of Wuhan University, Wuhan, 430072)

Abstract: In the era of social media, companies should pay more attention to the social media when making brand communication strategies. As weibo has the capacity to transmit the information efficiently and fast and the advantages of two-way communication, we choose weibo as the research object. We use the method of observation data and text analysis to get our data, and analyze the effect of characteristics and forms of weibo content on its diffusion with Poisson regression econometric model. The result shows that the characteristic awe, interesting, surprising and vividness can improve the number of likes, the number of transmission, and the number of comments at the same time. If the post is lively or is with high interactivity, it can get more comments and be transmitted more frequently. The independent usefulness can only promote the fans to transmit it. Brand managers can be guided by our research, understanding what kind of characteristics and content of weibo is more likely to be spread, thus better manage their brand home page.

Key words: Social media; Weibo; online content; Word of mouth; Poisson regression

专业主编：曾伏娥

渠道公平感对分销商关系学习的
影响及路径研究[*]

● 詹志方¹　王　辉²

（1　湖南商学院　长沙　410205；2　湖南中医药大学管理与信息工程学院　长沙　410208）

【摘　要】公平对渠道行为有重要影响，但以往学者还没有专门研究渠道公平感对关系学习的影响。本研究以分销商为调查对象，将渠道公平感和关系学习同时纳入研究框架，探索渠道公平感对分销商关系学习的影响，以弥补现有研究的不足。在本研究中，渠道公平感分为分配公平、程序公平和互动公平三维度，为前因变量，关系学习为结果变量，另外，引入信任为中介变量。研究表明：渠道分配公平、互动公平对分销商关系学习既有直接影响，又通过信任对关系学习有间接影响。而程序公平则通过信任对关系学习有显著间接影响。信任在渠道公平感影响关系学习中起中介作用，是渠道公平影响分销商关系学习的显著路径之一。研究结论可为企业通过公平交易关系激发分销商关系学习提供参考。

【关键词】渠道公平感　关系学习　信任

［中图分类号］F270　　　［文献标识码］A

1. 引言

"人不患寡而患不均"，公平对人的行为有重要影响。在渠道领域，公平是渠道成员进行交易的基础（Yilmaz et al., 2004），渠道成员的公平感知对渠道关系的建立、维护、发展至关重要（Kumar, 1995；Griffith et al., 2006），渠道公平对渠道关系行为有重要影响（Kumar, 1995；张闯，2014；夏春玉等，2015）。由上可知，研究渠道领域的关系行为，要全面考虑公平因素及其影响路径（Kumar, 1995），渠道关系学习也不例外。

＊　基金项目：教育部人文社会科学基金项目：渠道网络嵌入性、关系学习与合作创新绩效之关系研究（14YJC630184）；湖南省社会科学基金项目：渠道成员间关系学习及其对合作创新绩效的影响（13YBA191）；湖南省自然科学基金项目：经济园区企业间网络嵌入性、关系学习与合作创新绩效之关系研究（2015jj2087）；国家社会科学基金面上项目：基于关系变速理论的渠道动态学习多 Agent 仿真研究（17BGL088）。

通讯作者，王辉，E-mail：wangtonger0130@ 163. com。

渠道关系学习是渠道成员间一种特殊的组织间学习(Selnes & Sallis，2003；蒋青云，2007)。渠道成员间的关系学习，可以减少成本，改善产品质量，提高创新能力与环境适应能力，能提升渠道的关系绩效(Selnes & Sallis 2003；Lai et，al.，2009)，对技术创新、合作创新绩效有显著影响(王国才等，2011)，最终能提升渠道整体绩效和竞争优势(韩斌，蒋青云，2014)，是企业构建差异竞争优势和"超常"利润的重要途径之一(Roy et al.，2004)。企业能否采取有效措施促进渠道成员间的关系学习，关系到企业获取外部知识的量与质、渠道的运行效率、渠道关系的持续，最终关系到企业竞争优势的提高(蒋青云，2007)。而当今，日益激烈的市场竞争，使得越来越多的先进企业认识到渠道学习的重要性，国美与海尔、丰田与其供应商都在积极探索渠道关系学习(王辉等，2013)。但从中国营销渠道的实践情况来看，企业与分销渠道成员的关系学习总体上效率还不高。信息、知识很难在渠道上下游之间进行共享与转移，甚至有 60%~70% 的关系学习可能失败(Man & Duysters，2006)。可见，还要加强渠道关系学习的影响因素及其作用路径的研究。

然而综观关系学习文献，虽然以往学者探索了影响关系学习的二元关系属性因素，如关系信任、承诺、专有资产投资(Slenes & Sallis，2003；蒋青云，2007；王国才，2011)；环境因素，如环境的不确定和竞争性(Slenes & Sallis，2003)。但还没有学者专门探索渠道公平感对关系学习的影响。而公平是实现交易关系发展和维持的基础，能推动交易伙伴间的合作行为(Luo，2007)。在营销渠道中，公平是渠道成员进行交易的基础(Yilmaz et al.，2004)，渠道不公平感则是渠道关系的"毒药"(Samaha et al.，2011)，不利于渠道成员的合作行为。关系学习作为渠道成员间的一种共同活动，本质上也是一种合作行为(蒋青云，2007)。这种合作行为很有可能受渠道双方交易的基础——公平感的影响。因此，很有必要专门研究渠道公平感对关系学习的影响，以此丰富关系学习驱动因素的研究。而在当今，分销商的实力越来越强大，其行为对整个渠道的竞争优势影响也就越来越大，这样就"渠道公平感对分销商关系学习影响及其作用路径"展开专门研究，尤其具有价值。以往研究表明，信任是渠道关系成功的重要基础和关键因素，信任对关系学习有重要影响(Selnes & Sallis，2003；蒋青云，2007)，而公平感对信任有重要影响(Morgan & Hunt，1994)。鉴于此，我们推测在研究渠道公平感对关系学习的影响路径时，有必要纳入信任作为中介变量，这样才能更好揭示渠道公平感对关系学习的作用机制。基于以上论述，本研究以分销商为调查对象，引入信任作为中介变量，来探索渠道公平感对分销商关系学习的影响，希望以此深度揭示其影响路径和机制，丰富关系学习的研究，并希望研究成果更好地帮助企业提高渠道关系学习绩效。

2. 相关文献述评与研究假设

2.1 渠道公平感与关系学习

2.1.1 关系学习

关系学习是指供应商与其分销商之间的一种共同活动，这种共同活动体现在渠道双方分享信息、共同理解与解释信息，并将信息整合到一种特定关系记忆中并形成一种特有的关系知识，这种特有关系知识可改变渠道双方潜在的关系行为（Selnes & Sallis，2003）。关系学习本质上是一种特殊的组织间学习，致力于提升渠道关系绩效，它是在关系营销思想指导下开展的一种有目的的合作性学习行为（蒋青云，2007）。

2.1.2　渠道公平感及其维度

人们从微观心理感知视角来实证研究公平感，从 Adams（1965）开始，他基于投入产出视角提出了分配公平（distributive justice），之后 Thibaut & Walker（1975）提出了程序公平（procedure justice）。再后 Bies 和 Morg（1986）重点研究了互动公平，他们的研究证明了互动公平是公平感的一个重要维度。分配公平（distributive justice）主要是对资源配置结果的公平感受，偏重于分配的结果。在营销渠道领域，Kumar 等人（1995）认为，分配公平乃是分销商对制造商利润或其他结果分享的公平知觉。程序公平是指双方在交易的过程中，对于政策、程序、方法上是否公平的感知（Lind & Tyler，1987）。在营销渠道领域，Kumar 等人（1995）认为，程序公平乃是分销商对制造商处理相关事务程序的公平性认知。互动公平（interactional justice）的系统研究由 Bies & Morg（1986）展开，他们关注当程序执行时人际处理（interpersonal treatment）方式对公平感的影响，认为除了传统的分配公平、程序公平以外，还存在另外一种公平，即"互动公平"，并将其定义为"在执行程序时所受到的公平的人际对待"（Bies & Morg，1986）。互动公平乃是个人所受到的人际待遇，也指在人际沟通程序中所知觉到的公平（Bies & Morg，1986）。在营销渠道领域，丁学勤（2003）认为互动公平是指在执行程序时交易双方所获得的人际互动的公平与否的感知。虽然在营销渠道领域，部分学者探讨公平的概念时，仅将公平分为分配公平、程序公平感两种，但在渠道交易的过程中，社会面（渠道边界人员接触）也是影响交易的一项重要因素（庄贵军，席酉民，2004），而且关系学习本质上由渠道边界人员展开，故本研究认为，渠道公平也应考量人际对待的互动公平，这样才能更完整地表达渠道公平感的概念。因此在本研究中，渠道公平感采取分配公平、程序公平和互动公平三维度结构。

2.1.3　渠道公平感对关系学习的影响

从已有研究文献看，良好的渠道公平感知有助于分销商提高对与制造商维持关系所获得收益的评价（钱丽萍，2010），从而产生满意的关系，而这种关系能激发分销商采取关系学习这样的合作行为。具体而言，分配公平意味着从投入/产出的视角来衡量公平性（Adams，1965），产出既包括利润、市场扩张等经济利益，也包括声誉、知识、关系等非经济利益。在渠道领域，分配公平意味着渠道成员感觉到获得的回报与其投入相符（Kumar et al，1995），分配公平能促使分销商相信只要对渠道合作关系作出了贡献，就会有相应回报（Luo，2007；钱丽萍，2010），这样渠道分配公平会促进分销商关系学习这样的合作行为。相反，在难以取得公平回报的情况下分销商则不会贡献出自己的独特知识，从而不利于关系学习。Ring 等人（1994）指出：当上一次合作被认为是公平且有效率的，联盟伙伴就会增加下一次合作中对资源与期望的承诺。Luo（2007）认为，分配公平从平等逻辑来对行为产生影响，如果渠道成员没有得到平等的回报，相应也不愿意采取合作行为。由此假设：

H1a：渠道分配公平对分销商关系学习存在正向影响。

程序公平强调渠道交易过程的公正性，是渠道成员对与其合作的渠道伙伴进行交易的过程、程序、政策所感知的公平性(Kumar et al., 1995)。程序公平能为渠道成员提供保障自身利益的工具,通过对合作决策过程的控制来实现自身利益最大化。这样在程序公平的指引下,分销商会感觉到自己的利益能得到有效的制度保障,会降低对供应商机会主义行为的风险感知,从而会愿意分享自己的知识。而且,这种公正、公开的决策制定过程意味着渠道的运作建立在共同理解之上,良好的渠道关系对双方都是有益的,这会引导渠道成员采取合作行为(钱丽萍,2010)。在渠道交易过程中,公平的交易政策和程序使得关系双方对目标、规范和互惠的共同理解成为可能(Liu et al., 2012),这样程序公平所产生的良好渠道合作氛围特别有利于分销商积极展开关系学习。由此假设:

H1b:渠道程序公平对分销商关系学习存在正向影响。

互动公平乃是个人所受到的公平的人际待遇,也指在人际沟通程序中所知觉到的公平。在营销渠道领域,丁学勤(2003)认为互动公平是在执行程序时交易双方所获得的人际互动的公平与否的感知。互动公平主要指程序执行时人际处理(interpersonal treatment)方式对公平感的影响,强调真实、尊重以及公正作为人际交流中的公平标准的重要性(Bies & Morg,1986)。在营销渠道中,互动公平主要指渠道边界人员之间的诚实、谦虚、宽容、反馈、互相理解和尊重对方的社会习俗,也包含对方组织对本企业的尊重程度(陈健等,2011)。Luo(2007)研究发现联盟边界人员如果得不到合作伙伴的礼貌、尊重和文化包容,他们会觉得不公平,从而不利于双方的合作关系。而互动公平能激发关系双方美好的情感,创造满意的社会氛围,互动公平能使双方从心理认同促进知识共享等合作性行为。据知识管理研究,互动公平有利于信息分享、共同理解等隐性知识学习行为(徐搏,2014)。信息分享、共同理解等是关系学习的重要内容,互动公平很有可能促进渠道分销商的关系学习行为。由此假设:

H1c:渠道互动公平对分销商关系学习存在正向影响。

2.2 信任及其中介作用

信任定义,最早源于心理学家研究信任对于人际关系的影响,此后,各领域的学者开始对此概念进行深入探讨,而到了 20 世纪 60 年代,信任已成为营销领域中相当重要的议题(Mitchell et al.,1998)。信任被视为建立长期成功友好关系的重要关键因素(Morgan & Hunt,1994)。信任代表一方相信(believe),且主观上有意图(willing)去依赖另一交易伙伴会实行其义务与承诺,而其行为将对双方成员具有正面的影响(Anderson & Narus,1990)。有学者认为信任的定义建构在三个维度上:正直(integrity)、可靠性(reliability)与信心(confidence)(Moorman,Zaltman,& Deshpande,1992)。信任可分为善意、诚信和能力三个维度(Mayer et al.,1995)。善意:指一方认为另一方的行为是善意的,不会损害自己的利益;诚信:指一方认为对方会履行诺言,值得信任;能力:指一方认为对方有能力满足自己的需要。由于善意和诚信都有关品质,具有很强的相关性,并不容易区分,本文借鉴 Das & Teng(2001)的做法,把分销商对供应商的信任分为能力信任(ability trust)和品质信任(character trust)两个维度。

2.2.1 信任与关系学习

信任一向被视为维持一段长期有效关系的重要因子之一(Morgan & Hunt, 1994)。在建立合作和有效的关系中, 信任是最强的治理机制(Dodgson 1993)。Pruitt(1981)认为如果存在信任, 合作伙伴就愿意承担高风险并协调其行为。Anderson 和 Narus(1990)则认为, "一旦信任建立, 公司就应该认识到合作、联合的行动将会产生其单独行动所不能带来的利益", 因此, 对关系的信任意味着潜在的未来利益, 可以产生较强的合作意愿。Dodgson (1993) 说 "伙伴间有效学习取决于根植在组织行为模式中的信任'氛围'"。而 Selnes 和 Sallis(2003)的研究发现, 一般而言, 信任对渠道成员间关系学习有促进作用。具体而言, 能力信任使得分销商相信供应商具有共同学习的知识、能力, 与其展开学习, 能实现关系学习绩效。而品质信任使得分销商与供应商展开合作时, 不会担心其机会主义行为, 信息分享等存在的潜在风险感知会下降, 从而有利于关系学习的展开。由上, 本文假设:

H2a: 能力信任对分销商关系学习存在正向影响。

H2b: 品质信任对分销商关系学习存在正向影响。

2.2.2 渠道公平感与信任

渠道公平感对信任有影响。很多学者强调了公平感对信任产生的重要作用, 认为公平是信任产生的必要条件(Dwyer, Schurr, & Oh, 1987)。信任的建立是一个循序渐进的过程, 是过去合作经验积累起来的产物。信任的形成具有认知性和情感性的基础(McAllister, 1995), 是理性认识和情感因素的混合体。这样过去经验、被信任者的口碑、被信任者在交换中所表现出来的言行, 都是信任者评估被信任者的依据(Doney & Cannon, 1998)。在渠道交易中合作利益的分配结果直接对合作双方之间的信任产生影响, 分配结果的公平与否是对方评估自己是否值得信任的直接标准。公平的分配是一种善意, 同时也是自己公信力的体现。Kumar 等人(1995)的研究表明, 渠道分配公平对信任有显著影响。而程序公平能从制度层面建立渠道成员间的信任, 在不确定性环境下, 程序公平携带了渠道成员在渠道系统中的资源和投资的安全信息, 公平程序会激发合作方的正向态度, 比如信任、理解和承诺等。Kumar 等人(1995)的研究表明, 渠道程序公平对信任有显著影响。另外, 渠道互动公平意味着分销商能感觉自己在人际方面得到了公平有礼对待, 而信任是一种心理活动的产物, 包含情感成分, 信任建立在观察到对方善意行为或由某种关系形成亲切和认同感的基础上, 渠道成员(尤其是边界人员)在人际交往中所感受到的尊重、理解是建立信任的基础, 能促进渠道成员对对方的信任。我们认为, 如果分销商在与供应商的交易关系中, 发现自己的付出获得了相符的回报(分配公平), 能受到供应商交易程序和政策公平的对待(程序公平), 能在人际上受到公平的对待(互动公平), 就会慢慢相信这个供应商有能力满足自己的需要, 相信这个供应商会恪守公平买卖的原则, 不会欺骗自己, 不会损害分销商的利益。这样分销商会在与供应商交往过程中逐渐加强自己对供应商的信任感。因此, 本文假设:

H3a: 分配公平对能力信任有正向影响。

H3b: 分配公平对品质信任有正向影响。

H4a: 程序公平对能力信任有正向影响。

H4b: 程序公平对品质信任有正向影响。

H5a：互动公平对能力信任有正向影响。

H5b：互动公平对品质信任有正向影响。

2.2.3 信任的中介作用

公平感是一种主观心理感受，会影响感知主体的意愿和行为。信任是理智与感情的混合体，渠道分配公平、程序公平、互动公平从不同方面促进了分销商关系学习行为（如前所述假设 H1a、H1b、H1c）。分配公平是从渠道利益分配的现实角度来体现渠道成员间的善意和可信任性；程序公平从制度上保证渠道成员在未来交互过程中的利益；互动公平从渠道成员（尤其是渠道边界人员）感情上促进了信任的产生。而信任则促进渠道关系学习（Selnes & Sallis，2003）。在组织（间）学习领域，有研究发现组织公平感通过信任对组织之间的知识共享等学习行为产生中介作用（陈健等，2011）。因此，本文认为，信任是渠道分配公平、程序公平、互动公平影响分销商关系学习的中介路径。由此本文假设：

H6a：信任是渠道分配公平与分销商关系学习之间的中介变量，分配公平通过信任影响分销商关系学习行为。

H6b：信任是渠道程序公平与分销商关系学习之间的中介变量，程序公平通过信任影响分销商关系学习行为。

H6c：信任是渠道互动公平与分销商关系学习之间的中介变量，互动公平通过信任影响分销商关系学习行为。

综合以上分析和假设，本文以渠道公平感的分配公平、程序公平、互动公平三个维度为自变量，信任为中介变量，分销商关系学习为因变量，建立研究模型（见图1）。

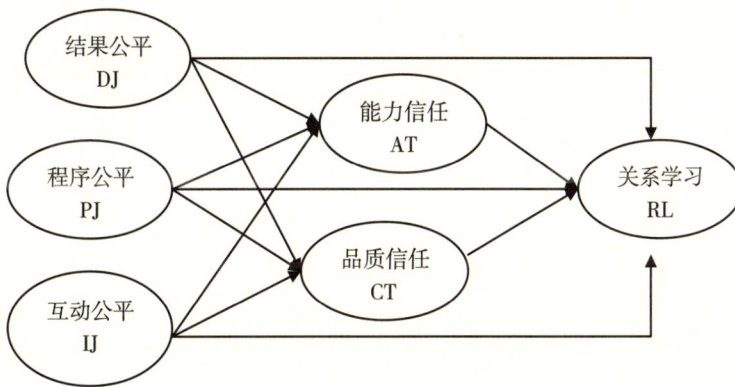

图 1　研究模型

3. 研究方法

3.1　样本的选择和描述性统计

考虑到渠道公平感、信任和关系学习的特点，我们选择高科技产品分销商作为调研对象，行业涉及电子、智能家电、医药以及材料等。调查的样本主要来自于珠三角、长三角、华中地区的分销商企业。被调查者包括企业的销售经理、销售主管、采购经理、产品经理、总裁等，因为他们对于企业渠道关系学习情况有比较充分的了解，有助于提升调查所获得的信息质量。在大规模发放问卷之前，我们选取了长沙市50家企业做了预调研来检验问卷的信效度。在确保信效度之后，再进行大规模的调研工作。本次问卷的发放形式为电子邮寄、现场发放为主。调查共进行了7个月(2016年3月到2016年9月)，一共发放996份问卷。回收256份问卷，剔除51份不完整回答的问卷，最终获得205份有效问卷，问卷有效回复率为20.58%。样本的基本特征如表1所示。最终205份问卷来源于电子邮寄的有69份，来源于现场发放收回的有136份。对两种问卷在渠道公平感、关系学习、信任等关键指标上的差异性进行T检验，均不显著，说明可以合在一起进行后续分析。

表1　　　　　　　　　　　　　　样本特征的分布情况

基本特征		样本量	百分比
受访人教育程度	专科及以下	70	34.15%
	本科	92	44.89%
	研究生	43	20.97%
企业规模	1~100人	59	28.78%
	100~199人	93	45.37%
	200人及以上	53	25.85%
地区分布	珠三角地区	60	29.27%
	长三角地区	55	26.83%
	华中地区	90	43.90%
渠道企业合作时间	2年以下	57	27.80%
	2年到5年	93	45.37%
	5年以上	55	26.83%
调查企业所属行业	电子	59	28.78%
	智能家电	62	30.24%
	医药	49	23.91%
	新材料	35	17.07%

3.2　问卷与变量测量

本文在探讨渠道公平感对分销商关系学习的影响中，采用多维度主观指标测量的方法。本研究采用的原始调查问卷共有4页，完成填写需要20~30分钟。本研究涉及的测量量表有：渠道公平感、信任、关系学习，以及几个控制变量。量表均来自以往研究中使用过的成熟量表，对于英文量表，我们把英文译成中文，并根据中国的具体情况和本研究的实际情况对量表的问项做了相应修改。大部分量表采用 Likert 7 点评分。

本研究的渠道公平分为结果公平、程序公平、互动公平三个维度，衡量项目参考了 Kumar（1995）、丁学勤（2003）的研究。分配公平主要测量分销商与供应商交往中感觉到的付出和回报的对等程度，其中回报指广义的回报，包括货币化收益（如利润）和非货币化收益（如获得知识等）。分配公平的测量语项有"与该供应商做生意至今，所获得的报酬与投入的时间与金钱相比是公平的"、"双方的收入反映了双方承当的任务与责任"、"双方的收入反映了双方对于合作分销体系的贡献"、"双方的收入和双方已经完成的工作相适应"4 个语项。程序公平主要测量分销商感知供应商在制定合约、执行合约、分配成果时的政策的公平和连续使用的程度。程序公平测量的语项有"该供应商的决策程序是公平的"、"该供应商的分销政策与业界的标准一致"、"一般来说，该供应商制定的程序采用一贯的过程和政策"、"双方都可以对政策提出异议"、"该供应商对所有的分销商采取一视同仁的政策和决策程序"5 个语项。互动公平主要测量渠道边界人员在日常互动中感觉到的受重视和尊重的程度。互动公平的测量语项有"该供应商的业务人员对我们的态度是有礼貌的"、"在调整对我公司造成影响的政策时给予充分的解释"、"该供应商的业务人员对我们的权利表示关心"、"该供应商在改变渠道政策时，会听取我们的意见"4 个语项。

信任量表参考了 Morgan 和 Hunt（1994）、寿志钢等（2011）的研究，从"能力信任"、"品质信任"两个维度来测量。其中，能力信任包括"对于供应商的能力有信心"、"相信该供应商有丰富的专业知识"、"相信该供应商有足够的能力来提升本公司的绩效"3 个语项；品质信任包括"相信供应商是诚实经营的"、"相信该供应商不会损坏我们的利益"、"对该供应商的诚信有信心"、"觉得该供应商对待我公司是坦诚的"4 个语项。

关系学习量表借鉴了 Selnes 和 Sallis（2003）、王国才等（2011）的研究，从"信息分享、共同理解、专有关系记忆"三个维度来测量。其中，信息分享测量包括"双方会相互交流有关产品成功与不成功的经验"、"双方会相互交流有关最终消费者需求、偏好和行为变化的信息"、"当市场结构发生变化时（如合并、收购或联盟），双方会相互交流信息"、"双方会相互交流企业经营诀窍等方面的信息"4 个语项；共同理解测量包括"双方会经常成立联合工作小组一起分析探讨战略问题"、"双方的合作氛围总能促进许多建设性的会谈和讨论"、"双方会经常调整对本行业技术发展趋势的看法"、"双方会经常调整对终端顾客需求、偏好、行为等方面的看法"、"双方会经常成立联合工作小组一起解决一些业务问题"5 个语项；专有关系记忆测量包括"双方会经常评估双方签订的正式合同"、"双方会经常更新、修改双方签订的正式合同"、"双方会经常评估数据库中所储存的有关双方的信息"、"双方会经常更新数据库中所储存的有关双方的信息"4 个语项。

考虑到关系学习、信任还可能受到模型外其他因素的影响，而这些因素不是本研究关注的重点，本文把它们当作控制变量。这些控制变量有关系长度（RL）、市场不确定性（EU）和分销商学习导向（LO）。关系长度测量通过渠道交易双方建立关系的时间来反映，采取一个测量指标。市场不确定性是指行业环境的变化情况，以及企业是否能预测技术、竞争和终端购买行为等环境因素变化的程度。分销商的学习导向是指分销商崇尚学习、重视学习、愿意学习的程度，一般以学习承诺、思想开放性和共同愿景三方面来衡量（Sinkula，1994）。

3.3 共同方法偏差与量表的信效度

本研究的大部分数据是感知数据，为了应对共同方法偏差问题，首先采纳 Podsakoff 和 Organ（1986）的建议，每个潜变量都用多题项来测量，以防单一题项可能导致的共同方法偏差；（2）参照 Lindell 和 Whitney（2001）提供的特征变量评估技术，文章进行了相应的测试。在控制了特征变量的影响后，偏相关系数分析显示核心变量由共同方法引起的变化并不显著。这些说明本研究的共同方法偏差问题并不严重。

用 Amos20 软件对本研究中反应式量表做验证性因子分析，分析结果符合理论基本推定，表 2 给出了核心量表信度和验证性因子分析结果。各项指标都超过了临界值，模型的整体拟合度较好（拟合度指数 $\chi^2/df = 1.653$，RMSEA 值为 0.049，绝对拟合度指数 GFI、比较拟合指数 CFI、NNFI 指数分别为 0.96、0.97、0.94）。

表 2　　　　　　　　　　验证性因子分析、a 值、AV 值、复合信度

变量	题项	a 值	因子载荷	AV 值	复合信度	变量	题项	a 值	因子载荷	AVE值	复合信度
分配公平（DJ）	DJ$_1$		0.89			能力信任（AT）	AT$_1$		0.89		
	DJ$_2$		0.86				AT$_2$		0.71		
	DJ$_3$	0.896	0.82	0.695	0.901		AT$_3$	0.829	0.82	0.656	0.850
	DJ$_4$		0.76								
程序公平（PJ）	PJ$_1$		0.86			关系学习（RL）	RL$_1$		0.78		
	PJ$_2$	0.855	0.77	0.575	0.871		RL$_2$		0.83		
	PJ$_3$		0.75				RL$_3$		0.81		
	PJ$_4$		0.69				RL$_4$	0.921	0.80	0.593	0.950
	PJ$_5$		0.71				RL$_5$		0.68		
互动公平（IJ）	IJ$_1$	0.85					RL$_6$		0.82		
	IJ$_2$		0.76				RL$_7$		0.76		
	IJ$_3$	0.862	0.83	0.623	0.868		RL$_8$		0.73		
	IJ$_4$		0.71				RL$_9$		0.83		
品质信任（CT）	CT$_1$		0.87				RL$_{10}$		0.74		
	CT$_2$		0.80				RL$_{11}$		0.69		
	CT$_3$	0.875	0.81	0.650	0.881		RL$_{12}$		0.74		
	CT$_4$		0.74				RL$_{13}$		0.78		

模型拟合指数：$\chi^2/df = 1.653$；GFI = 0.96；CFI = 0.97；NNFI = 0.94；RMSEA = 0.049

在信度方面，除 RL$_5$、RL$_{11}$ 的因子载荷较低外，每个变量题项的因子载荷均大于 0.70，量表的 a 值和组合信度值均大于 0.70，说明测量指标内部一致性程度高，量表可

靠性程度高。

在效度方面，检验了收敛效度和判别效度。其中收敛效度的检验包含两个方面：(1)模型中所有题项的标准因子载荷均大于 0.5，且 p 值在 0.001 水平上显著；(2)各量表平均抽取方差(AVE)均大于 0.5，说明各个量表具有良好的收敛效度。区分效度的检验也分为两个方面，首先，在 95% 的置信区间内，模型中任意两个因子的相关系数不包含 1；其次，任意两个因子之间的相关系数比各自的 AVE 的平方根值都要小。本文检验的结果满足了上述要求，量表具有良好的判别效度(具体见表 3)。从信度和效度检验的结果看，本次调查所使用的问卷和收集到的数据具有非常良好的信度和效度。

表3 变量的描述性统计、相关系数和 AVE 的平方根

变量	均值	标准差	DJ	PJ	IJ	AT	CT	RL
DJ	5.03	2.39	**0.834**					
PJ	4.97	2.67	0.309*	**0.758**				
IJ	5.12	2.88	0.251**	0.298***	**0.789**			
AT	4.16	1.95	0.412**	0.009	0.195*	**0.806**		
CT	4.05	1.85	0.293**	0.255**	0.201*	0.169*	**0.810**	
RL	3.95	2.11	0.257**	0.087	0.215**	0.204**	0.253**	**0.770**

注：* 表示 $p<0.05$；** 表示 $p<0.01$；*** 表示 $p<0.001$；对角线上的数(粗体)为各变量 AVE 的平方根。

4. 假设检验与结果

本文假设检验里面有主效应变量(分配公平、程序公平、互动公平)、中介变量(能力信任、品质信任)和控制变量。为了达到检验效果，我们进行多元回归分析。本研究使用 SPSS22.0 软件，采用层次回归方法检验研究假设。为了降低多层共线性的影响，对模型中连续的自变量、中介变量、控制变量进行了均值中心化处理。

首先，为了检验公平感、信任对关系学习的直接影响(假设 H1a、H1b、H1c 和假设 H2a、H2b)，我们以分配公平(DJ)、程序公平(PJ)、互动公平(IJ)为自变量，关系长度(RL)、环境不确定性(EU)、分销商学习导向(LO)为控制变量，关系学习(RL)为因变量，对数据进行回归分析。结果如表 4 的 RL 回归模型所示。

从表 4 可以看出，在 RL 回归模型(Ⅱ)中，虽然 PJ 的系数($b=0.091$，$P>0.05$)不显著，但 DJ 的系数($b=0.215$，$P<0.001$)和 IJ 的系数($b=0.202$，$P<0.001$)显著，且加入 DJ、PJ 和 IJ 后，RL 回归模型(Ⅱ)较之于(Ⅰ)，F 值和调节后 R^2 都显著提高。假设 H1a、H1c 得到验证，假设 H1b 没有得到支持。而在 RL 回归模型(Ⅲ)中，AT 的系数($b=0.265$，$P<0.001$)和 CT 的系数($b=0.432$，$P<0.001$)显著，且加入 AT 和 CT 后，RL 回归模型(Ⅲ)较之于(Ⅰ)，F 值和调节后 R^2 都显著提高。假设 H2a、H2b 得到验证。

表4 　　　　　　　　　　　　　关系学习（RL）回归模型

变量	RL 回归模型		
	（Ⅰ）	（Ⅱ）	（Ⅲ）
RL	0.069	0.064	0.059
EU	0.196**	0.154*	0.128*
LO	0.413***	0.392**	0.277**
DJ		0.215***	
PJ		0.091	
IJ		0.202***	
AT			0.265***
CT			0.432***
F 值	9.137	15.148	18.439
调整后 R^2	0.323	0.415	0.496

注：* 表示 $p<0.05$；** 表示 $p<0.01$；*** 表示 $p<0.001$。

其次，为了检验渠道公平感对信任的影响（假设 H3a、H3b、H4a、H4b、H5a、H5b），我们分别以能力信任（AT）、品质信任（CT）为因变量，分配公平（DJ）、程序公平（PJ）、互动公平（IP）为自变量，关系长度（RL）、市场不确定性（EU）为控制变量，进行回归分析，结果如表5所示。从表5可以看出，在 AT 模型（Ⅱ）中，DJ 的系数（$b=0.395$，$P<0.001$）、PJ 的系数（$b=0.214$，$P<0.001$）、IJ 的系数（$b=0.287$，$P<0.001$）显著，且加入 DJ、PJ 和 IJ 后，AT 模型（Ⅱ）较之于（Ⅰ），F 值和调节后 R^2 都显著提高，假设 H3a、H4a、H5a 全部得到验证。在 CT 模型（Ⅱ）中，DJ 的系数（$b=0.167$，$P<0.01$）、PJ 的系数（$b=0.319$，$P<0.001$）、IJ 的系数（$b=0.266$，$P<0.001$）显著，且加入 DJ、PJ 和 IJ 后，CT 模型（Ⅱ）较之于（Ⅰ），F 值和调节后 R^2 都显著提高，假设 H3b、H4b、H5b 全部得到验证。

表5 　　　　　　　　　　　　　信 任 模 型

变量	AT 模型		CT 模型	
	（Ⅰ）	（Ⅱ）	（Ⅰ）	（Ⅱ）
RL	0.083	0.067	0.161*	0.104*
EU	0.079	0.191	0.072	0.061
DJ		0.395***		0.167**
PJ		0.214***		0.319***
IJ		0.287***		0.266***

变量	AT 模型		CT 模型	
	（Ⅰ）	（Ⅱ）	（Ⅰ）	（Ⅱ）
F 值	5.133	16.727	3.95	15.334
R^2	0.093	0.316	0.087	0.309

注：* 表示 $p<0.05$；** 表示 $p<0.01$；*** 表示 $p<0.001$。

第三，为了对信任中介作用进行检验（假设 H6a、H6b、H6c），我们采取了 Preacher 和 Hayes（2008）提出的 Bootstrap 方法。在本文中，为了检验能力信任（AT）、品质信任（CT）的中介作用，构建了 DJ-AT/CT-RL，PJ-AT/CT-RL，IJ-AT/CT-RL 三个模型，参照 Preacher 和 Hayes（2008）提出的多个并列的中介变量检验程序，进行中介检验。样本量设置 5000，选择 95% 的置信区间。检验程序具体如下：（1）查看中介效应 axb 置信区间是否包含 0，包含 0，则中介效应不显著；不包含 0，则中介效应显著。（2）重点关注以下信息：①两个中介变量（AT 和 CT）共同发挥中介作用的大小及其显著性；②在剔除某一中介变量的中介作用后，单个中介变量单独的中介作用大小及显著性；③比较单个中介变量各自的中介作用大小。

如表 6 所示，在模型 DJ-AT/CT-RL 中，AT 和 CT 两个中介变量共同发挥中介作用的置信区间（0.1836，0.3449），不包含 0，中介作用显著，其作用大小为 0.2626。在两个中介路径中，CT 的中介作用的置信区间（0.0247，0.1869），不包含 0，大小为 0.1047；AT 中介作用的置信区间（0.0780，0.2154），也不包含 0，大小为 0.1579。可见，能力信任和品质信任各自在分配公平感对关系学习的促进过程中的中介作用显著，且能力信任作用大于品质信任，假设 H6a 得到支持。同时，DJ-RL 的主效应置信区间（0.0317，0.1621），不包含 0，即分配公平对关系学习直接影响显著，这与上述回归验证假设 H1a 一致，因此 AT 和 CT 具有部分中介作用。在模型 PJ-AT/CT-RL 中，AT 和 CT 两个中介变量共同发挥的中介作用的置信区间（0.1878，0.3339），不包含 0，中介作用显著；在两个中介路径中，CT 的中介作用的置信区间（0.1423，0.3173），不包含 0，大小为 0.2264，而 AT 中介作用的置信区间（-0.0320，0.1169）包含 0，即中介作用不显著。因此，品质信任单独在程序公平促进分销商关系学习过程中的中介作用显著，而能力信任单独的中介作用不显著。而且 PJ-RL 的主效应置信区间（-0.0634，0.2051）包含 0，即程序公平对分销商关系学习没有直接的促进作用，这与上述回归验证假设 H1b 一致。可见 CT 在程序公平（PJ）对关系学习（RL）影响中存在完全中介作用，假设 H6b 得到验证。在模型 IJ-AT/CT-RL 中，AT 和 CT 两个变量共同发挥的中介作用置信区间（0.0933，0.2516）不包含 0，作用大小为 0.1738，中介作用显著；在两个中介路径中，CT 的中介作用的置信区间（0.1114，0.2535），不包含 0，大小为 0.1757，而 AT 中介作用的置信区间（-0.0764，0.0729）包含 0，即中介作用不显著。因此，品质信任单独在互动公平促进分销商关系学习过程中的中介作用显著，而能力信任单独的中介作用不显著，而且 IJ-RL 的主效应置信区间（0.0317，0.3085），不包含 0，即互动公平对分销商关系学习有直接的促进作用，这与上述回归验证假设 H1c 检验一致，可知 CT 在互动公平（IJ）对分销商关系学习（RL）影响中存在部分中介作用，假设 H6c 得到验证。

表6　　　　　　　　　　　　　信任中介作用的检验

能力信任（AT）和品质信任（CT）的并列中介效应的检验						
模型	DJ-AT/CT-RL		PJ-AT/CT-RL		IJ-AT/CT-RL	
	置信区间	作用大小	置信区间	作用大小	置信区间	作用大小
共同中介作用	(0.1836, 0.3449)	0.2626	(0.1878, 0.3339)	0.2628	(0.0933, 0.2516)	0.1738
AT 中介作用	(0.0780, 0.2154)	0.1579	(−0.0320, 0.1169)	0.0364	(−0.0764, 0.0729)	−0.0019
CT 中介作用	(0.0247, 0.1869)	0.1047	(0.1423, 0.3173)	0.2264	(0.1114, 0.2535)	0.1757
主效用作用	(0.0317, 0.1621)	0.1002	(−0.0634, 0.2051)	0.0565	(0.0317, 0.3085)	0.1777
检验结论	AT 和 CT 存在部分中介作用		CT 存在完全中介作用		CT 存在部分中介作用	

5. 结论、启示与局限性

5.1　相关结论

首先，渠道公平感对分销商的关系学习有显著影响。除假设 H1b 外，本研究的其他假设都得到了验证。具体而言，分配公平对分销商的关系学习有显著的直接影响，并且分配公平还通过能力信任、品质信任对分销商关系学习有显著的间接影响；互动公平对分销商的关系学习有显著的直接影响，并且互动公平通过品质信任对分销商关系学习有显著的间接影响；程序公平虽然对分销商关系学习没有显著的直接影响，但是程序公平通过品质信任对关系学习有显著的间接影响。在本研究中，程序公平对分销商关系学习行为直接影响的假设（H1b）没有得到验证，可能是因为程序公平并不能直接带来物质回报，也不能直接增进渠道边界人员感情和促进心理认同，这是造成渠道程序公平并不会直接影响分销商关系学习的原因。

其次，信任在渠道公平感对分销商关系学习影响中起着中介作用。具体而言，能力信任、品质信任在分配公平与关系学习之间起着部分中介作用；品质信任在程序公平与关系学习之间起着完全中介作用；品质信任在互动公平与关系学习之间起着部分中介作用。相对于能力信任，品质信任承当中介作用的路径更多。可见品质信任在渠道公平感对关系学习影响中更具有核心地位。

最后，互动公平是影响渠道关系学习的一个重要公平感维度。这表明本研究把公平感作为三维度结构，更能揭示渠道公平感的内涵。这也表明互动公平这一体现社会情感的公平因素从心理认同角度促进了渠道边界人员的关系学习。分配公平则从物质利益方面促进渠道成员的关系学习。虽然程序公平对关系学习的直接作用没有得到验证，但它对信任建立有制度保障作用，公平的交易程序和政策能彰显渠道成员的公正品质，因此，仍然可以通过促进品质信任来影响分销商的关系学习行为。

5.2 理论贡献与管理启示

本文以公平理论、信任理论和关系学习理论为基础，对渠道公平感采取了三维度建构，将渠道信任细分为能力信任、品质信任两维度，以分销商为样本，构建了渠道公平感影响分销商关系学习的路径和作用机理的模型，并验证了概念模型，研究成果在一定程度上弥补了渠道公平感影响关系学习的机制与路径研究的空白。具体而言有以下理论贡献：第一，本研究丰富了关系学习驱动因素的研究，以往渠道领域的学者虽然探索了关系学习的较多驱动因素，但是没有纳入渠道公平这一重要因素，而我们研究发现渠道公平确实对关系学习有重要影响，可见本研究丰富了关系学习驱动因素研究。第二，本研究深化了渠道公平感的研究，以往渠道公平研究中，多采取分配公平和互动公平二维度结构，而本研究采取了包括互动公平的三维度结构，而且发现互动公平是影响渠道关系学习的一个重要公平感维度。第三，本研究细化了渠道信任的研究，在本研究中，引入信任作为渠道公平感影响关系学习的中介变量，深入探索渠道公平感对关系学习的作用机制。

本文的研究成果对供应商如何通过公平交易关系激发分销商关系学习有以下几点启示。第一，供应商应该注重渠道分配公平感的培养。我们的研究发现，分配公平对分销商的关系学习行为既有显著的直接影响，又通过信任产生显著的间接影响。这说明经销商作为经济主体在物质利益方面的追求是显著的，而分配公平能在物质利益方面激励分销商的行为，可见供应商应该注重渠道分配公平感的培养来激励分销商的关系学习行为。第二，供应商还应该注重渠道互动公平的培养。研究发现，互动公平对分销商的关系学习行为既有显著直接影响，也有显著间接影响。这说明企业在进行渠道管理时，不能仅仅注重渠道成员"经济人"的假设，还应注重社会情感、人际互动等行为假设，要更立体对待渠道成员。企业要通过良好的人际互动，给予分销商（尤其是渠道边界人员）充分的尊重，通过公平礼遇来激发分销商的关系学习。第三，供应商应该注意能力信任和品质信任的区别，充分发挥各自渠道公平感对分销商关系学习行为的中介作用，其中尤其要发挥品质信任的作用。本文相关中介效用检验表明，相比能力信任，品质信任的中介作用更大，这启示企业进行渠道管理时要特别予以品质信任建设的重视。

5.3 局限性与未来研究方向

本文存在一定的局限性，这也构成未来的研究方向。首先，本文只从参与渠道交易关系的分销商一方收集收据，虽然这可以反映分销商的情况，但不能完全反映供应商方面的态度和行为，今后需要从供应商和分销商双方搜集数据，或者从其他行业采集渠道交易双边数据，才能更好地验证渠道公平对渠道关系学习的影响。其次，本文只考察了信任的中介作用，这虽然和以往大部分研究一样注重了信任在渠道治理中的重要性，但是否还有其他因素（如承诺）会中介渠道公平对关系学习行为的影响，这有待以后进一步的研究。最后，本文主要从二元关系视角来探索关系学习的驱动因素，由于渠道结构是网络化的，忽视了渠道关系的网络背景不足以全面理解渠道的行为(张闯,2014)。因此以后有必要突破二元关系视角来探索渠道关系学习的促进因素。

◎ 参考文献

[1]陈健,顾新,吴绍波.知识网络公平影响知识网络绩效的机理与途径研究[J].情报杂志,2011,30(6).

[2]丁学勤.公平性对通路关系质量影响之研究[D].台湾:国立成功大学博士论文,2003.

[3]韩斌,蒋青云.关系学习对渠道绩效的影响:基于连续谈判模型[J].管理科学,2014,27(1).

[4]蒋青云.营销渠道的"学习范式"研究[D].上海:复旦大学博士学位论文,2007.

[5]钱丽萍,杨翩翩.渠道关系中公平和知识转移间的关系研究[J].科学管理研究,2010,28(10).

[6]寿志钢,朱文婷,苏晨汀.营销渠道中的行为控制如何影响信任关系——基于角色理论和公平理论的实证研究[J].管理世界,2011,217(10).

[7]王国才等.营销渠道中双边专用性投资对合作创新绩效影响的实证研究[J].南开管理评论,2011,14(6).

[8]王辉,张广玲,詹志方.营销渠道中的冲突与合作如何影响关系学习[J].经济管理,2013,515(11).

[9]夏春玉、田敏、张闯.契约型农业中私人关系对投机行为的影响:农户感知公平的作用[J].北京工商大学学报,2015,30(1).

[10]徐搏,刘人境,刘林林.社会互动能否促进知识共享[J].西安交通大学学报,2014,34(5).

[11]张闯.社会网络嵌入与渠道行为:理论与实证[M].北京:北京大学出版社,2014.

[12]庄贵军,席酉民.中国营销渠道中私人关系对渠道权力使用的影响[J].管理科学学报,2004,7(6).

[13]Adams, J. S. *Inequity in social exchange*:*Advances in experimental social psychology*[M].New York:Academic Press, 1965.

[14]Anderson, James, A. Narus. A model of distributor firm and manufacturer firm working partnerships[J]. *Journal of Marketing*, 1990, 54(1).

[15]Bies, R. J., Morg, J. S. *Interactionai on in negotiations organizations*[M]. Greenwich, CT:JAI Press, 1986.

[16]Das, T. K., Teng, B. S. Trust, control and risk in strategic alliances:An integrated framework [J]. *Organization Studies*, 2001, 22 (2).

[17]Dodgson, M. Organizational learning:A review of some literatures [J]. *Organization Studies*, 1993, 14(4).

[18]Doney, P. M., Cannon, J. P. An examination of the nature of trust in buyer-seller

relationships[J]. *Journal of Marketing*, 1997, 61 (2).

[19] Dwyer, F. Robert, Paul H. Schurr, et al. Developing buyer-seller relationships [J]. *Journal of Marketing*, 1987, 51(2).

[20] Griffith, D. A. , Harvey, M. G. , Lusch, R. F. Social exchange in supply chain relationships: The resulting benefits of procedural and distributive justice[J]. *Journal of Operations Management*, 2006, 24(2).

[21] Kumar, N. , Scheer, L. K. Steenkamp, J. B. E. M.. The effects of supplier fairness on vulnerable resellers [J]. *Journal of Marketing Research*, 1995a, 32 (1).

[22] Lai, C. , et al. The effects of market orientation on relationship learning and relationship performance in industrial marketing: The dyadic perspectives [J]. *Industrial Marketing Management*, 2009, 38(2).

[23] Lindell, M. K. , Whitney, D. J. Accounting for common method variance in cross-sectional research designs[J]. *The Journal of Applied Psychology*, 2001, 86(1).

[24] Lind, E. A. , Tyler, T. *The social psychology of procedural justice*[M]. New York: Plenum Press, 1987.

[25] Liu, Y. , Huang, Y. , Luo, Y. , et al. How does justice matter in achieving buyer-supplier relationship performance? [J]. *Journal of Operations Management*, 2012, 30(5).

[26] Luo, Y. D. The independent and interactive roles of procedural, Distributive, and interactional justice in strategic alliances [J]. *Academy of Management Journal*, 2007, 50 (3).

[27] Mayer, R. C. , Davis, J. H. , Schoorman, F. D. An integrative model of organizational trust[J]. *The Academy of Management Review*, 1995, 20 (3).

[28] Man, A. P. D. , Duysters, G. Collaboration and innovation: A review of the effects of mergers, acquisitions and alliances on innovation[J]. *Strategic Direction*, 2006, 25(5).

[29] McAllister, D. J. Affect- cognition-based trust as foundations for interpersonal cooperation in organizations[J]. *Academy of Management Journal*, 1995, 38(2).

[30] Mitchell, P. , Reast, J. , Lynch, J. Exploring the foundations of trust [J]. *Journal of Marketing Management*, 1998, 14(2).

[31] Morgan, R. M. , Hunt, S. D. The commitment-trust theory of relationship [J]. *Journal of Marketing*, 1994, 58(3).

[32] Moorman, C. , Zaltman, G., Deshpande, R.. Relationships between providers and users of market research: The dynamics of trust within and between organizations [J]. *Journal of Marketing Research*, 1992, 29 (29).

[33] Podsakoff, P. M, Organ, D. W. Self-reports in organizational research: Problems and prospects [J]. *Journal of Management*, 1986, 12(4).

[34] Pruitt, D. G. *Negotiation behavior*[M]. New York: Academic Press, Inc, 1981.

[35] Preacher, K. J. , Hayes, A. F. Asymptotic and resampling strategies for assessing and comparing indirect effects in multiple mediator models [J]. *Behavior Research Methods*,

2008, 40（3）.

［36］Roy, S. , Sivakumar, K. , Wilkinson, I. F. Innovation generation in supply chain relationships: A conceptual model and research propositions［J］. *Journal of the Academy of Marketing Science*, 2004, 32（1）.

［37］Samaha, S. A. , Palmatier, R. W. R. P. Poisoning relationships: Perceived unfairness in channels of distribution［J］. *Journal of Marketing*, 2011, 75（5）.

［38］Selnes, F. , Sallis, J. Promoting relationship learning［J］. *Journal of Marketing*, 2003, 67（3）.

［39］Sinkula, J. M. Market information processing and organization learning［J］. *Journal of Marketing*, 1994, 62（7）.

［40］Thibaut, J. , Walker, L. *Procedural Justice*［M］. Erlbaum, Hillsdale, NJ, 1975.

［41］Yilmaz, C. , Sezen, B. , Kabaday, E. T. Supplier fairness as a mediating factor in the supplier performance-reseller satisfaction relationship［J］. *Journal of Business Research*, 2004, 57（8）.

The Path of the Channel Fairness Influencing the Distributor's Relationship Learning

Zhan Zhifang[1]   Wang Hui[2]

（1　HuNan University of Commerce, ChangSha, 410205;

2　HuNan University of Chinese Medicine, ChangSha, 410208）

Abstract: The past research has focused on exploring driving factors of relationship learning. The channel fairness has an important influence on channel behaviors, while the scholars in the past on channel have not studied the effects of the Channel fairness on the Distributor's Relationship Learning. This paper studies specially the path of the Channel fairness Influencing the Distributor's Relationship Learning in order to compensate for the lack of existing research. In this study, the distributor's justice perception is divided into three dimensions: distributive fairness, procedural fairness and interactive fairness, as the antecedent variables, the relationship learning as outcome variable, in addition, the trust as mediator. The results of this study show that: distributive fairness, interactional fairness of distributors not only have a direct impact on its relationship learning but also indirect effect on its relationship learning through trust; while the procedural fairness has only a significant indirect effect on the distributor's Relationship Learning through trust. Trust plays an intermediary role in the relation between channel fairness and distributor's Relationship Learning, so it becomes a significant path between Channel fairness and distributor's Relationship Learning. The research conclusion can provide reference for enterprises to stimulate distributors' relationship learning through fair trade relations.

Key words: Channel fairness; Relationship learning; Trust

专业主编：曾伏娥

混搭产品的混搭方式对消费者
购买意愿的影响研究
——以感知创新和感知侵扰为中介*

● 李　晓[1]　党毅文[2]

(1，2　武汉大学经济与管理学院　武汉　430072)

【摘　要】混搭产品是指使用功能不发生改变，通过融入不同文化、个性和风格创新而成的产品。在竞争日益激烈的市场环境下，通过跨界合作、异业联盟等方式推出混搭产品已经成为企业对产品进行创新升级的常用手段。

根据心理语言学中双重加工理论，合成词的语意解释策略分为关系连接和属性映射两种。本研究将以上解释策略应用到混搭产品的混搭方式的研究中，并进一步利用感知创新和感知侵扰理论对混搭方式影响消费者混搭产品购买意愿进行了探索。结果表明：混搭方式会影响消费者的混搭产品购买意愿。属性映射式混搭比关系连接式混搭更能促进消费者的购买意愿，更容易唤起消费者的感知创新，且感知创新在混搭方式对消费者的购买意愿的影响中起部分中介效应；而关系连接式混搭更容易唤起消费者的感知侵扰，感知侵扰在混搭方式对消费者的购买意愿的影响中起部分中介效应。感知创新和感知侵扰共同起到完全中介效应。以上结果不仅对深化和完善混搭产品研究，感知创新和感知侵扰理论具有重要的理论意义，而且对于指导企业正确认识不同混搭方式，利用混搭的优势增强营销效果具有重要的实践意义。

【关键词】混搭产品　感知创新　感知侵扰　双重加工理论　购买意愿

[中图分类号]F273　　[中图分类号]A

1. 引言

文化混搭(cultural mixing，CM)是指在同一时间和空间，两个或以上不同的文化传统，通过它们的载体，同时呈现在我们的眼前(Chiu et al.，2009；杨宜音，2015)。自从混搭现象被提出以来，该现象在各种社会学情境中已经得到了深入的探讨，如，全球本土化

---

* 通讯作者：李晓，E-mail：lix@ whu. edu. cn。

（glocalization）、农村都市化（rurbanization）等课题的研究。营销学界对于混搭现象的关注起源于全球营销。随着全球化进程的加剧，混搭变得更加普遍（Chiu et al.，2011），这也使得混搭现象广泛见诸日常的营销实践中。在使用功能不改变、不增减的前提下，同时空呈现不同文化、个性和风格的混搭产品也变得越来越常见。有趣的是，虽然企业极力推崇混搭创新，但总体而言混搭产品正面临着毁誉参半的评价。消费者对部分混搭产品青睐有加，而个别混搭产品至今饱受争议甚至遭到排斥。然而，现有关于营销情境中混搭现象的文献主要从消费者"个体"视角探讨他们对混搭现象的不同反应（如，Torelli et al.，2011；Chiu et al.，2011；Cheng et al.，2011；Chao et al.，2007）。鉴于从文化因素出发同样有助于理解混搭所带来的毁誉参半的现象，发现更多提升混搭产品评价的可操作的方法，同时丰富文化因素或混搭方式影响混搭现象、混搭产品的研究文献（如，彭璐珞，2013）。因此，本文将从文化因素角度考虑，识别出消费者对不同混搭方式的混搭产品的购买意愿差异。

现有关于文化混搭认知机制的相关研究表明，消费者感知创新会对混搭产品的接受度和购买决策产生重要的正向影响（彭璐珞，2013；Chiu & Kwan，2010）。综合研究视角和认知机制，本文的研究问题可以进一步明确为究竟什么样的混搭方式可以唤起消费者的感知创新呢？为了对这一问题做出解释，本研究引入心理语言学中双重加工理论（Wisniewski，1996）。该理论认为，对概念组合采用不同的解释策略会导致个体对概念组合的不同认知。关系连接解释策略下，概念组合的意义往往由概念中所含场景之间关系加工而成，更多的是对组合中某一概念的补充解释；而属性映射解释策略下，通过对两个组成概念的属性进行对位比较，找出概念间的共性和差异，然后以符合一般认知逻辑的方式把其中一个概念所指事物的某一属性投射到另一个概念上。该种解释策略下，个体往往形成了关于概念组合的新的心理表征。本文借鉴双重加工理论对两种解释策略的界定，同时参考 Swaminathan 等（2015）将双重加工理论应用至品牌联盟关系中的研究，将双重加工理论中两种解释策略与现有营销实践中产品所采用混搭方式相对应。具体而言，关系连接混搭下，不同文化的多元共存，通过对某一文化不同特征维度的补充建立文化因素间的关联，关系连接式混搭是一种类似"拼盘"的混搭方式；属性映射式混搭下，不同文化因素经过转化、创新或内涵地再诠释，实现了产品在含义、故事、情感或者文化特质上的混搭融合，甚至会产生一种全新的文化体验。符合不同解释策略的混搭方式有可能对消费者感知创新产生不同的影响，从而导致其在混搭产品购买意愿上的差异。因此，套用不同解释策略的混搭方式（属性映射 vs 关系连接）很可能通过感知创新的中介作用对消费者混搭产品的购买意愿产生影响。

此外，除了感知创新的作用机制，现有文献还指出混搭造成的侵扰性感知对于消费者的情绪、购买意愿等存在负向影响力（Cheng et al.，2011；Morris et al.，2011）。研究表明，感知侵扰是一种对消费者原有认知或行为造成侵扰从而引发的心理感受（Ha，1996；Edward et al.，2002；Hegner & Pruyn，2013），会给消费者带来消极认知和情绪（Rodgers & Thorson，2000），进而负向影响他们的态度和行为（Logan，2013；Rettie，2001；Varnali，2014）。那么，不同混搭方式是否会影响个体感知侵扰的生成并进而影响消费者的购买意愿呢？以双重加工理论为基础，我们认为，关系连接混搭方式下，一方面消费者的认知与原有习惯不同，另一方面，他们需要借助自身经验、背景知识等对文化因素间关系进行加工，从而被迫进入了深加工的认知模式，两者结合唤起了较强的消费者感知侵扰；而当产品采用的是属性映射式混搭时，虽然也会伴随一定的认知负担，但该种混搭下，产品经对位比较、属性投射，往往形成符合逻辑的新的心理表征，产品通常被解读为对符合传统观念的文化的推陈出新，被认为有存在价值，因而感知侵扰程度较弱（Pasadeos，1990；Ducoffe，1995，1996），购买可能性较高。

混搭同时引发的感知创新和感知侵扰让消费者对混搭产品的评价和购买决策更为复杂，甚至可能引起消费者放弃购买的行为，从而导致企业混搭创新的活动产生事与愿违的后果。但遗憾的是，目前国内外对混搭产品的消费者认知机制缺乏整合性研究，不仅影响混搭的理论发展，也影响企业文化产品设计、营销活动等实践。综上所述，本研究在对混搭方式进行分类的基础上，进一步利用感知创新和感知侵扰理论对混搭方式影响消费者混搭产品购买意愿进行研究。研究结果不仅对完善混搭产品研究、感知创新和感知侵扰理论等有重要的理论意义，而且对企业正确理解混搭现象、进行混搭产品设计及营销推广有重要的实践意义。

2. 相关研究述评及研究假设

2.1 双重加工理论与混搭方式

社会心理学认为，文化混搭是指同一时空内两种或以上不同文化，通过它们的载体，同时呈现在我们的眼前（Chiu et al.，2009）。营销学界对于混搭现象的关注起源于全球营销。随着全球化进程地加剧，不同文化汇聚一堂，令本来已非常普遍的混搭变得更加普遍（Chiu et al.，2011），这也使得混搭现象广泛见诸日常的营销实践中。关于文化混搭的影响及认知，在社会心理学中已经有了较为广泛的研究。然而，在营销研究中，混搭对于消费者认知和行为的影响依旧处于探索阶段。现有营销研究多从个体层面和文化层面来分析混搭现象。个体层面，文化认同（Chiu et al.，2011；Cheng et al.，2011）、文化价值观（彭璐珞，2013；Rosenthal，2011）以及认知需求（Torelli et al.，2011）等因素都会影响个体对混搭的态度；文化层面的现有研究主要涉及文化因素本身（彭璐珞，2013）及文化间关系（Jia et al.，2011；Li，2013）。然而，即便考虑个体差异，不同混搭产品的市场反应却千差万别。因此我们认为，从"文化"视角出发，讨论不同混搭方式同样有助于理解混搭所带来的毁誉参半的现象。

心理语言学中关于概念组合（conceptual combinations）的研究旨在理解人们如何为新的合成词赋予意义。双重加工理论（dual-process theory）是概念组合研究中发展较为成熟且具备较强系统性的一套解释模型。wisniewski（1996）关于双重加工理论的研究发现，个体对合成词意义的理解取决于其选取的解释策略是"关系连接"（relation-linking）还是"属性映射"（property mapping），而合成词最终的意义依情况而定。该过程受到组成概念相似性的影响，因为相似的概念共享了许多属性，所以更可能导致属性的交集，而不相似的概念更可能使用关系加工。举例而言，合成词如"象马"（elephant horse）更可能导致属性理解（一

149

匹体积庞大的马），而"象盒"（elephant box），则更可能导致关系理解（一只用来装大象的盒子）。因为相似的概念共享了许多维度（四条腿，相似的体型等），因而更容易将某一属性映射到另一属性上来完成组合，从而产生新的语义。

Wisniewski（1997）更为详尽地论述了以上两种解释机制：个体在理解某些合成词时，会涉及"场景构建"（scenario creation）和"结构对位"（structural alignment）两种独立的认知机制，并由此产生对概念组合的两种不同解释策略（张少林等，2012）。第一种是由场景构建认知机制产生的关系连接解释。关系连接解释通过场景间的槽道填充（Slot-filling）关系产生，即用修饰词填充主名词的一个预设槽道获得概念之间的关系；一旦槽道被填充，人们就利用一般世界知识来精细加工形成组合概念。这与概念特殊化理论的观点十分类似。根据 Wisniewski（1997）的观点，以合成词"公寓犬"（apartment dog）为例，如果"公寓"（apartment）修饰的是概念"犬"（dog）的栖息地（habitat）维度，人们则通过"栖息地"维度在"公寓"和"犬"概念间建立关联，并将"公寓犬"理解为"生活在公寓内的犬种"时，这种策略就符合关系连接解释；第二种解释是由结构对位认知机制产生的属性映射解释。双重加工理论认为，属性映射是图式比较的结果。根据 Markman 和 Gentner（1993）的观点，个体进入"结构对位"的认知机制时会输出概念组合的三种特性，以合成词"斑马线"（zebra crossing）为例，第一种特性为概念间共性，例如斑马和路口的人行横道线都有条纹；第二种特性为与共性相关的差异，也称对位差异（alignable differences），如斑马条纹是黑白相间，而人行横道线是平行的白实线；第三种特性为与共性无关的差异，即非对位差异（nonalignable differences），例如斑马有生命，人行横道线没有等。通过对两个组成概念的属性进行对位比较，找出它们之间的共性和差异，然后以符合一般认知逻辑的方式把其中一个概念所指事物的某一属性投射到另一个概念上，形成新的心理范畴表征，这种策略就符合属性映射解释。正如合成词"斑马线"中，将斑马具备黑白相间条纹的属性投射到路口概念上，形成了既不同于"斑马"也不同于"路口"的新的概念意义斑马线——由类似斑马条纹的平行白实线组成的路口的人行横道线。

双重加工理论除了广泛应用于心理语言学中关于概念组合的研究中，近期也被营销研究引用至杂合产品的评价和品牌延伸等课题的讨论中。在杂合产品的评价问题上，Rajagopal 和 Burnkrant（2009）研究指出，根据双重加工理论，消费者对于杂合产品的信息处理模式可以分为关系连接解释和属性映射解释两类。关系连接解释框架下的消费者更关注杂合产品中的核心属性，而属性映射解释框架下的消费者更关注杂合产品中的边缘修饰属性，同时不同的解释框架下，消费者对杂合产品态度的预测因子也存在差异。类似的，在品牌延伸研究中，为了更好地理解消费者对于属性互补或属性相似的品牌联盟关系的评价和反应，Swaminathan 等（2015）也引入了概念组合中双重加工理论。他们将双重加工理论应用到品牌联盟的情境中，并指出存在与双重加工理论中两种策略对应的品牌联盟关系解释。对应属性解释策略，消费者将品牌联盟关系理解为某一品牌伙伴的主要属性投射到另一品牌上；而与关系连接策略相对应的品牌联盟关系中，消费者更多地想到两个联盟的品牌是如何产生关联的。六项实验研究结果表明：采用的概念组合解释策略（属性映射或关系连接）和品牌联盟拥有的是互补抑或相似属性都会对消费者评价产生作用。

双重加工理论本身是关于概念组合的解释策略，而两种概念的组合与两种文化的混搭，在情境上具有某种程度的相似性。且双重加工过理论在营销研究中已经得到了充分的关注和讨论，具备一定的适应性。因此，本文借鉴 Swaminathan 等（2015）的研究，将双重加工理论中两种解释策略与现有营销实践中产品所采用的混搭方式相对应。具体而言，双重加工理论中将关系连接策略解释为合成概念的意义通过构建的场景间的槽道填充关系连接产生。这种解释策略符合我们对部分文化混搭产品设计理念的认知：将 A 文化元素（场景 1）以并置共存的形式填充至（槽道填充）包含 B 文化元素（场景 2）的产品中，形成两种文化元素在同一产品中共存的混搭效果。关系连接混搭方式下，消费者在混搭产品中既感受到 A 文化又感受到 B 文化，同时清楚地了解 A、B 文化之间的边界和关联。在包含 B 文化元素的产品中，A 文化是对 B 文化现存某些方面的一种补充。如 Nike "福发" 定制款鞋，就是将中国 "福" 和 "发" 等喜庆文化元素加入 Nike 运动时尚的品牌文化中，是对 Nike 品牌文化补充以中国喜庆文化元素而最终形成的混搭效果；而属性映射策略则可以解释为合成概念的意义基于组合概念属性的对位比较，并将某概念的对位属性投射至另一概念上，从而形成的新的心理范畴表征。这种解释策略也符合我们对另一部分文化混搭产品设计理念的认知：将 A 文化元素所含象征（概念属性）提取并融入（映射）至包含 B 文化元素（概念）的产品中，两种文化经过转化、创新或内涵地再诠释，实现了在产品的含义、故事、情感或者文化特质上的混搭融合。所以通常情况下，消费者可以感受到产品中存在的不同文化，但文化的边界是不清晰的，甚至会产生一种既不同于 A 文化也不同于 B 文化的创新文化体验（新的心理表征）。属性映射混搭下，很难说 A 文化是对 B 文化现存某些维度的补充，而是 A 文化的某种象征或属性投射到包含 B 文化的产品中，从而产品有了新的风格或体验。比如，Nike "阴阳" 定制款鞋，就是将中国阴阳文化中相反相依的理念融入 Nike 运动时尚的品牌文化中，产品最终具备阴阳文化和原 Nike 品牌文化中都不具有的同款但不同色的鸳鸯鞋风格。根据以上比较，本研究将以双重加工模型中不同解释策略为参照，将产品的混搭方式区分为两类，分别是关系连接式混搭和属性映射式混搭。

同时，彭璐珞（2013）研究证实，当文化混搭发生在物质性领域时，消费者大多可以感受到企业创造的 "新鲜乐趣"，因而对混搭现象喜闻乐见。现有关于消费者视角的创新研究也充分认可消费者感知创新性对品牌态度和购买意愿的正向影响力（Dahl & Morear，2002）。因此，消费者感知创新会对混搭产品的评价和购买意愿产生积极的影响。而消费者感知创新是消费者对产品新颖性和创新意义的主观感知和判断，其实质是产品所带来的新的、有意义的体验，或者新的、合乎逻辑的心理表征。那么，究竟采用什么类型混搭方式的产品能给消费者带来新的、有意义的体验，或者新的、合乎逻辑的心理表征呢？

虽然以往文献并未直接谈论产品的混搭方式与消费者感知创新甚至购买意愿之间的关系，但相关研究结论为本文奠定了基础。依据前文对于混搭方式的讨论，关系连接混搭方式下，消费者在混搭产品中既感受到 A 文化又感受到 B 文化，同时清楚地了解 A、B 文化之间的边界和关联。关系连接式混搭是一种类似 "拼盘" 的混搭方式，这类混搭通常不强调文化因素之间的互动以及混搭造就的特殊含义，而突出不同文化的多元共存，通过某一文化不同特征维度的补充建立文化因素间关系；而属性映射混搭方式下，消费者可以感受到产品中存在的不同文化(A文化和B文化),但A和B经过转化、创新或内涵地再诠释,实现了产品在含义、故事、情感或者文化特质上的混搭融合,甚至会产生一种既不同于A文化也不同于B文化的创新文化体验(新的心理表征)。属性映射式混搭下,不同文化因素经交流、互动、协调,各文化因素不再具备独立性,出现了类似费孝通(1999)提出的"多元一体"文化格局。最典型的属性映射式混搭产物如中华民族的龙图腾,"角似鹿、头似驼、眼似兔、项似蛇、腹似蜃、鳞似鱼、爪似鹰、掌似虎、耳似牛"①,各元素协调整合创造出新符号。因此,通过不同文化融合互补以及内涵的重新诠释,属性映射式混搭模糊了文化因素的边界,形成了一个有机整体。考虑到属性映射式混搭的良好协同效应(Chiu et al.,2013;杨宜音,2015),消费者更容易对采用该类混搭方式的产品形成创新认知,并较少地感受到"类别侵犯",因而也具有较高的购买意愿。据此,本研究提出如下假设:

H1:混搭产品的混搭方式(关系连接式 vs 属性映射式)影响消费者的购买意愿。即采用属性映射式混搭比采用关系连接式混搭更能促进消费者购买意愿。

2.2 感知创新

感知创新(perceived innovation,PI)是消费者对新产品创新性的一种主观感知和判断(Lowe & Alpert,2015;Vogt,2013)。已有研究表明,感知创新会显著提升产品质量感知(Ho & Tsai,2011)、新产品功能价值感知(Lowe & Alpert,2015),进而影响消费者的品牌态度和购买意愿(Dahl & Morear,2002)。

Tadmor等(2009)研究发现,异质文化的同时空呈现会让消费者产生创新的感知;Chiu & Kwan(2010)研究认为,在文化领域里,将看似没有关联的思想糅合在一起,常常会产生创新的效果。彭璐珞(2013)的研究同样证实了,当文化混搭发生在物质性领域时,企业通过混搭,借鉴不同文化元素的优势并加以应用,消费者可以感受到企业创造的"新鲜乐趣"。混搭唤起消费者的感知创新的主要原因在于,相对仅包含同一文化的常规产品而言,异质文化的同时空呈现会在一定程度上增强人们对文化差异的感知,同时往往有助于人们打破思维惯式,从而引发了个体创新的认知(Tadmor et al.,2009)。因此,混搭会引发消费者的创新感知。

但是,不同文化混搭方式引发的消费者感知创新也是不一样的。当产品采用关系连接式混搭时,首先,尽管异质文化的同时空呈现会让消费者产生创新的感知(Tadmor et al.,2009),但关系连接混搭下,通过对某一文化的某一维度补充解释,两种文化建立关联,形成多元文化并置共存的局面。这一过程中,并没有不同于现存文化元素的新表征、新体验产生。同时,简单、界限分明的文化填充和堆叠,容易让混搭产品看起来"不伦不类",这种不舒适的"怪异"感,会弱化消费者对关系连接型文化混搭产品的创新评价;而当产品采用属性映射式混搭时,多种文化因素交会、融合,形成了新的心理表征。此时,混搭不仅被视为一种别出心裁的创意,甚至可以成为一种灵感来源、一种富于启发性的心智资源(彭璐珞,2013),因而我们认为属性映射式混搭唤起了更高的消费者感知创新。同时,

---

① 费孝通.中华民族多元一体格局(修订本)[M].北京:中央民族大学出版社,1999:313-321.

研究大多充分认可感知创新对消费者的品牌态度和购买意愿存在正向影响力（Dahl & Morear，2002）。而 Voss 等（2003）的研究也表明，针对产品非功能性的创新也可以提升消费者的享乐态度，如若符合消费者预期，也会促进消费者的购买意愿。据此，本研究提出如下假设：

H2：在文化混搭方式中，属性映射式混搭比采用关系连接式混搭更容易唤起消费者的感知创新。

H3：面对不同混搭方式时，感知创新正向影响消费者对混搭产品的购买意愿，并在混搭方式和消费者对混搭产品购买意愿的关系之间起中介作用。

2.3 感知侵扰

Edwards 和 Lee（2002）提出了感知侵扰（perceived intrusiveness，PI），认为侵扰性感知是对个体原有认知或行为造成扰乱而引发的心理感受（Clee & Wicklund，1980）。研究表明，除了弹出式广告，触发感知侵扰的还有未经请求的推荐或建议（Lee & Lee，2009）、包含过多个人信息或偏好的个性化广告（Baek & Morimoto，2012）以及渠道和信息框架（Godfrey，2013；Quick et al.，2015）等等。

随着消费者决策思维惯性的打破（Tadmor et al.，2009），混搭带来的紧张、焦虑等负面情绪也开始发挥效力，个体会被迫进入一种更为深入的文化差异加工认知模式（Cheng et al.，2011）。Morris 等（2011）也提出，混搭产品看起来"不伦不类"，违背了人们维持事物类别的本能。因此，文化混搭与侵扰性感知相生相随。而不同的信息框架带来的"威胁"程度不同，个体感知侵扰存在差异（Quick et al.，2015）。不同混搭方式下，消费者的感知侵扰也是不同的。当产品采用关系连接式混搭时，各文化多元并存，消费者容易产生文化距离感知（Torelli et al.，2011）。而在此双文化展露效应下，消费者负面情绪容易被触发（Cheng et al.，2011），甚至产生回避、拒斥甚至攻击等行为（Ginges et al.，2007）。当产品采用属性映射式混搭时，文化产品已经完成了思想理念等抽象层次的转化和创新，该种文化混搭通常被解读为对文化的推陈出新，甚至是一种灵感来源，因而个体感知侵扰度降低，从而对产品持相对积极开放的态度。综上所述，我们认为关系连接式文化混搭让消费者有更高的感知侵扰。同时，感知侵扰会给消费者带来消极认知和情绪（Quick et al.，2015），并影响他们对品牌的评价（MacKenzie & Lutz，1986），甚至导致个体刻意规避的行为（Speck & Elliott，1997）。因此，本研究提出如下假设：

H4：混搭方式中，采用关系连接式混搭比采用属性映射式混搭更容易唤起消费者的感知侵扰。

H5：在面对不同混搭方式时，感知侵扰负向影响消费者对混搭产品的购买意愿，并在混搭方式和消费者混搭产品购买意愿的关系之间起中介作用。

2.4 概念框架

综合以上研究假设，我们提出本研究概念框架模型（如图 1 所示）。下面通过 3 个实验分别验证 5 个研究假设和整个概念框架模型。

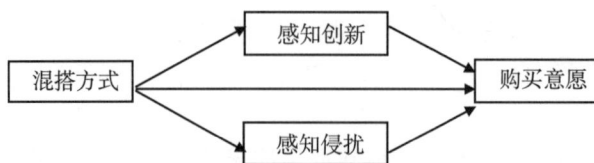

图 1　概念框架图

3. 实验操作和假设检验

3.1　预实验

预实验的目的包括两项：选择合适的实验商品以及检验混搭方式的差异性（是/否关系连接式混搭、是/否属性映射式混搭），具体实验过程如下：

（1）选择合适的实验商品。通过网络分发 20 份测试问卷，问卷中依次向被试展示一张书签、一份甜品和一双鞋的商品图，让被试评价以上商品的吸引力、该类产品历史消费频率高低和商品的预期价格可授受程度。实验结束后，对数据进行分析发现：在吸引力上，鞋、书签和甜品的均值分别为：4.60、3.00 和 3.95，标准差分别为 1.19、1.65 和 2.31；在该类产品历史消费频率高低上，鞋、书签和甜品的均值分别为：4.30、2.70 和 3.10，标准差分别为 1.03、1.30 和 1.41；而在预期价格可接受程度上，鞋、书签和甜品的均值分别为：4.95、5.15 和 3.75，标准差分别为 1.19、0.88 和 0.91。

综合吸引力、消费频率高低以及预期价格可接受程度，本研究认为鞋最适合用于测试，因为鞋满足消费的广泛性，又能在一定程度消除价格因素对于实验结果的影响。

（2）进行混搭方式差异性检验。根据定义，文化混搭（cultural mixing，CM）是指在同一时间和空间，两个或以上不同的文化传统，通过它们的载体，同时呈现在我们的眼前（Chiu et al.，2009；杨宜音，2015）。而借鉴 Wisniewski（1996，1997）双重加工理论中两种解释策略，本文对两种文化元素以何种混搭方式呈现进行了更为细致的区分。关系连接式混搭主张将某种文化元素以简单并置共存的形式填充至包含另一种文化元素的产品中，形成两种文化元素在同一产品中共存的混搭效果。本文通过 3 个题项来测量："我可以从该产品中感受到两种不同文化？""我可以将该产品中的两种不同文化因素明确地区分出来？""该产品中两种文化独立存在，且没有碰撞出某种新的文化体验？"属性映射式混搭主张将某种文化元素映射至包含另一种文化元素的产品中，两种文化经过转化、创新或内涵地再诠释，实现了在产品的含义、故事、情感或者文化特质上的混搭融合甚至创新。本文通过 3 个题项来测量："我可以从该产品中感受到两种不同文化？""我觉得该产品中的两种不同文化因素很好地实现了融合？""该产品中两种文化因素融合共生，撞击出了某种新的文化体验？"采用的是 1~7 点的记分方式测量消费者对实验产品采用关系连接式/属性映射式混搭的认可程度（1 表示完全不认同，7 表示完全认同）。

在是/否关系连接式混搭组中，招募 30 名被试，并给被试分别呈现某外国运动品牌中国年"福、发"定制款运动鞋(组 A：关系连接式混搭组)和同品牌经典款运动鞋(组 B：对比组)，继而让被试评定产品采用关系连接式混搭的认可程度。结果显示 A 组材料传达了更高程度的关系连接式混搭，$M_A = 4.83$，SD = 0.92；$M_B = 3.28$，SD = 1.15；且差异显著 $t(29) = 5.55$，$p<0.01$。同理，是/否属性映射式混搭实验组中，招募 28 名被试，并给被试分别呈现某外国运动品牌中国阴阳文化定制款运动鞋，(组 C：属性映射式混搭组)和同品牌经典款运动鞋(组 B：对比组)，继而让被试评定产品采用属性映射式混搭的认可程度。结果显示 C 组材料传达了更高程度的属性映射式混搭，$M_C = 4.76$，SD = 0.90；$M_B = 3.31$，SD = 1.39；且差异显著 $t(27) = 4.37$，$p<0.01$。据此，本研究认为组 A 和组 C 的实验材料能够分别准确地传递关系连接式和属性映射式混搭方式。

(3)解决需要排除的竞争性解释问题。考虑到体现混搭方式差异性的实验材料中包含中国传统喜庆文化"福"、"发"元素和中国传统阴阳文化黑白反色元素，本项测试首先在未提供任何实验材料的前提下，让被试简单评价对两种传统文化分别和"时尚街头"文化组合的偏好。而在测试的第二部分给出两组具体实验材料(关系连接式混搭 A 组和属性映射式混搭 C 组，分别参见附录)，并询问被试两组实验材料在品牌、功能、价格和是否包含两种文化等方面的一致性。

通过网络分发问卷，共收回有效样本 27 份。对数据进行分析，结果发现：在自然状态下，对于"喜庆'福'、'发'元素+时尚街头"的文化组合和"阴阳+时尚街头"的文化组合，被试的偏好不存在显著差异($M_{喜庆+街头} = 4.48$，$M_{阴阳+街头} = 4.22$，$t(52) = 0.74$，$p > 0.05$)。考虑到在未提供任何产品形态的情况下，消费者对于"喜庆'福'、'发'元素+时尚街头"的文化组合和"阴阳+时尚街头"的文化组合之间不存在显著的偏好差异，因此，可以认为这两对文化混搭的组合不存在优劣，不会对实验结果造成影响。另外，对两组实验材料(A 组和 C 组)在品牌、功能、价格和是否包含两种文化等方面一致性的检验结果显示：两组实验材料在品牌($M = 6.04$，$t(26) = 10.80$，$p < 0.01$)、功能($M = 5.33$，$t(26) = 5.74$，$p<0.01$)、价格($M = 5.04$，$t(26) = 3.52$，$p<0.05$)和是否包含两种文化($M = 5.93$，$t(26) = 9.04$，$p<0.01$)等方面一致性认可值均显著大于 4，因此，可以认为这两组实验材料不存在优劣，不会对实验结果造成影响。

综合以上三项测试结果，本研究认为 A 组材料和 C 组材料可以分别有效地展现关系连接式和属性映射式混搭，同时消费者对两对文化组合也不存在预设偏好，并且两组实验材料在品牌、功能和价格等基本属性上保持一致，不相关因素干扰较小。因此，两组实验材料将被用于主实验。

3.2 实验一：感知创新的中介作用

3.2.1 实验设计

实验一检验混搭方式通过感知创新的中介效应对消费者混搭产品购买意愿的影响。通过网络随机分发问卷，分别给被试呈现不同混搭方式的产品，并请被试填写感知创新量表(Lowe & Alpert，2015)、消费者购买意愿量表(Dodds，Monroe & Grewal，1991)及个人统计信息。实验结束后，剔除 51 份无效问卷，共回收有效问卷 149 份；无效问卷剔除原因为填答不完整、填答时间过短或回答不合格，如正反测项全选 1 等。

3.2.2 数据分析及实验结果

(1)混搭方式对消费者购买意愿和感知创新的影响。根据消费者购买意愿量表的统计，检验结果证明，相比关系连接式混搭，属性映射式混搭更能促进消费者的购买意愿，$M_{属性映射} = 3.72$，$M_{关系连接} = 2.83$，而且结果显著，$t(147) = -2.98$，$p < 0.05$。因此，假设 1 得到验证。对混搭方式影响消费者感知创新的检验结果表明，属性映射式混搭更容易让消费者产生感知创新，$M_{属性映射} = 4.47$，$M_{关系连接} = 3.99$，结果也显著，$t(147) = -1.99$，$p < 0.05$。因此，假设 2 得到验证。

(2)感知创新的中介效应。消费者感知创新量表、购买意愿量表的信度值分别为 0.89 和 0.97，量表可信。为检验假设 3，以感知创新为自变量、消费者购买意愿为因变量构建模型。结果表明，模型显著有效，$F(1, 147) = 76.64$，$p < 0.01$；感知创新对消费者购买意愿有很强的正向影响，标准化回归系数 $\beta = 0.58$（$t = 8.64$，$p < 0.01$）。因此，假设 3 前半部分得到验证。

按照 Zhao 等（2010）提出的中介分析程序，参照 Preacher 和 Hayes（2008）提出的 Bootstrap 方法，进行中介效应检验。结果显示，在 95% 置信区间下，感知创新的中介效应为 0.3337，置信区间 LLCI = 0.0112，ULCI = 0.7024，不包含 0。控制中介变量后，混搭对消费者购买意愿的直接效应为 0.5516，置信区间 LLCI = 0.0596，ULCI = 1.0436，不包含 0。数据结果表明感知创新在混搭对消费者的购买意愿的影响中起部分中介效应。假设 3 后半部分中介效应得到验证，因此假设 3 得到验证。但研究结果也表明，感知创新只起部分中介作用。

3.3 实验二：感知侵扰的中介作用

3.3.1 实验设计

实验二检验混搭方式通过感知侵扰的中介效应对消费者混搭产品购买意愿的影响。实验设计与实验一基本类似，区别在于用感知侵扰量表（Li, Steven & Edwards, 2002）代替感知创新量表。实验结束后，剔除无效问卷 11 份，共回收有效问卷 149 份。

3.3.2 数据分析及实验结果

(1)混搭方式对消费者购买意愿和感知侵扰的影响。根据消费者购买意愿量表的统计，检验结果显示，属性映射式混搭更能促进消费者的购买意愿，$M_{属性映射} = 3.32$，$M_{关系连接} = 2.30$，且结果显著，$t(147) = 3.79$，$p < 0.01$。因此，假设 1 得到验证。对混搭方式影响消费者感知侵扰的独立样本 t 检验结果表明，相比属性映射式混搭，关系连接式混搭更容易让消费者产生感知侵扰，$M_{属性映射} = 3.02$，$M_{关系连接} = 3.74$，结果显著，$t(147) = -2.84$，$p < 0.01$。因此，假设 4 得到验证。

(2)感知侵扰的中介效应。消费者感知侵扰量表、购买意愿量表的信度值分别为 0.88 和 0.97，量表可信。为检验假设 5，以感知侵扰为自变量、消费者购买意愿为因变量构建模型。结果表明，模型显著有效，$F(1, 147) = 28.33$，$p < 0.01$；感知侵扰对消费者购买意愿有很强的负向影响，标准化回归系数 $\beta = -0.40$（$t = -5.32$，$p < 0.01$）。因此，假设 5 前半部分得到验证。

使用 Bootstrap 方法，进行中介效应检验。结果显示，在 95% 置信区间下，感知侵扰的中介效应为 0.2716，置信区间 LLCI＝0.0863，ULCI＝0.5536，不包含 0。控制中介变量后，混搭对购买意愿的直接效应为 0.7376，置信区间 LLCI＝0.2315，ULCI＝1.2436，不包含 0。以上结果表明感知侵扰在混搭对消费者的购买意愿的影响中起部分中介效应。假设 5 后半部分中介效应得到验证，因此假设 5 得到验证。

3.4 实验三：感知创新和感知侵扰的共同中介效应

3.4.1 实验设计

本文在实验一和实验二中分别对感知创新性和感知侵扰性的认知机制进行了研究。但考虑到混搭产品的内在不确定性：一方面，消费者很难仅仅依据参数来做出购买决定，实际使用体验和产品价值评估都发生在购后，在做出关于体验型产品的购买决策时，消费者承担了较大程度的不确定性（Nelson，1970）；另一方面，相对于文化内涵单一的产品而言，当消费者面临混搭产品中的多元文化情境、感知信息处理挑战时，会产生强烈的紧张、不确定感知（Erikson，1969；Novemsky et al.，2007）。且不确定性同时具备的两种效用：一方面，不确定性会导致紧张、焦虑等负面情绪，因此人们往往有规避不确定性的动机（Calvo et al.，2001）；另一方面，不确定性也存在正面的激励，如带给消费者好奇、惊喜以及为消费者创造想象的空间等（Hill et al.，2016；Laran & Tsiros，2013；Lee & Qiu，2009）。综合以上考虑，本研究认为可以从整合的视角考虑具备不确定属性的混搭产品的认知机制。因此，实验三将检验感知创新和感知侵扰是否对混搭方式影响消费者文化混搭产品购买意愿起到共同中介效应。实验材料和量表都与前面实验相同。实验结束后，剔除无效问卷 19 份，共回收有效问卷 151 份。

3.4.2 数据分析及实验结果

消费者感知创新、感知侵扰和购买意愿量表的信度值分别为 0.910、0.856 和 0.973，量表可信。参照 Bootstrap 方法，进行中介效应检验。结果显示，在 95% 置信区间下，感知创新和感知侵扰对混搭方式影响消费者混搭产品购买意愿的共同中介效应显著，置信区间 LLCI＝0.4125；ULCI＝1.1602，不包含 0，共同中介效应值为 0.7531；感知创新的中介效应值为 0.5670，置信区间 LLCI＝0.2811；ULCI＝0.9421，不包含 0；感知侵扰的中介效应值为 0.1860，置信区间 LLCI＝0.0480；ULCI＝0.4324，不包含 0。控制感知创新和感知侵扰的共同中介效应后，混搭方式对消费者购买意愿的直接影响不再显著，置信区间 LLCI＝－0.2075；ULCI＝0.7843，包含 0。数据表明感知创新和感知侵扰共同起到完全中介效应。

4. 研究结论与启示

本文借鉴双重加工理论对文化混搭产品做了简单区分，同时从感知创新和感知侵扰双角度对混搭产品认知机制进行了整合性研究。实验一和实验二的结果表明，混搭方式会影响消费者的购买意愿，属性映射式混搭比关系连接式混搭更能促进消费者的购买意愿，同时感知创新和感知侵扰分别部分中介混搭方式对消费者购买意愿的影响，实验三的结果表明感知创新和感知侵扰共同中介混搭方式对消费者购买意愿的影响。

本研究结果具有以下理论价值。首先，以心理语言学中双重加工模型中不同解释策略为参照，区分现有混搭产品常用混搭方式。此外，对消费者混搭产品购买意愿的内在中介机制，即感知创新和感知侵扰进行了整合性研究。这不仅是对混搭现象的进一步分析与拓展，也充实了文化混搭的认知机制。

本研究结果也具有一定的实践意义。其一，对于混搭产品，企业应尽量多地考虑文化元素在属性上的映射关系，而不是简单的元素堆砌。其二，企业应该结合混搭产品设计理念，引导消费者的创新感知，并抑制其侵扰性感知。

最后，文化混搭方式影响消费者购买意愿的影响因素和作用机制复杂，对于全面解释消费者对于文化混搭产品的购买行为而言，本研究还存在很大程度的不足。同时，选定运动鞋为实验商品，学生样本居多，以自报告的形式获取数据，这都可能限制研究结果的适用性。

◎ 参考文献

[1]彭璐珞. 理解消费者对文化混搭的态度：一个文化分域的视角[D]. 北京大学, 2013.

[2]杨宜音. 中国社会心理学评论. 第九辑：Chinese social psychological review. Vol. 9[M]. 北京：社会科学文献出版社, 2015.

[3]张少林, 程锋萍, 刘拴. 高阶英语学习者 N+N 组合概念认知机制研究[J]. 外语教学理论与实践, 2012, 1(1).

[4]Baek, T. H., Morimoto, M. Stay away from me：Examining the determinants of consumer avoidance of personalized advertising[J]. *Journal of Advertising*, 2012, 41(1).

[5]Cheng, C. Y., Leung, K. Y., Wu, T. Y. Going beyond the multicultural experience—creativity link：the mediating role of emotions[J]. *Journal of Social Issues*, 2011, 67(4).

[6]Chiu, C. Y., Kwan, Y. Y., Liou, S. Culturally motivated challenges to innovations in integrative research：Theory and solutions[J]. *Social Issues & Policy Review*, 2013, 7(1).

[7]Chiu, C. Y., Gries, P., Torelli, C. J., et al. Toward a social psychology of globalization [J]. *Journal of Social Issues*, 2011, 67(4).

[8]Chiu, C. Y., Kwan, Y. Y. Culture and creativity：A process model[J]. *Management and Organization Review*, 2010, 6(3).

[9]Chiu, C. Y. Perceptions of culture in multicultural space[J]. *Journal of Cross-Cultural Psychology*, 2009, 40(40).

[10]Edwards, S. M., Lee, J. H. Forced exposure and psychological reactance：Antecedents and consequences of the perceived intrusiveness of pop-up ads[J]. *Journal of Advertising*, 2002, 31(3).

[11]Godfrey, A. Enough is enough! The fine line in executing multichannel relational communication[J]. *Journal of Marketing*, 2013, 75(75).

[12]Jia, L. , Karpen, S. C. , Hirt, E. R. Beyond anti-muslim sentiment: Opposing the ground zero mosque as a means to pursuing a stronger America[J]. *Psychological Science*, 2011, 22 (22).

[13]Lowe, B. , Alpert, F. Forecasting consumer perception of innovativeness[J]. *Technovation*, 2015, 45.

[14] Morris, M. W. , Mok, A. , Mor, S. Cultural identity threat: The role of cultural identifications in moderating closure responses to foreign cultural inflow [J]. *Journal of Social Issues*, 2011, 67(4).

[15]Quick, B. L. , Kam, J. A. , Morgan, S. E. , et al. Prospect theory, discrete emotions, and freedom threats: An extension of psychological reactance theory [J]. *Journal of Communication*, 2015, 65(1).

[16]Rajagopal, P. , Burnkrant, R. E. Consumer evaluations of hybrid products[J]. *Journal of Consumer Research*, 2009, 36(2).

[17]Torelli, C. J. , Chiu, C. Y. , Tam, K. P. , et al. Exclusionary reactions to foreign cultures: Effects of simultaneous exposure to cultures in globalized space [J]. *Journal of Social Issues*, 2011(67).

[18]Tadmor, C. T. , Tetlock, P. E. , Peng, K. Acculturation strategies and integrative complexitythe cognitive implications of biculturalism [J]. *Journal of Cross-Cultural Psychology*, 2009, 40(1).

[19]Vantha, S. , et al. How, when, and why do attribute-complementary versus attribute-similar cobrands affect brand evaluations: A concept combination perspective [J]. *Journal of Consumer Research*, 2015, 42(1).

[20]Wisniewski, E. J. Conceptual combination: Possibilities and esthetics. In: Ward, T. B. , Smith, S. M. , J. Vaid (Eds.). *Creative thought: An investigation of conceptual structures and processes*[M]. Washington, DC: American Psychological Association, 1997.

[21] Zolfagharian, M. A. , Paswan, A. Perceived service innovativeness, consumer trait innovativeness and patronage intention[J]. *Journal of Retailing & Consumer Services*, 2009, 16(2).

Research on Influence of Cultural Mixing Mode of Product on Consumers' Willingness to Purchase
—With Perceived Innovation and Perceived Intrusiveness as Mediators

Li Xiao[1] Dang Yiwen[2]

(1, 2 Economics and Management School of Wuhan University, Wuhan, 430072)

Abstract: In the increasingly competitive market environment, the use of cultural mixing for product innovation and upgrading has become a common means of corporate marketing practice. Based on the dual-process theory in psycholinguistics, this study distinguishes the types of existing cultural mixing products. Also this paper exploring consumers' responding mechanism on cultural mixing from the perspective of perceived innovation and perceived intrusiveness. Three experimental results indicated that, 1. the way of cultural mixing will affect the consumers' willingness to purchase; 2. consumers' perceived innovation and perceived intrusiveness would respectively mediate in part and jointly the influence of cultural mixing appeal on consumers' willingness to purchase. These conclusions offer not only an important theoretical significance to deepen and better cultural mixing theory, perceived innovation theory and perceived intrusiveness theory, but also has an important practical implication to direct business to understand the advantages and disadvantages of cultural mixing, operate the way of cultural mixing and enhance marketing performance.

Key words: Cultural mixing product; Dual-process theory; Perceived innovativeness; Perceived intrusiveness; Consumers' willingness to purchase

附录：
材料 1：关系连接式混搭情境

N 品牌是一家追求"体育、表演、洒脱自由的运动员精神"文化的国外运动品牌。其经典产品主打"个性"、"街头时尚"的设计风格，深受年轻人喜爱

今年春节，N 品牌以"引领新传统，向福出发"为口号，推出其中国年特别定制款产品。该产品将"大红色"、"发"、"福"等符合中国文化的喜庆元素与该公司经典款产品相结合

产品如图所示

材料 2：属性映射式混搭情境

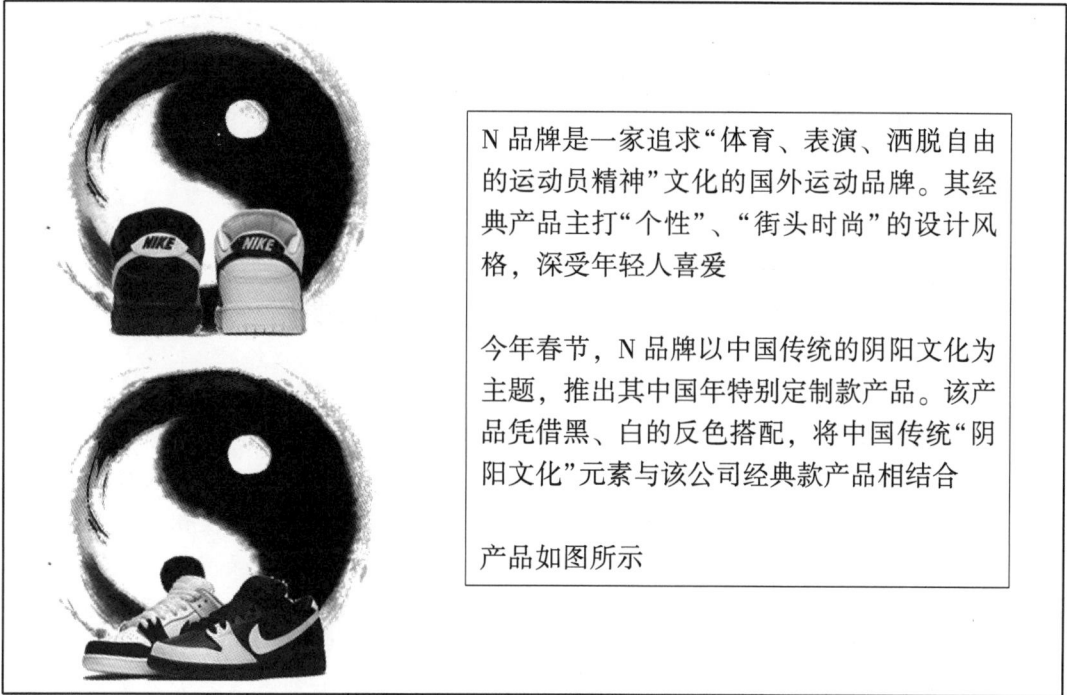

N 品牌是一家追求"体育、表演、洒脱自由的运动员精神"文化的国外运动品牌。其经典产品主打"个性"、"街头时尚"的设计风格，深受年轻人喜爱

今年春节，N 品牌以中国传统的阴阳文化为主题，推出其中国年特别定制款产品。该产品凭借黑、白的反色搭配，将中国传统"阴阳文化"元素与该公司经典款产品相结合

产品如图所示

材料 3：对照组

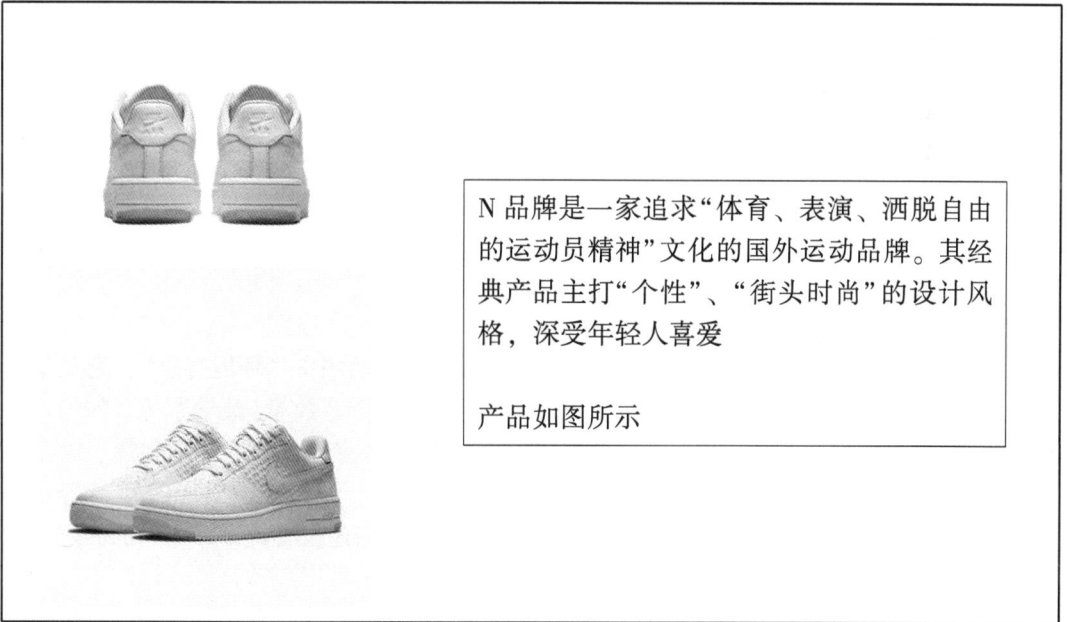

N 品牌是一家追求"体育、表演、洒脱自由的运动员精神"文化的国外运动品牌。其经典产品主打"个性"、"街头时尚"的设计风格，深受年轻人喜爱

产品如图所示

专业主编：曾伏娥

161

基于 PCI 的特色街区旅游心理容量测定
——以武汉户部巷民俗街区为例*

● 龚　箭[1,2]　李淑贤[1,2]　王　蓉[1,2]

（1　华中师范大学城市环境与科学学院　武汉　430079；2　中国旅游研究院武汉分院　武汉　430079）

【摘　要】旅游容量是旅游地理学研究的核心问题之一，旅游心理容量的测定却是旅游容量中的一个难题。考虑到心理容量的个体差异性，本文引入可以衡量个体差异的潜在冲突指数（PCI）方法，以武汉户部巷民俗街区为案例地，从游客和当地居民两个维度进行旅游心理容量的测定。其中，游客主要受其心理特征的影响，居民主要受其是否参与旅游经营的影响。结果显示，游客的心理容量比居民的小，游客的瞬时心理容量为 1200 人，不同心理特征的游客意见分歧不大；居民的瞬时心理容量为 1500 人，但参与旅游经营型居民与非参与旅游经营型居民的意见分歧较大。综合考虑，最终确定户部巷民俗街区的最佳瞬时容量为 1200 人，日合理容量为 7800 人。

【关键词】旅游心理容量　潜在冲突指数（PCI）　户部巷民俗街区

［中图分类号］F592　　　［文献标识码］A

1. 相关概念介绍与文献回顾

1.1　相关概念介绍

"旅游容量"（也叫"旅游承载力"）一词最初起源于生态学中的"环境容量"，它是指对某一旅游地而言无害于其可持续发展的情况下所能容纳的游客数量（戴学军等，2002；崔凤军，1995）。按照内容的不同，旅游容量可分为旅游生态容量、旅游心理容量、旅游社会容量和旅游经济容量四种类型（保继刚，楚义芳，1999）。旅游心理容量是旅游容量体系中的重要组成部分，关于旅游心理容量的概念，学界目前还没有统一而明确的界定。以

---

　　* 基金项目：本文受到国家社会科学基金项目"清江流域综合治理研究"（20205160070）、国家社会科学重点项目"美丽中国建设与旅游业健康发展研究"（14AJY024）、教育部哲学社会科学发展报告项目（11JBGP041）的资助。

　　通讯作者：龚箭，E-mail：343901552@ qq. com。

谢彦君为代表的部分学者认为旅游心理容量是一个十分综合的阈值，既包括旅游者的直接旅游心理容量，又包含旅游目的地居民的相关旅游心理容量（刘丹彤，2010；田露平，2011）。因此，他们给出的旅游心理容量的概念是指不导致旅游者或旅游目的地居民对旅游产生厌恶情感的旅游活动量（谢彦君，2011）。本文认同这一概念界定，并认为旅游心理容量是一个情感范畴的测量指标，其阈值不仅取决于旅游者的心理特征也因目的地居民从旅游中的受益（受损）的程度而不同。

1.2 相关文献回顾

在国外，早期旅游容量的研究重点放在游客使用与旅游资源损害之间的关系方面，但是很快学者们开始发现旅游容量仍然有另一个值得讨论的方面，就是关于游客体验与旅游目的地居民情感方面的旅游心理容量。早在 1964 年，Wagar 在其有关户外旅游的论文中就指出了景区内游客数量的增加不仅会影响旅游地资源，也会影响游客体验和当地居民的生活质量，之后学者们更多地从社会心理方面研究旅游容量（Patterson & Hammitt，1990；Shelby & Herberlein，1983）。在我国，旅游容量的概念于 20 世纪 80 年代被引入旅游规划的研究当中（赵红红，1983），之后刘振礼（1989）、周公宁（1992）等许多学者开始对旅游环境容量的概念和计算方法进行广泛的研究，但其中多以心理容量较大或与其他容量相辅相成为由而经常忽略心理容量的测定。直到 21 世纪，随着游客体验和旅游可持续发展越来越备受重视，很多学者对旅游容量的聚焦点才从“物”转移到了“人”。其中，范玉翔（2004）对心理容量的超载问题进行了探讨，提出如果景区或所在地居民长期处于超载状态，当地社区就会出现诸多社会问题，并限制该地旅游业的发展；廖兆光（2008）强调了心理容量的重要性，并提出旅游心理容量的大小及其结构是反映旅游地能否和谐发展的一个重要指标。

在测算方法上，心理容量的测定方法主要分为两派，一派是四维度问卷法，即从视觉、听觉、触觉和行动感知四个维度设计了游客拥挤感知的调研问卷，再通过赋予相应的权重，得到景区的最佳容量。其中王晓燕、王晨（2007）利用这种方法对北京颐和园的旅游心理容量进行了测量；徐欢和姜泰昊（2013）用同样的方法对韩国雁鸭池的旅游心理容量进行了研究。另一派则是满意度法，包括简单满意度法与边际满意度法，两种方法都是将游客的平均满意度与景区游客数量建立函数关系，其中周年兴（2003）借用经济学中的边际满意度法，建立旅游心理容量的满意度模型，测算出武陵源黄石寨景区的游客心理容量；董观志等（2010）以深圳欢乐谷为例，对主题公园的心理容量曲线进行研究，提出主题公园心理容量曲线模型，并分析了游客属性和心理容量之间的关系。虽然这两种派别都化繁为简地对心理容量进行了测定，但被调查者的群体细分不具有代表性；研究个案的选择较为单一，多为山岳、湖泊、公园等封闭式景区，而对社区中的民俗街区类景区心理容量的研究较少；最重要的一点是，目前的方法都忽视了心理容量最“与众不同”之处——态度差异（或态度冲突）。换言之，游客和居民以及不同心理特征的游客和受益程度不同的居民对景区容量的接受态度一定是存在冲突的，而简单地由游客满意度或四维度拥挤感知确定的容量阈值可能并不利于游客的体验和当地旅游目的地的可持续发展。因此，本文选择武汉户部巷为案例地，试图运用 PCI（潜在冲突指数）的研究方法对特色街区类景区的旅游心理容量进行测定。

2. 研究方法与数据来源

2.1 研究区域概况

作为武汉重要文化名片的户部巷位于武昌的司门口，东靠十里长街解放路，面临浩瀚长江，南枕黄鹤楼，北接都府堤红色景区，是一处由名街名楼名景名江环绕而成的百年老巷。户部巷全长 1500 米，始建于明代，清代因毗邻藩台衙门对应京城的户部衙门而得名。由于历史和地理的原因，户部巷很早就以经营汉味早点而闻名，其繁华的早点摊群 20 年经久不衰，有"汉味早点第一巷"的美誉。通过后期改造，目前户部巷已经成为集小吃、购物、休闲、娱乐为一体的汉味风情特色街区，年接待游客近千万，但户部巷的老巷区为仅有 3 米宽的单行路，旅游旺季时往往人满为患，严重影响了游客的体验与当地社区居民的工作生活，也不利于户部巷及武汉旅游的可持续发展。因此，文章选择武汉户部巷为研究案例地，分别对游客和居民的心理容量进行测定，以期为其旅游发展提供一定的参考和借鉴。

2.2 潜在冲突指数方法

潜在冲突指数(potential conflict index，PCI)方法由 Manfredo 等提出，起初被用于野生动物的管理政策评估方面，而后逐渐发展为一种普遍适用的决策参考工具(Manfredo et al.，2003；Vaske et al.，2010)。PCI 方法通常采用 5 点、7 点和 9 点法研究特定群体对某一事物的价值取向，与李克特量表不同的是这些分数点有正有负，均匀地分布在中点"0"两侧，其中"0"点代表中立态度，也就是既不同意也不反对，其目的是使被访者对某一问题的看法有一个转折点。PCI 的计算公式为：

$$\text{PCI}_1 = \left[1 - \left| \frac{\sum_{i=1}^{n_a} \mid X_a \mid - \sum_{i=1}^{n_u} \mid X_u \mid}{\sum_{i=1}^{n_a} \mid X_a \mid + \sum_{i=1}^{n_u} \mid X_u \mid} \right| \right] \times \frac{\sum_{i=1}^{n_a} \mid X_a \mid + \sum_{i=1}^{n_u} \mid X_u \mid}{Z}$$

其中，PCI 为潜在冲突指数；X_a 为一个被访者的正面回答，得分为 1，2，3 等；n_a 为正面回答的被访者数；X_u 为一个被访者的反面回答，得分为 -1，-2，-3 等；n_u 为反面回答的被访者数；Z 为样本中所有分数的最大可能之和 = n×正面分数极值(如 5 点法中，Z 为 2×n，n 为样本数)。

PCI 方法不仅可以测量，还可以将测量结果进行可视化。PCI 的可视化通常采用圆泡图来展示该项评估内容的潜在冲突，以及相应的集中趋势、差量和形态情况。其中，圆泡的中心对应 Y 轴的值是均值，圆泡大小表示潜在的冲突情况，圆泡越大则潜在冲突越大，PCI 值越大；反之亦然。经验研究将 PCI 值的范围分为 3 个区间，规定 PCI 在 0~0.33 的为小型圆泡，0.34~0.67 的为中型圆泡，0.68~1 的为大型圆泡，分别代表了"意见分歧不大"，"意见分歧一般"和"意见分歧较大"3 种情况。

与其他方法相比，PCI 方法尤为关注被调查者的态度差异及其间的潜在冲突，适用于价值取向或情感范畴的决策研究。而作为情感范畴的旅游心理容量，其测量的难点恰是被调查群体的态度差异性，因此，将该方法应用到旅游心理容量的测量当中较为恰当。

2.3 问卷设计与数据回收

研究以问卷为调查方法对户部巷民俗街区进行了预调研和正式调研。调研时间为2017年2月2~7日和2017年2月11日，其中包含春节小长假、周末以及工作日。调研地点为户部巷的两个出口和周边社区。调查时段为8~20时，以半小时为一个时段，调查地点为户部巷民俗街区核心巷道的两个出口。调查分为两组，一组负责依据景区游客量的电子统计屏对游客量进行实时记录，二组负责调查每时段游客或者当地居民对拥挤感知的可接受程度，每个时段内至少调查8人。问卷依照PCI的5点打分制，要求被访者对当时的游客量从"−2分：太多，拥挤不堪，无法接受"到"+2分：一点也不多，乐意接受"进行打分。需要说明的是，正式调研在预调研的经验基础上将游客按照普罗格的旅游者心理特征细分为他人中心型、中间型和心理中心型三类，将居民按照是否参与旅游经营细分为参与旅游经营和非参与旅游经营两类，以便更好地分析和探究不同特征人群对户部巷民俗街区的容量要求。

调查共发放问卷560份，收回有效问卷553份，有效率为98.7%。被调查者中，游客306人，其中他人中心型占32.4%，中间型占43.5%，心理中心型占24.1%；居民247人，其中旅游经营者占36.0%，非旅游经营者占64.0%。

3. 研究结果

3.1 户部巷民俗街区的游客量分布

3.1.1 户部巷民俗街区游客量的时间分布规律

通过游客量记录员的数据统计（如图1所示），可以看出户部巷中游客量有两个高峰期，分别为12~14时与18~19时，其中在15:30时有个明显的低谷。并且傍晚时段的游客量与中午时段的游客量相差不大，户部巷自身的产品特色和其与周边景点（黄鹤楼和长江大桥）的交互关系可能是主要原因。

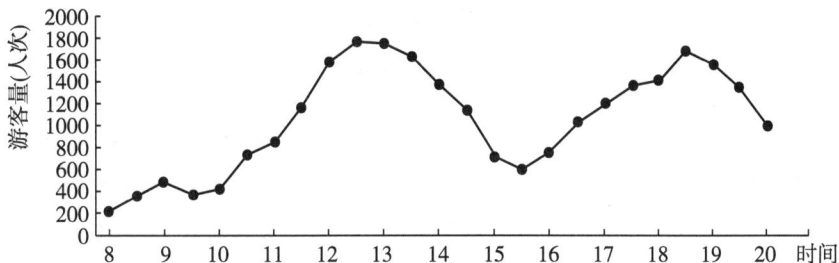

图1 户部巷民俗街区游客量随时间的分布

3.1.2 户部巷民俗街区游客量的时段分布规律状况

将每次调查记录的第一个时刻(8:00)的游客量进行平均,并记为 c_1,第二个时刻 (8:30)的平均游客量记为 c_2,依此类推,最后一个时刻(20:00)的平均游客量记为 c_{25}。因为问卷以时段(而不是时刻)为单位,因此令每时段的游客量为 C,第 1 个时段(8:00— 8:30)的游客量便表示为 C_1,第 i 时段的游客量表示为 C_i,且 $C_i = (c_{i-1} + c_{i+1})/2$,即第 i 时段的游客量是前后两时刻游客量的平均值。由上述计算方法得到户部巷民俗街区中每时段的游客量,将其按照游客量的多少进行排序(如图 2 所示),目的是得到一组递增的游客量数据,从而代表一组递增的拥挤程度。

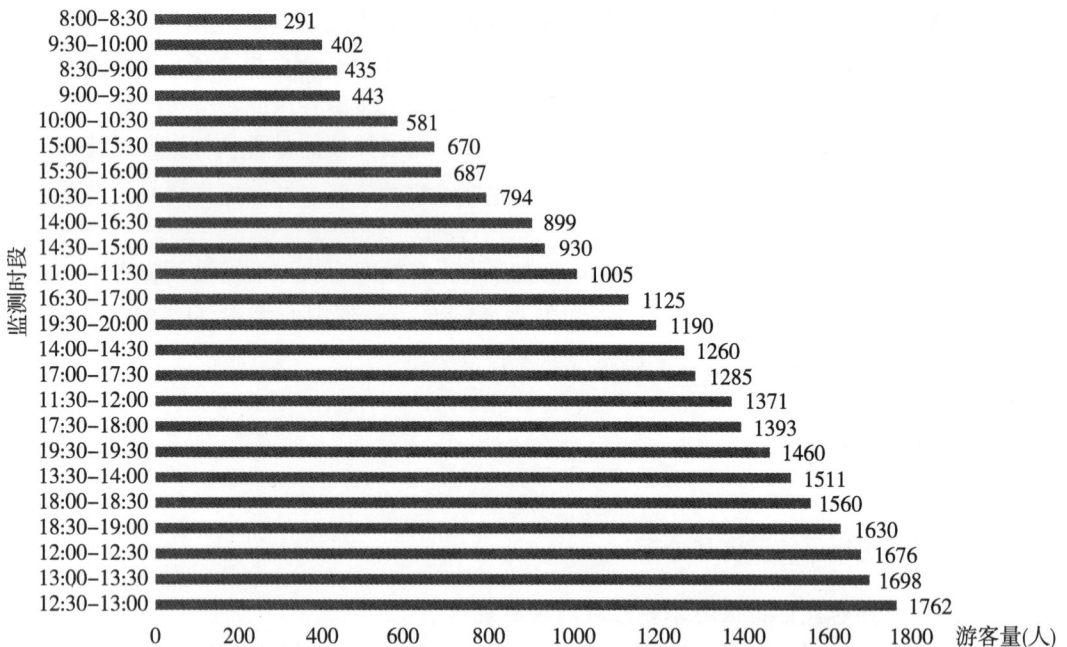

图 2 户部巷民俗街区每时段的游客量分布

3.2 户部巷民俗街区的心理容量

3.2.1 游客和居民对户部巷民俗街区的拥挤感知与潜在冲突

依据每时段的监测数据将户部巷民俗街区的游客量以 100 人为单位划分为 650 人及以下,700 人(651~750 人)、800 人(751~850 人)、900 人(851~950 人)直到 1800 人 (1751~1850 人)13 个区间,并采用 SPSS19.0 对每个区间游客与当地居民对拥挤程度的感知进行统计和分析,表 1 列出了被划分的 13 个游客量区间以及每个区间内被调查者接受程度的算术平均值、标准差和 PCI 值。以"算术平均值"为圆心,以 PCI 值为半径可以通过圆泡图在坐标上清晰地比较游客与当地居民对 13 个游客量区间拥挤感知与可接受程度的区别,如图 3 所示。

表 1

表 1　　　　　　　　　　户部巷民俗街区不同游客量区间的 PCI 值与平均值

游客量	游客对不同拥挤程度的感知			当地居民对不同拥挤程度的感知		
	均值	标准差	PCI 值	均值	标准差	PCI 值
600 及以下	1.30	1.30	0.33	1.43	1.23	0.34
700	1.18	1.37	0.35	1.38	1.26	0.35
800	1.02	1.40	0.43	1.27	1.34	0.40
900	0.90	1.47	0.48	1.18	1.38	0.42
1000	0.76	1.36	0.43	1.02	1.41	0.46
1100	0.58	1.18	0.30	0.88	1.44	0.50
1200	0.32	0.82	0.25	0.70	1.47	0.56
1300	0.08	1.41	0.44	0.50	1.50	0.60
1400	−0.26	1.49	0.53	0.26	1.52	0.60
1500	−0.70	1.39	0.45	0.06	1.58	0.68
1600	−1.06	1.34	0.35	−0.30	1.63	0.71
1700	−1.43	0.94	0.25	−0.60	1.47	0.58
1800	−1.67	0.64	0.10	−0.88	1.38	0.44

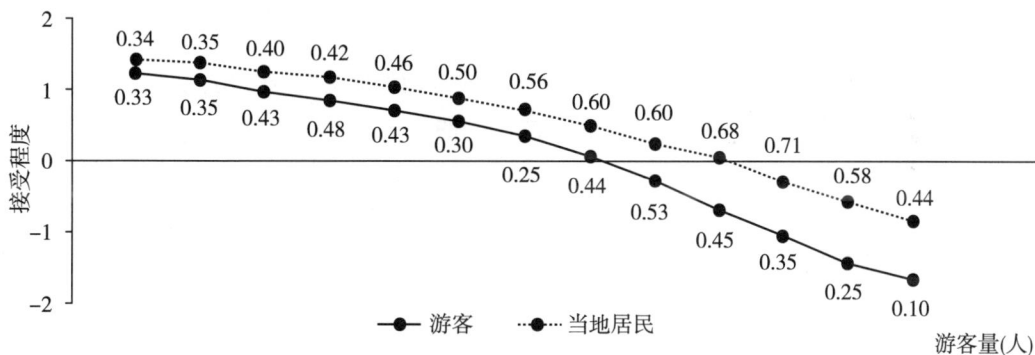

图 3　游客和居民对户部巷民俗街区的拥挤感知与潜在冲突

　　图 3 的深色气泡与浅色气泡分别代表了游客与居民对户部巷民俗街区 13 个游客量区间的接受情况，其中平均接受程度为圆心对应的纵坐标值，潜在冲突为圆泡直径值。结果显示，居民和游客对拥挤的接受程度都随游客量的增加而减小，并且居民对拥挤的接受程度和潜在冲突普遍大于游客。从游客的态度看，其对 1300 人以内游客量的接受程度均为正，说明 1300 人以内的游客量是普遍可以被接受的，并且在游客可接受范围内对于游客量为 1200 人时，有最小的潜在冲突值 0.25，泡泡规格为小型，即游客对 1200 人拥挤度下的接受态度意见分歧不大(达成共识)。之后随着游客量的增加，游客的接受程度逐渐减

小，意见分歧先变大后变小，对拒绝 1700 人及以上游客量的意见达成共识；从居民的态度看，1500 人以内的游客量是其可以接受的拥挤度，但是在可接受范围内，居民间的潜在冲突指数均在 0.33 以上，并随着游客量的增加而逐渐增大，在 1500 人时，潜在冲突指数 0.68，泡泡规格为大型，说明居民对于接受 1500 人拥挤度的意见分歧很大。之后随着游客量的增加，居民的接受程度逐渐减小，PCI 值在游客量为 1600 人时有最大值 0.71，之后逐渐减小，但均存在一定的意见分歧。由此看出居民间对于户部巷民俗街区拥挤度的接受差异很大，意见无法达成共识。

对游客而言，在意见分歧不大的条件下，户部巷的最佳瞬时容量应为 1200 人，而对居民而言，由于意见分歧较大，不存在达成共识的最佳瞬时心理容量，因此暂且依据其接受程度的均值，得到其最大瞬时容量为 1500 人。依据木桶原理，户部巷民俗街区的最佳瞬时容量应为 1200 人。据了解，户部巷民俗街区的集中开放时间为 8:00—21:00，即 13 个小时，而游览整个户部巷大约需要 2 个小时(包含用餐时间)，那么户部巷民俗街区的日心理容量应为 7800 人。

计算公式：
$$最佳瞬时容量 = \min(游客，居民)$$
$$日心理容量 = 瞬时容量 \times 开放时间 / 周转率$$

则
$$C_{户部巷} = 1200 \times 13 / 2 = 7800(人)$$

3.2.2 不同类型游客对户部巷民俗街区的拥挤感知与潜在冲突

图 4 展示了不同心理特征的游客对户部巷民俗街区拥挤感知的潜在冲突与态度趋势(这里采用的是以 5 为周期的多项趋势线)。从可接受程度看，他人中心型游客的心理容量最大，可接受的最大拥挤度为 1400 人，心理中心型游客的心理容量最小，可接受的最大拥挤度仅为 1000 人，中间型游客居中，可接受的最大拥挤度为 1300 人；从态度趋势看，他人中心型游客与中间型游客的态度趋势相近，均在游客量为 1200 人时，开始明显下滑，但他人中心型游客下滑速度更快，与之不同的是心理中心型游客，面对不同拥挤度的游客量变化，其态度变化较为平缓，不会强烈赞同也不会强烈反对；从潜在冲突指数看，中间型游客的 PCI 值普遍大于其他两类，气泡规格大多为中型，说明其间存在一定的意见冲突。通过探究不同心理特征的游客对户部巷民俗街区的拥挤感知与潜在冲突，发现：

(1)游客的心理特征是影响一个景区心理容量的重要因素，他人中心型游客的心理容量最大，中间型游客其次，而心理中心型游客最小；

(2)他人中心型游客与中间型游客对景区的拥挤度感知更为敏感，尤其是他人中心型游客，景区的游客量一旦超出其心理阈值，其接受态度便会快速转变，而心理中心型游客对拥挤度的态度变化较为稳定，这也是其较为内向和保守的心理特征表现；

(3)潜在冲突也与游客的心理特征有关，心理特征越是单一和清晰，游客间的潜在冲突指数越小，意见分歧越小，心理特征越是混合和模糊，游客间的潜在冲突指数越大，意见分歧越大。

3.2.3 不同类型居民对户部巷民俗街区的拥挤感知与潜在冲突

图 5 显示了是否参与旅游经营的居民对户部巷的拥挤感知的潜在冲突与态度趋势。从可接受程度看，旅游经营型游客的心理容量非常大，可接受 1800 人甚至以上的拥挤度，

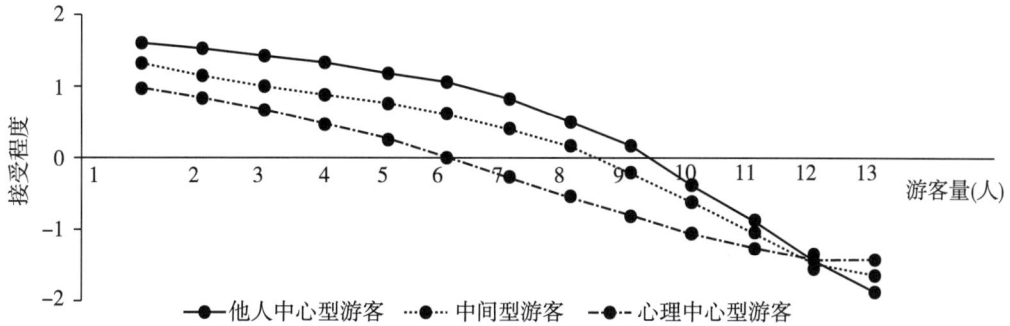

图 4　不同心理特征的游客对户部巷民俗街区的拥挤感知与潜在冲突

而非旅游经营型居民的心理容量较小，可接受的最大拥挤度为 1300 人；从态度趋势看，非旅游经营型居民的态度变化比较明显，而旅游经营型居民只在 1500 人之后才有明显的下滑趋势；从潜在冲突指数看，旅游经营型居民的潜在冲突指数普遍小于非旅游经营型居民，并呈增长趋势，在游客量为 1800 人时有最大的 PCI 值 0.48，气泡规格为中型，存在一定的意见分歧，在此之前，其态度比较一致，非旅游经营型居民的潜在冲突指数呈现先增再减，又增再减的变化，其中在其可接受范围内，游客量为 1100 人时有较小的 PCI 值 0.24，气泡规格为小型，意见分歧不大。通过探究旅游经营型居民与非旅游经营型居民对户部巷民俗街区的拥挤感知与潜在冲突，发现：

（1）参与旅游经营的居民与不参与旅游经营的居民对户部巷拥挤度的接受程度有很大的差异，参与旅游经营的居民心理容量非常大，不参与旅游经营型居民的心理容量较小；

（2）非旅游经营型居民对户部巷景区的拥挤度感知更为敏感，随着游客量的增加，居民接受程度有明显的减小，而旅游经营型居民对拥挤度的感知则较为迟钝，这是因为游客量的增加会给这类居民带来更多的收益；

（3）是否参与旅游经营造成了居民心理容量的冲突，相比之下，旅游经营型居民的潜在冲突较小，只有当游客量达到 1700 人时才开始出现较大的意见分歧。

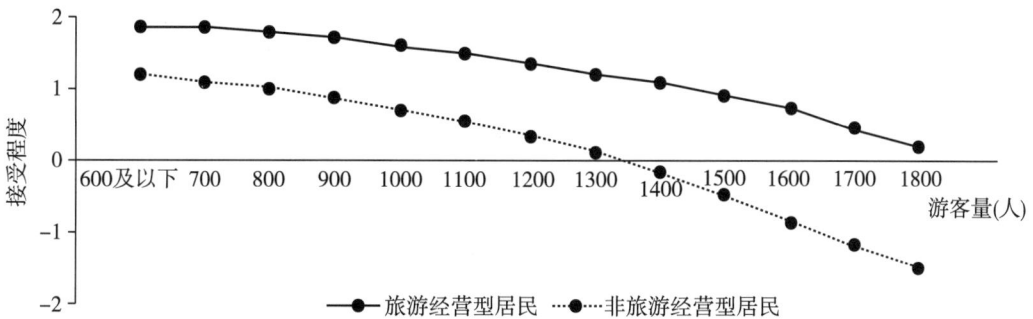

图 5　参与和非参与旅游经营的居民对户部巷民俗街区的拥挤感知与潜在冲突

4. 结论与讨论

本文通过运用 PCI 方法，探究了游客和居民对户部巷民俗街区的拥挤感知与潜在冲突，发现游客和居民对户部巷景区容量的要求有所不同，游客能接受的拥挤度更小，而居民较大，但居民的意见分歧也较大。为究其因，文章进一步分析了不同心理特征的游客和是否参与旅游经营的居民的拥挤感知与潜在冲突，结果显示，户部巷民俗街区的心理容量不仅受到游客心理特征的影响，更受到居民是否参与旅游经营这一因素的显著影响。就游客而言，他人中心型游客的心理容量最大，中间型其次，心理中心型最小；就居民而言，参与旅游经营的居民心理容量非常大，而非参与旅游经营的居民心理容量却很小。因此，针对特色旅游街区，可以通过一些政策或制度的改革，赋予当地社区居民适当的旅游收益；也可以依据不同心理特征的游客比例打造一些性格专属领域，有热闹非凡之地，也有安静优雅之处，从而在满足游客体验的基础上，实现景区以及社区的持续健康发展。

目前，学者们多是以《风景名胜区规划规范》为准则，采用面积法、线路法和卡口法，来测算景区的环境容量。然而，一个合理的旅游环境容量不仅取决于资源与生态的可持续利用，还应考虑到景区的社会形象和口碑。因此，研究学者和景区规划者必须在人本主义规划理念的指导下，考虑到社区居民的接受程度和游客的良好体验。在前人的基础上，文章提出了一种操作性和适用性都较强的旅游心理容量测定方法，与实际情况结合良好。但由于调查时间的约束，研究没能对户部巷景区进行一个长时期的调查和验证，也没有将该方法运用到其他类型景区中进行对比研究。本文的不足之处也有待学者们的进一步探究。

◎ 参考文献

[1] 保继刚，楚义芳. 旅游地理学[M]. 2 版. 北京：高等教育出版社，1999.

[2] 崔凤军. 论旅游环境承载力[J]. 经济地理，1995，15(1).

[3] 戴学军，丁登山，林辰. 可持续旅游下旅游环境容量的量测问题探讨[J]. 人文地理，2002，17(6).

[4] 董观志，刘萍，梁增贤. 主题公园游客满意度曲线研究——以深圳欢乐谷为例[J]. 旅游学刊，2010，25(2).

[5] 范玉翔. 旅游目的地居民的旅游心理容量超载问题初探[J]. 山东行政学院山东省经济管理干部学院学报，2004(2).

[6] 廖兆光. 基于心理容量的旅游地和谐及其实现[J]. 边疆经济与文化，2008(3).

[7] 刘益. 大型风景旅游区旅游环境容量测算方法的再探讨[J]. 旅游学刊，2004，19(6).

[8] 刘振礼. 旅游环境的概念及其他——试论旅游与环境的辩证关系[J]. 旅游学刊，1989(4).

[9] 田露平. 民族社区主客双方旅游心理行为的引导与旅游发展[J]. 大众科技，2011(1).

[10] 谢彦君. 基础旅游学[M]. 3 版. 北京：中国旅游出版社，2011.

[11]徐欢, 姜泰昊. 韩国雁鸭池的旅游空间容量和心理容量研究[J]. 风景园林调查与分析, 2013(11).

[12]王晓燕, 王晨. 北京颐和园旅游环境容量分析[J]. 河北师范大学学报(自然科学版), 2007, 31(3).

[13]杨锐. 风景区环境容量概念体系[A]//张晓. 中国自然文化遗产管理[C]. 北京: 社会科学文献出版社, 2001(6).

[14]赵红红. 苏州旅游环境容量问题初探[J]. 城市规划, 1983(3).

[15]周公宁. 论风景区环境容量与旅游规模的关系[J]. 建筑学报, 1992(11).

[16]周年兴. 旅游心理容量的测定——以武陵源黄石寨景区为例[J]. 地理与地理信息科学, 2003, 19(2).

[17]Manfredo, J. M., Vaske, J. J., et al. The potential for conflict index: a graphic approach to practical significance of human dimensions research[J]. *Human Dimensions of Wild life*, 2003(8).

[18]Patterson, M. E., Hammitt, W. E. Baekcountry encounter norms, actual reported encounters, and their relationship to wilderness solitude[J]. *Journal of Leisure Research*, 1990(22).

[19]Vaske, J. J., Beaman, J., Barreto, H., et al. An extension and further validation of the potential for conflict index[J]. *Leisure Sciences*, 2010(32).

[20]Shelby, B., Hebelein, T., Vaske, J., et al. Expectation, preferences, and feeling crowded in recreation activities[J]. *Leisure Scinces*, 1983(6).

Measuring of Tourism Psychological Capacity in Characteristic Street Based on the PCI: A Case Study in Wuhan Hubu Lane

Gong jian[1,2]   Li Shuxian[1,2]   Wang Rong[1,2]

(1 College of Urban & Environmental Science in Central China Normal University, Wuhan, 430079;

2 Wuhan Branch of China Tourism Academy, Wuhan, 430079)

Abstract: Tourism capacity is one of the core problems in tourism geography research, and the measuring of tourism psychological capacity is a difficult problem in tourism capacity. Considering the individual differences of psychological capacity, this paper introduces the potential conflict index (PCI) method which can measure the individual differences. Taking the Wuhan Hubu Lane as a case, the tourism psychological capacity measurement is carried out from two dimensions of tourists and local residents. Visitors are mainly affected by their psychological characteristics, residents are mainly affected by their participation in tourism operations. The results show that the psychological capacity of tourists is smaller than that of residents. The instantaneous psychological capacity of tourists is 1200, and tourists with different psychological characteristics are consistent. The instantaneous psychological capacity of residents is 1500, but the views between residents participating in tourism management and residents non-participating in tourism management are in conflict. According to the principle of the barrel, to determine the optimal instantaneous capacity of the Hubu Lane is 1200, and the daily reasonable capacity is 7800.

Key words: Tourism psychological capacity; The potential conflict index （PCI）; The Hubu Lane

专业主编：曾伏娥

美丽乡村建设与乡村旅游发展的
耦合互动关系研究[*]
——以浙江省安吉县为例

● 陈婷婷[1]　熊莎莎[1,2]

（1，2　武汉大学经济与管理学院　武汉　430072；2　五邑大学经济管理学院　江门　529020）

【摘　要】本文将美丽乡村建设与乡村旅游发展看成两个反映不同属性但共享资源的系统，构建了两个系统耦合度测量的指标体系和模型，并以浙江省安吉县为例进行了实证分析。研究发现这两个系统之间的关联性和耦合效应都较强，表明美丽乡村建设为乡村旅游发展提供了良好的环境。研究还发现在美丽乡村建设的不同阶段，系统间耦合效应存在一定的差异，启发我们在创建不同模式的美丽乡村时需要与乡村旅游发展进行有机融合，实现良性互动。

【关键词】美丽乡村　乡村旅游　灰色关联度　耦合效应

［中图分类号］F830.9　　　［文献标识码］A

1. 引言

党的十八大报告提出："努力建设美丽中国，实现中华民族永续发展"，首次诠释了将生态文明建设放在突出地位实现城乡统筹协调可持续发展的美丽中国新内涵。2013年，中央一号文件依据"美丽中国"方针，明确了加强农村生态建设、环境保护和综合整治，努力建设美丽乡村的重要任务。中国要富，农民必须富；中国要美，农村必须美。

农村发展的失衡和不对称提出了乡村和谐发展的要求（Plotnikova，2015），农村的和谐发展应该基于本土居民的经济、社会和文化等需要，并重点关注乡村环境的改善，考虑各种有利和可能的限制性因素（Nitescu，2014）。由于现代化和全球化的渗透，过去的几十年中，农村地区的社会和经济都发生了巨大的变化，传统的经济模式已经不能满足当地就业的需求。目前，旅游业在农村发展中的地位越来越突出（Hjalager，1996；Hall &

---

* 基金项目：本研究系国家社会科学基金重点项目"美丽中国建设与旅游业健康发展研究"（14AJY024）、国家旅游局2015年度"研究型英才项目"（WMYC20151081）和五邑大学青年科研基金项目（2014sk07）阶段性成果。

通讯作者：陈婷婷，E-mail：sthl2009@163.com。

Jenkins, 1998)。

新形势下，农业、农村与旅游的融合发展，成为美丽乡村建设的重要内容。美丽乡村建设和乡村旅游发展共享资源，美丽乡村建设过程中需要农民、政府部门和社会各界的参与和协作，应进行全面质量管理来提升乡村旅游发展的经济、文化和社会效益(Saarinen & Lenao, 2014; Xiaorong, Bojian & Huili, 2013)。

美丽乡村建设和乡村旅游发展两个系统所包含的因素较多且较复杂，虽然这是两个反映不同属性的系统，然而这两个系统的因素之间由于人类社会活动的物质关联性，存在着一定的关联性。所以本文从系统耦合视角，旨在通过以浙江省安吉县的实践为例，来探讨美丽乡村建设与乡村旅游发展的耦合互动关系，以期为两者协调融合发展提供一定的理论指导和借鉴意义。

2. 研究综述

2.1 美丽乡村

根据 GB/T 32000—2015《美丽乡村建设指南》，美丽乡村是指经济、政治、文化、社会和生态文明协调发展，规划科学、生产发展、生活宽裕、乡风文明、村容整洁、管理民主，宜居宜业的可持续发展乡村，包括建制村和自然村。美丽乡村建设背后涉及一个由土地、房屋、基础设施、乡村景观、政府和游客等缔结而成的行动者网络，在某种程度上正影响着乡村经济、文化、社会和空间的重构(陈培培和张敏，2015)。美丽乡村建设的总体目标是打造"生态宜居、生产高效、生活美好、人文和谐"的示范典型。

随着城市化的推进，城乡收入以及公共服务水平差距越来越大(陈斌开和林毅夫，2013)，大力开展美丽乡村建设，对于实现城乡统筹协调可持续发展具有重要意义。一方面，相较于人造景观，美丽乡村建立在在乡村自然和人文资源整合的基础上，可以充分发掘当地的旅游资源，从而与现代农业和休闲旅游业有机结合。另一方面，乡村性是乡村旅游营销的主题和核心(黄磊等，2014)，美丽乡村建设应该基于可持续发展观念，注重对当地文化和环境的保护。

2.2 乡村旅游

乡村旅游是乡村居民为吸引游客，促进经济发展，基于农业而展开的一系列活动和服务的整体性事务①。政策实施和旅游规划是政府公共部门和企业的共同责任，乡村旅游的发展离不开良好的交通路况、完备的旅游配套设施以及合适的发展模式等。

乡村旅游发展能够增加当地居民的可支配收入，带来更加惬意的乡村生活，增加游客出游的多样化选择以及动机(Ionel, 2014)，而且还能够促进乡村经济发展，改善乡村环境，提高农民整体素质以及乡村领导部门的管理意识(Mihaela & Larisa, 2013)。此外，根据社会交换理论，参与乡村旅游发展活动的目的地居民能获得更多的利益。在乡村旅游目

---

① Gannon, M. *Rural tourism in the Kloeze* [M]. UK: Channel View Publications, 1994, 12(1): 33-38.

的地居民看来，乡村旅游能够带来经济、环境和社会几个方面的效益，其中经济效益的影响所占比重最大①。但是受教育水平较低的村民，通常并不能很好地意识到乡村旅游发展所产生的效益。

2.3 农村建设与乡村旅游发展

美丽乡村建设与乡村旅游都是涵盖环境、经济、社会和文化等各个方面的整合系统，系统是由相互关联和相互作用的诸多要素整合在一起，具有等级性、时序性和动态平衡性等特征的有机体，物质、能量和信息在系统要素之间流动。由于产品、产业、开发、管理、人才、环境等因素的制约，美丽乡村建设对于乡村旅游健康发展来说是一个良好的契机(陈志军，黄细嘉 2014)。耦合属于物理学概念，它以系统科学为基础，表现为两个或两个以上的系统之间相互作用、相互影响和相互协调促进的动态联系(高楠等，2013；张勇等，2013)。

近郊旅游需求能够推动美丽乡村的建设(关春雨，2015)，可以从资源开发的整体规划、乡土景观的合理营造、精品线路的科学构建和旅游资源的永续利用四个方面进行美丽乡村建设下的乡村旅游资源开发(游洁敏，2013)。美丽乡村理念指导着乡村旅游发展，而乡村旅游发展促进美丽乡村建设，二者是相互促进的关系(吴国琴，2015)。

与中国大陆乡村农耕经济相似的韩国、日本和中国台湾地区也从不同方式探索乡村建设，现将这几个国家和地区与中国大陆农村建设与乡村旅游互动发展的情况进行对比分析，如表1所示。从表1可以看出，各个国家和地区都是根据自身的经济发展情况和自然地理条件开展了不同模式的乡村建设和旅游发展，由于中国大陆与韩国、日本和中国台湾的文化特质、配套设施和地理状况存在一定的差异，应该本着因地制宜和逐步推进的原则来借鉴它们的乡村建设和旅游发展经验。

表1　　　　中国大陆、韩国、日本和中国台湾农村建设与乡村旅游发展情况②

国家与地区	农村建设	时代背景	旅游发展措施
中国大陆	美丽乡村	2005年，统筹城乡发展，推进社会主义新农村建设	打造知名农产品品牌，带动农村生态旅游发展
韩国	新村运动	20世纪70年代末，促进农民增收，改变农村面貌	调动农民积极性，利用村庄资源开发旅游、庆典和观光活动等
日本	一村一品	20世纪70年代末，通过政府引导，形成地方和产品特色	振兴农村，重视维护乡村景观、农业和民俗与旅游景观相结合
中国台湾	富丽乡村	20世纪90年代，包括产业发展、基础设施、生态环境、景观保护等方面	农村再生，美化农村环境，传承农村文化特色，转变农业增长模式，发展乡村休闲旅游业

---

① Abdollahzadeh, G, Sharifzadeh, A. Rural residents' perceptions toward tourism development: A study from Iran [J]. *International Journal of Tourism Research*, 2014, 16(2): 126-136.

② 资料来源：唐珂，刘祖云，何艺兵. 美丽乡村国际经验及其启示[M]. 北京：中国环境科学出版社，2014：277-285.

总的来说，目前学者们对于美丽乡村建设与乡村旅游发展关系的揭示主要有以下两种思路：（1）从单方向来分析美丽乡村建设对于乡村旅游发展的重要影响（刘锋，2015）；或者乡村旅游发展对美丽乡村建设的推动作用（乔海燕，2014；吴理财、吴孔凡，2014）；（2）只是局限于用定性方法指出二者之间的相互关系①，并未从定量上有针对性地探讨二者之间的关系是如何互动和演进的。

基于以往研究的局限性，本文将美丽乡村建设与乡村旅游发展看成两个反映不同属性但共享资源的系统，构建了两个系统耦合度测量的指标体系和模型，并以浙江省安吉县为例进行了实证分析。

3. 美丽乡村建设与乡村旅游发展耦合互动的模型

3.1 系统指标体系选择依据

国内学者和管理人员都对美丽乡村的评价和验收给出了相关建议，为我国美丽乡村建设提供了指南。如黄磊等人从美丽乡村的内涵和本质入手，构建了包括生态经济体系、生态环境体系、生态宜居体系、生态文化体系和生态支撑保障体系在内的五大子体系共30个指标的美丽乡村评价指标体。这个指标体系相对来说比较全面，但是很多指标难以进行量化实践，不能很好落地。

浙江省一直走在全国美丽乡村建设的前列，尤其是浙江省安吉县，树立起美丽乡村建设的典范，并参与了国家标准《美丽乡村建设指南》的起草。《美丽乡村建设指南》主要从村庄规划、村庄建设、生态环境、经济发展、公共服务、乡风文明、基层组织和长效管理8个方面22项具体化指标上对我国美丽乡村建设进行了具体规定。相较于浙江省的地方性标准《美丽乡村建设规范》，国家标准对美丽乡村的内涵进行了延伸，不仅包括建制村而且将自然村纳入美丽乡村建设范围。此外，国家标准更加灵活，为不同类型和特色的乡村建设和发展提供了自由的空间，鼓励因地制宜、科学发展，所以本文在选取美丽乡村系统指标体系时参照的是国家标准。同时，本文基于以往国内外学者对乡村旅游发展的研究和发现，根据中国乡村旅游发展实践，选取了经济效益、生态环境效益以及社会文化效益3大一级指标及9个二级指标组成的乡村旅游发展系统指标体系。

3.2 耦合度测量模型

美丽农村建设与乡村旅游发展系统之间的耦合效应可能会存在一定的动态性，因此，为了便于对两个系统的耦合关系进行定量分析，需要充分考虑系统之间的关联性以及时序性。所以，本文采用了灰色关联度分析方法，并设定乡村旅游发展为参考序列，指标数为m，美丽乡村建设为比较序列，指标数为n。然后，求出两个序列的灰色关联度，关联度越大，比较序列与参考序列的发展方向越相近，关系就越紧密。

---

① 吴国琴. 乡村旅游引导美丽乡村建设研究——以河南省信阳市郝堂村为例[J]. 信阳农林学院学报，2015，3（1）：34-36.

考虑到系统中各个指标的量纲或者数量级的不同，为了方便比较需要对每个数据进行标准化，也就是初值化处理。

$$Z_{m,n}(k) = (X_{m,n} - \bar{X}_{m,n}) / \delta_{m,n} \tag{1}$$

然后，计算美丽乡村建设与乡村旅游发展系统之间的关联系数如下：

记 $\Delta_{m,n}(k)$ 为第 k 时刻 $Z_m(k)$ 与 $Z_n(k)$ 的绝对差，则

$$\Delta_{m,n}(k) = |Z_m(k) - Z_n(k)| \tag{2}$$

接着，分别对 $\Delta_{m,n}(k)$ 求两级最大差 Δ_{max} 和两级最小差 Δ_{min}，当 $t = k$ 时，记 $L_{m,n}(k)$ 为比较序列与参考序列的关联系数，则

$$L_{m,n}(k) = \frac{\Delta_{\min} + \rho \Delta_{\max}}{\Delta_{m,n}(k) + \rho \Delta_{\max}} \tag{3}$$

式中：$\Delta_{\max}$ 为 $\max\limits_m \max\limits_m \Delta_{m,n}(k)$，$\Delta_{\min}$ 为 $\min\limits_m \min\limits_m \Delta_{m,n}(k)$，$\rho \in [0,1]$ 为分辨系数，其作用是削弱由于最大值太大而造成数据失真的影响，从而提高关联系数的差异显著性。根据以往研究，当 $\rho \leqslant 0.5463$ 时，分辨率是最好的，所以通常选取 $\rho = 0.5$。

此外，按照样本数来求关联系数的均值，可以得到一个关联度矩阵 r_{mn}。进而，参考各个关联度 r_{mn} 来分析美丽乡村建设中的诸因素与乡村旅游发展之间的相关程度。

若 $0 < r_{mn} < 1$，则 $Z_m(k)$ 与 $Z_n(k)$ 存在关联性，而且 r_{mn} 越大，耦合作用越强；当 $0 < r_{mn} \leqslant 0.35$ 时，关联性较弱，两个系统指标间的耦合性也就较弱；$0.35 < r_{mn} \leqslant 0.65$ 时，关联度中等，两个系统指标间的耦合性也就处于中等水平；当 $0.65 < r_{mn} \leqslant 0.85$ 时，关联度较强，两个系统指标间的耦合性也就较强；当 $0.85 < r_{mn} \leqslant 1$ 时，关联度极强，两个系统指标间的耦合性也就极强。

然后，对关联度矩阵分别按行求均值，可以筛选并分析美丽乡村建设对乡村旅游发展的主要影响项目，以及乡村旅游发展对美丽乡村建设的重要支撑要素。

$$\begin{cases} r_m = \dfrac{1}{q} \sum\limits_{n=1}^{q} r_{mn} \\ r_n = \dfrac{1}{p} \sum\limits_{m=1}^{p} r_{mn} \end{cases} \tag{4}$$

式中，p、q 分别为乡村旅游发展系统和美丽乡村建设系统的指标数。

最后，为了准确比较两个系统之间的耦合度，基于以上分析，本文构造了美丽乡村建设与乡村旅游发展相关联的耦合度模型。

$$C(k) = \frac{1}{p \times q} \sum_{m=1}^{p} \sum_{n=1}^{q} L_{m,n}(k) \tag{5}$$

4. 美丽乡村建设与乡村旅游发展耦合互动的实证分析

4.1 数据来源

浙江省安吉县于 2008 年率先提出用 10 年时间将全县 187 个村建设成"村村优美、家

家创业、处处和谐、人人幸福"的中国美丽乡村,并相继出台了《建设"中国美丽乡村"行动纲要》、《美丽乡村标准体系》等20多个地方标准,形成了由45项建设指标和36项量化指标组成的美丽乡村建设标准指南,覆盖了美丽乡村建设的全过程。截至2015年,安吉县已建成精品村164个,美丽乡村覆盖率达95.7%以上,呈现出一村一品、一村一韵、一村一景的大格局。通过经营乡村县域全面推进美丽乡村建设,安吉在追求美丽乡村总体建设过程中形成了独具特色的安吉模式,成为全国新农村建设的鲜活样本。

考虑数据的可得性、可靠性和完整性,本文选择对安吉县2006—2015年美丽乡村建设与乡村旅游发展的耦合互动关系进行实证研究。本文所采用数据均来源于《安吉县旅游统计年鉴》和安吉县美丽乡村建设成果报告,由于数据缺失等原因,2015年安吉县美丽乡村建设指标是根据美丽乡村覆盖率进行测算的。

4.2 耦合度测量指标体系构建

由于山区、丘陵和平原几种类型的村庄的林草覆盖率不同,本文考虑到指标对于乡村建设的反映效果和量化实践,首先设计了村庄建设、生态环境、经济发展、公共服务和长效管理这5个一级指标及其下21个二级指标构成的美丽乡村建设系统指标体系。通过计算发现农膜回收率、畜禽粪便综合利用率、生活污水处理农户覆盖率、户用卫生厕所普及率、村卫生室建筑面积和学前一年毛入园率与美丽乡村建设系统中其他指标的相关系数明显高于0.95,而乡村旅游发展系统中门票收入、人均纯收入和游客接待量与系统中的旅游总收入指标相关性太大,故将这些指标分别合并到对应的高级指标中。

另外,九年义务教育巩固率、农村五保供养目标人群覆盖率和农村五保集中供养能力与乡村旅游发展系统中一些指标的相关系数大于0.95,按照独立性原则,保留指标较少的乡村旅游发展系统中的指标,并删除这几项指标。根据美丽农村建设与乡村旅游发展系统的内涵和特征,本文所构建的美丽乡村建设与乡村旅游发展耦合度测量指标体系如表2所示。

表2 美丽乡村建设与乡村旅游发展耦合度测量指标体系表

系统	一级指标	二级指标与标准
美丽乡村建设	村庄建设 B1	路面硬化率(100%) B11
	生态环境 B2	工业污染源达标排放率(100%) B21
		农作物秸秆综合利用率(70%) B22
		病死畜禽无害化处理率(100%) B23
		生活垃圾无害化处理率(80%) B24
		清洁能源使用的农户数比例(70%) B25
	经济发展 B3	适龄劳动力就业率(95%) B31
	公共服务 B4	九年义务教育目标人群覆盖率(100%) B41
		基本养老服务补贴目标人群覆盖率(50%) B42
		村民享有城乡居民基本医疗保险参保率(90%) B43
	长效管理 B5	管护人员比例(常住人口2%) B51

系统	一级指标	二级指标与标准
乡村旅游发展	经济效益 R1	旅游总收入 R11
	生态环境效益 R2	环保投资额 R21
		旅游景点数 R22
	社会文化效益 R3	旅游从业人数 R31
		村民满意率 R32
		村务财务公开度 R33

4.3 系统耦合度测量过程

根据公式(1)~公式(4),计算出美丽乡村建设与乡村旅游发展系统的关联度矩阵如表3所示。从表3中可以观察到,两个系统各指标之间的关联度介于0.5724与0.8417之间。根据前文所述的关联度等级分类标准,表3中处于中等水平关联度数值所占比例为15.15%,较强水平关联度数值所占比例为84.85%。可见,美丽乡村建设与乡村旅游发展系统指标的关联度以较强为主,目前极强和极弱范围的关联度都没有呈现出来。上述结果表明,美丽乡村建设与乡村旅游发展各指标之间的关系比较紧密,美丽乡村建设在一定程度上是根据游客消费和当地旅游发展的需求而开展的。

表3　　　　　　　　　　　　美丽乡村建设与乡村旅游发展关联度矩阵

		B1(0.7374)	B2(0.7119)					B3(0.7266)	B4(0.7307)			B5(0.6495)
		B11	B21	B22	B23	B24	B25	B31	B41	B42	B43	B51
R1(0.7338)	R11	0.7671	0.7648	0.6846	0.7636	0.7045	0.8109	0.6804	0.7195	0.7720	0.6687	0.7359
R2(0.7076)	R21	0.7965	0.7430	0.7096	0.7536	0.8417	0.7624	0.7173	0.7620	0.8000	0.6964	0.6570
	R22	0.6821	0.5968	0.7908	0.6004	0.7001	0.5890	0.6652	0.6948	0.6299	0.7754	0.6028
R3(0.7137)	R31	0.7318	0.7243	0.7979	0.7050	0.7062	0.6762	0.7883	0.6706	0.7483	0.8229	0.6384
	R32	0.6791	0.6116	0.7305	0.6204	0.7598	0.5930	0.8084	0.7173	0.6959	0.7767	0.5724
	R33	0.7676	0.6755	0.7682	0.6924	0.7914	0.6880	0.6998	0.7734	0.6647	0.7642	0.6907

此外,根据表3,还可以发现,大部分美丽乡村建设系统一级指标与乡村旅游发展存在较强的关联性。但是,相较于长效管理(0.6495),村庄建设(0.7374)、公共服务(0.7307)、经济发展(0.7266)和生态环境(0.7119)对乡村旅游发展的支撑作用更强。而几乎所有的乡村旅游发展系统中一级指标与美丽乡村建设之间的关联度都较强,而且经济效益(0.7338)和社会文化效益(0.7137)要比生态环境效益(0.7076)对于美丽乡村建设的影响更大。总的来说,由于两个系统各个指标之间的关联度不尽相同,而且各一级指标下

的二级指标之间的关联度也存在差异，因此，美丽乡村建设与乡村旅游发展的耦合效应存在一定的复杂性。

为分析两个系统在不同时间段的耦合强度，根据公式(5)构造的耦合度模型，将前文分析的数据代入计算，得出 2006—2015 年美丽乡村建设与乡村旅游发展耦合度。为便于更好地分析两个系统之间耦合的发展趋势，我们绘制了美丽乡村建设与乡村旅游发展系统耦合度变化曲线和趋势图，如图 1 所示。

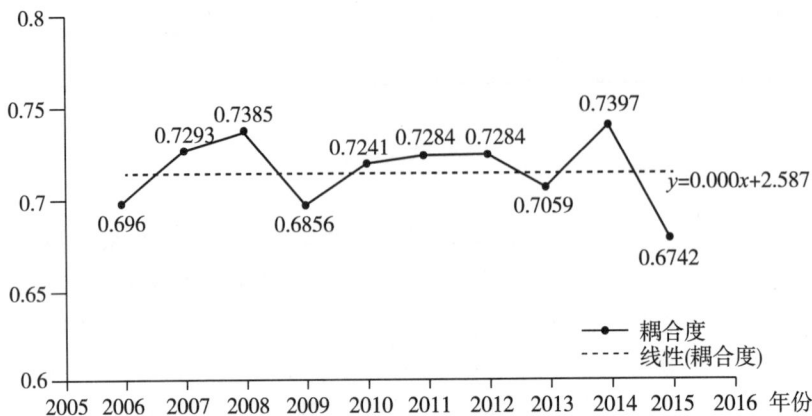

图 1　安吉县美丽乡村建设与乡村旅游发展耦合度变化趋势

4.4　结果分析

根据图 1，美丽乡村建设与乡村旅游发展耦合度介于 0.6742~0.7397，呈现出明显的波动性，这说明在美丽乡村建设的不同阶段，它与乡村旅游发展的耦合强度存在一定的差异。

从图 1 可以看出，2006—2008 年，系统之间的耦合作用不断增强。从 2000 年开始，安吉县就实施了生态立县的战略，并于 2006 年被评为国家生态县，2007 年该县提出中国美丽乡村的构想，随后 2008 年 1 月正式开始美丽乡村建设工作。这一时期是安吉县美丽乡村建设的起步阶段，路面硬化率的提高和一些基础设施的建设为乡村旅游发展提供了良好的辅助条件。

但是到 2009 年，系统间耦合效应明显降低。这个时期，面临的困境是建设美丽乡村并没有可以借鉴的先例和蓝本，同时也没有一套切实可行的参照标准体系。于是，将农业产业标准化理念运用于美丽乡村建设成为安吉美丽乡村建设的工作重点。

接着，2010—2012 年，系统间的耦合度不断提高，说明标准化与美丽乡村建设之间的嫁接是成功的。同时，这个时期的美丽乡村建设充分挖掘了当地的旅游资源，许多农村特色旅游项目吸引了大批城乡游客，大力撬动了乡村旅游经济。

而 2013 年，系统间的耦合作用减弱。虽然美丽乡村前期取得了很大的成功，但是安吉对于美丽乡村的内涵并不明确，而且美丽乡村建设的考评缺乏有效的规范和标准，限制了美丽乡村建设对于乡村旅游发展的拉动作用。

2014年，随着《美丽乡村建设规范》的制定和实施，系统间的耦合度随之上升到十年内的最高值。这个时期，乡村环境景观美、乡村文化风情美、乡村产品系统美、乡村配套设施及服务美和乡村城镇化建设美，使得以旅游为导向的安吉美丽乡村建设为乡村旅游发展奠定了扎实的基础。此外，国内外城乡游客的到访，对当地居民素质的提高和乡土特色文化的传播产生了深刻的影响。

2015年，系统间的耦合作用大幅降低。美丽乡村建设是一个涉及多方面资源配合的系统的大工程，尽管此时的美丽乡村建设逐步趋向成熟，但是暴露出许多急需正视和解决的问题。例如，安吉在先前的美丽乡村建设项目规划和实施中没有很好地考虑到旅游资源的开发，造成投资的浪费和改组工作的困难。同时，各村在村庄改造过程中未能高度重视文化传承、特色建筑的保护以及本土乡韵村品的突出，这些问题都阻碍了该县美丽乡村建设与乡村旅游的统筹发展。

总的来说，安吉县美丽乡村建设与乡村旅游发展之间的耦合作用较强，美丽乡村的建设确实拉动了当地乡村旅游的快速发展。反过来，乡村旅游的发展促进了乡村经济的转型升级，提高了农民对美丽乡村建设的热情，推动了美丽乡村建设总体目标的实现。

5. 结论与启示

本文在以往研究的基础上，采用灰色关联度分析方法，不仅从美丽的角度看乡村建设，而且从旅游的视角分析美丽乡村建设路径，对美丽乡村建设与乡村旅游发展的耦合互动关系进行了实证研究。美丽乡村的建设应坚持政府主导、村民主体、以人为本、因地制宜的原则，持续改善农村的人居环境，促进生产、生活和生态的协调发展。乡村旅游的发展可以美丽乡村建设为契机来盘活农村的经济，焕发农民新的精神面貌。基于前文研究，可以得出以下几个方面的结论：

（1）美丽乡村建设为拉动乡村旅游发展提供了良好的旅游环境。从地方营销的角度看，美丽乡村建设带来了整洁的乡村风貌、美丽的乡村环境、淳朴的乡村生活、健全的乡村公共服务和完善的乡村旅游基础设施设备，这些都是乡村旅游的吸引物，并为乡村旅游的发展提供了一定的优惠政策和资金支持，促进了乡村旅游的健康可持续发展。

（2）乡村旅游发展对推动美丽乡村建设形成了良好的带动效应。美丽乡村建设光有美丽是不够的，如何带动村民致富，提高农民的幸福感，促进乡村的和谐发展，也是美丽乡村建设的根本任务。而以美丽乡村建设为契机的乡村旅游发展促进了当地农业产业化发展，引领许多地地道道的农民成为旅游从业者，并促使他们接触新知识、掌握先进的科学技术。乡村旅游拉动了旅游消费，切实提高了美丽乡村的经济效益，使得乡村的管理者和农民有更高的积极性投身于美丽乡村的建设。

（3）美丽乡村建设与乡村旅游发展具有较强的时空耦合性。美丽乡村建设与乡村旅游发展均涉及农业、农村、农民和生态等方面，在经济发展、基础设施、生活幸福和生态环境等目标上有着共同的任务。美丽乡村建设的成果可以通过乡村旅游的发展和巩固达到效用的最大化，而乡村旅游发展的效益又可以用于推动美丽乡村的建设。二者之间是高度关联和耦合的，形成互利共生的和谐关系。

（4）美丽乡村建设需要与乡村旅游发展进行有机融合。根据前文分析，既然美丽乡村建设与乡村旅游发展的耦合是复杂的，而且具有较强的时空性，那么有必要将二者进行有机融合发展。一方面，美丽乡村建设过程中要充分考虑乡村旅游发展的需要，提高基础设施和乡村环境整治的共用性，节约投资资金，避免重复建设。另一方面，乡村旅游发展要突出乡村特色和文化风韵，增强农民对生态环境的保护意识，推广宣传美丽乡村建设的成果，提升美丽乡村的知名度和竞争力。需要注意的是，无论是美丽乡村建设还是乡村旅游发展，农民都是参与的主体，充分调动农民的积极性和能动性是二者统筹发展的基础。

根据浙江省安吉县的美丽乡村建设实践，美丽乡村建设与乡村旅游发展具有较强的耦合效应。农业部发布的美丽乡村建设十大模式，包括产业发展型、生态保护型、城郊集约型、社会综治型、文化传承型、渔业开发型、草原牧场型、环境整治型、休闲旅游型和高效农业型，基本涵盖了美丽乡村建设"环境美"、"生活美"、"产业美"、"人文美"的内涵。每种模式对应的美丽乡村建设与乡村旅游发展的耦合互动关系究竟是怎样的，还需要进一步的研究进行探索，从而为不同类型的乡村发展旅游提供有力的理论指导。另外，本文在构建系统耦合度测量指标时参照的国家标准缺乏一定的灵活性，未来的研究可以考虑将目的地居民的幸福感纳入作为一个更加科学的指标来分析二者之间的关系。

◎ 参考文献

[1]陈斌开，林毅夫. 发展战略、城市化与中国城乡收入差距[J]. 中国社会科学，2013，6(4).

[2]陈培培，张敏. 从美丽乡村到都市居民消费空间——行动者网络理论与大世凹村的社会空间重构[J]. 地理研究，2015，34(8).

[3]陈志军，黄细嘉. 美丽中国视阈下的乡村旅游转型与升级[J]. 未来与发展，2014，31(8).

[4]高楠，马耀峰，李天顺等. 基于耦合模型的旅游产业与城市化协调发展研究——以西安市为例[J]. 旅游学刊，2013，28(1).

[5]关春雨，郑卓漩. 基于需求推动视角的美丽乡村建设研究——以广州黄埔古港为例[J]. 南方论刊，2015，23(8).

[6]黄磊，邵超峰，孙宗晟等. "美丽乡村"评价指标体系研究[J]. 生态经济(学术版)，2014，5(1).

[7]刘锋. 让旅游成为美丽经济和幸福生活的融合体——"十三五"旅游发展创新突破[J]. 旅游学刊，2015，30(3).

[8]乔海燕. 美丽乡村建设背景下浙江省乡村旅游转型升级研究[J]. 中南林业科技大学学报(社会科学版)，2014，8(1).

[9]吴国琴. 乡村旅游引导美丽乡村建设研究——以河南省信阳市郝堂村为例[J]. 信阳农

林学院学报，2015，3(1).

[10] 吴理财，吴孔凡. 美丽乡村建设四种模式及比较——基于安吉、永嘉、高淳、江宁四地的调查[J]. 华中农业大学学报(社会科学版)，2014，109(1).

[11] 游洁敏. "美丽乡村"建设下的浙江省乡村旅游资源开发研究[D]. 杭州：浙江农林大学，2013，11(1).

[12] 张勇，蒲勇健，陈立泰. 城镇化与服务业集聚——基于系统耦合互动的观点[J]. 中国工业经济，2013，303(6).

[13] Abdollahzadeh, G., Sharifzadeh, A.. Rural residents' perceptions toward tourism development: A study from Iran [J]. *International Journal of Tourism Research*, 2014, 16 (2).

[14] Bertalanffy, L. V. General system theory: Foundations, development, applications [J]. *Journal of the American Medical Association*, 1968, 208(2).

[15] Gannon, M. *Rural tourism in the Kloeze* [M]. UK: Channel View Publications, 1994.

[16] Hall, C. M., Jenkins, J. The policy dimensions of rural tourism and recreation [J]. *Tourism and Recreation in Rural Areas*, 1998, 25(3).

[17] Hjalager, M. A. Agricultural diversification into tourism: Evidence of a European community development programme [J]. *Tourism Management*, 1996, 17(2).

[18] Mihaela, R., Larisa, P. Developing rural tourism through European funds[J]. *Studies in Business and Economics*, 2013, 8(3).

[19] Nitescu, A. Aspects of rural development in Romania [J]. *Annals of the University of Petrosani Economics*, 2014, 14(1).

[20] Plotnikova, M. Conceptual basis for ukraiian rural development [J]. *Regional Formation and Development Studies*, 2015, 17(2).

[21] Saarinen, J., Lenao, M. Integrating tourism to rural development and planning in the developing world [J]. *Development Southern Africa*, 2014, 31(3).

[22] Xiaorong, N., Bojian, X., Huili, Z. The application of total quality management in rural tourism in the context of new rural construction-the case in China[J]. *Total Quality Management and Business Excellence*, 2013, 24(9/10).

Coupling Relationship between Construction of Beautiful Village and Development of Rural Tourism

—From the Empirical Evidence of Anji County

Chen Tingting[1]   Xiong Shasha[1,2]

(1, 2 Economics and management School of Wuhan University, Wuhan, 430072;

2 Wuyi University, Jiangmen, 529020)

Abstract: This research tries to analysis the coupling induction between construction of beautiful village and development of rural tourism from the empirical evidence of Anji County. We find that the two systems exits stronger relational effects, and the coupling influence is different with the change of time. Moreover, the authors discuss the implications surrounding the implications and offer several directions for future research.

Key words: Beautiful village; Rural tourism; Grey relational degree; Coupling induction

专业主编：曾伏娥

珞珈管理评论［2017 年卷 第 3 辑（总第 22 辑）］　Luojia Management Review No. 3，2017(Sum. 22)

基于 VAR 模型的碳价格影响因素研究

——以湖北碳排放交易为例*

● 郑君君[1]　邵　聪[2]

（1，2　武汉大学经济与管理学院　武汉　430072）

【摘　要】本文从宏观与微观的角度分析碳排放交易价格的影响因素，并运用 VAR 模型进一步深入分析碳价格形成的可能机制。实证结果表明，湖北碳排放权价格（HBEA）对数收益率主要受其自身的历史数据的影响，这反映出碳交易市场效率不高。原油价格的变动幅度与欧盟碳排放权价格（EUA）对数收益率也对 HBEA 对数收益率有一定的影响，其中，原油价格波动对 HBEA 对数收益率有负的冲击，EUA 对数收益率对 HBEA 对数收益率在短中期有负的冲击。而煤炭期货价格对数收益率和市场指数对数收益率对 HBEA 对数收益率的影响相对较小。最后，本文提出了完善相关的能源政策，提高企业碳交易意识，推进碳金融衍生品市场发展等政策建议。

【关键词】碳市场　碳交易价格　影响因素　VAR 模型

［中图分类号］F12　　　［文献标识码］A

1. 引言

随着人类经济社会的不断发展，环境问题日益凸现出来，其中二氧化碳等温室气体的大量排放对环境造成的危害逐渐成为人们讨论的热点，众多学者就环保问题展开了研究（Agliardi 等，2012；郑君君等，2017）。作为有效控制二氧化碳等温室气体排放的一种手段，关于如何完善碳排放权交易体系的讨论不断地深入。排污权交易理论最早由 Dales 于1968 年在《污染、财产与价格：一篇有关政策制定和经济学的论文》一文中提出，他界定了排污权的定义：在符合法律规定的条件下权利人向环境排放污染物的权利，这也是后来学者研究排污权问题最基础的理论。Montgomery 从理论上证明了用排放权解决污染问题可以使得总的成本最低，即排污权在解决环境问题中是有效的。之后，Hahn 又对如何设计

---

* 基金项目：本文是湖北省教育厅哲学社会科学研究重大项目"经济新常态下湖北省环境污染治理机制研究"（16zd002）的阶段性成果。

通讯作者：郑君君，E-mail：99zhengjunjun@ 163. com。

185

和实施排放权进行了早期的研究。在理论研究的基础上，排放权交易得以实施并逐步发展，2005 年全球碳排放市场建立，目前已有多个国家或地区建立了碳排放交易体系。我国的碳排放交易起步相对较晚，但自 2013 年以来，我国七个试点碳交易市场相继开市，我国的碳排放交易取得了快速的发展。

在碳排放权交易市场中，碳价格作为一个重要的信号，不仅反映出碳排放权交易的活跃性，影响投资者的决策，同时也关系到碳市场的有效性。研究碳价格对于完善和进一步发展我国碳排放交易市场以及碳金融市场具有一定的政策含义。从国内外的研究结果来看，碳排放权交易价格存在明显的波动性，其价格的变动受到自身价格、相关碳产品价格、能源价格、宏观经济等多种因素的影响，而在不同的研究背景下各种因素对碳价格的影响又存在差异。例如，陈晓红等（2013）认为美国芝加哥气候交易中合约配额价格主要受配额工序、能源价格、天然气价格的影响；Sousa 等（2014）认为碳价格与电力、煤炭价格存在相关关系，而与天然气价格之间不存在显著的相关性；Bredin 等（2016）认为持有碳配额现货和短期期货头寸所带来的收益与市场利率之间的差异会导致碳配额市场价格的波动；Balietti 等（2016）则在实证研究中发现，交易者的类型会对欧盟碳排放权（EUA）现货价格的波动性产生影响，其中，能源供应商的交易活动对 EUA 现货价格波动幅度的影响程度最大。可见，碳价格的波动具有复杂性，且不同地区碳配额交易市场上的价格变动具有异质性。基于此，本文将以湖北省碳排放权交易市场为例对我国碳市场价格的决定因素进行分析，以探究市场有效性。

2. 文献综述

对于碳排放权交易的研究，国内外学者运用理论模型和实证检验，进行了逐步深入的研究。对于碳排放权定价的理论模型研究，Soest 等（2006）分析认为可以通过衡量污染量的影子价格与其市场价格的差别来对排污权进行定价分析，也可以直接运用成本-收益模型来分析碳价格。张坤等（2013）提出可利用分散决策模型对碳排放权交易一级市场进行定价，证明了其可行性，并设计了实施步骤。朱跃钊等（2013）选取实物期权定价模型，并运用欧盟配额短期期权交易数据进行实证研究，认为利用 B-S 模型对碳排放配额进行定价可以为我国提供借鉴。可见，在理论层面上，学者们较为关注碳配额的定价模型，而事实上，影响碳价格的因素是多种多样的，只有理解碳价格变动的联动机制，我们才能构建更加合理的定价模型。基于此，本文将对我国碳价格波动的影响因素进行分析。

在实证分析层面，学者们主要对碳价格的波动性以及不同碳排放权交易市场上碳价格的影响因素进行了探究。对于碳价格的波动特点，陈伟等（2013）利用 R/S 分形法对欧盟排放交易体系（EU ETS）和芝加哥环境交易所（CCX）的碳排放交易数据进行分析，发现 CCX 的市场效率相对 EU ETS 低，价格存在正持续性，而 EU ETS 中 EUA 价格存在周期不定的长期持续性波动，CER 价格则基本呈随机波动。Arouri 等（2012）从现货和期货价格的相互关系的角度，运用 VAR 模型和 STR-EGARCH 模型分析欧盟碳排放交易第二阶段的 EUAs 即期与远期价格之间的动态关系，认为碳即期产品与远期产品价格之间呈非对称、非线性关系。王军锋等（2014）采用自回归模型分析了欧盟碳排放交易市场上不同碳排放权交易产品价格对碳配额现货的影响，认为随着市场发展，不同产品间价格关系会越来越紧密。

对于碳价格波动影响因素，学者们采用了不同的实证方法进行分析。Benz 等（2009）运用马尔科夫状态转移模型和 AR-GARCH 模型对 EUA 收益率的波动性进行研究，认为碳价格与政策因素、未来交易的不确定性及天气的不确定性等因素相关。Chevallier（2011）运用马尔科夫转换 VAR 模型研究了欧盟碳价格与宏观经济、能源价格之间的关系，认为碳价格会受到宏观经济的影响，同时，能源价格中布伦特原油价格对碳价格的影响最为明显。Hammoudeh 等（2014）运用分位数回归法研究了欧洲能源交易所的 EUA 价格与原油、天然气、煤炭、电力价格之间的关系，认为碳价格与这些因素均相关，且在不同的状态下影响的方向可能不同。Sousa 等（2014）运用多元小波分析方法探究了碳价格与能源价格以及经济活动之间的关系，其实证结果表明碳价格与电力、煤炭价格存在相关关系，而与天然气价格之间不存在显著的相关性。由于国内碳交易起步较晚，对于中国碳交易价格的研究主要基于 CDM 项目下产生的 CER 价格。马艳艳等（2013）以中国碳交易市场 CDM 项目产生的 CER 价格为研究数据进行实证分析，认为中国 CDM 价格与国际原油期货价格、EUA 期货价格具有正相关关系，与联合国对中国 CDM 项目的 CER 签发率有微弱负相关关系。可见，在实证研究方面，学者们多以欧盟碳交易市场的交易数据为基础进行分析，鲜有针对我国的碳交易市场展开的实证研究。然而，我们知道，由于经济环境的差异，不同碳交易市场中交易价格的影响因素往往会存在差异，以我国碳排放权交易数据为基础进行研究具有重要的现实意义。

在对价格等时间序列进行实证检验时，学者们采用不同的计量模型并对模型不断进行优化。在价格的波动性分析及预测中主要选取 GARCH 模型，马尔科夫模型等进行研究（Benz 等，2009；Chevallier，2009；Byun 等，2013）；在研究价格间的动态关系方面，学者采用了多元回归模型，VAR 模型及其相关拓展模型等方法进行实证研究（Chevallier，2011；方舟等，2011；郑君君等，2014）。由于本文研究的是碳排放权交易价格的影响因素，选取 VAR 模型进行实证分析。

综上所述，学者们对于碳排放权交易价格进行了大量的理论与实证研究，而实证研究多以国外交易市场上的碳价格作为对象，对国内碳市场的研究大多集中在定性研究上，例如 Zhang 等（2014），李志学等（2014）以及其他学者对我国碳交易机制的设计、目前碳市场的运行状况等进行了定性分析，实证研究相对较少。而事实上，对我国碳交易市场上碳价格波动影响因素的研究有助于我们更好地把握我国碳交易市场的运行状况，并在此基础上制定合理的定价机制以及完善碳交易体系。基于此，本文通过实证研究对目前我国碳价格影响因素进行探究，希望通过分析对完善和进一步发展我国碳排放交易市场以及碳金融市场带来一定的参考价值。

3. 碳价格影响因素分析

对于碳价格的影响因素，学术界运用不同的计量方法进行了不同的研究，本文从宏观和微观两个方面进行分析。

3.1 宏观因素

3.1.1 经济环境因素

经济环境的好坏通过影响碳排放权的需求而影响碳交易价格。从我国各交易试点的控制范围来看，工业以及制造业是主要的控排目标，而工业以及制造业的发展与经济周期具有很强的正相关性，当经济发展处于繁荣时期时，社会总需求量高，投资规模、生产规模扩大，对能源的需求增大，产生的碳排放量也相应增加，从而对碳配额的需求也增加，导致碳交易价格上升；当经济处于衰退期时，社会需求缩小，生产与投资规模缩小，产生的碳排放量也下降，对碳配额的需求也相应减少，从而其交易价格也会下跌。例如2008年经济危机以后，欧洲碳市场碳价格从30欧元左右一路下跌至现今的7欧元左右，最低甚至低于5欧元，可见在经济不景气的情况下市场上碳配额过剩导致其价格大幅下降，经济发展状况与碳配额价格呈明显的相关性。

3.1.2 能源价格

碳排放权市场建立的目的主要是控制温室气体的排放，因此，含碳能源价格的变化会影响碳交易价格。目前，人类的生产生活主要是使用含碳能源，因此，在考虑能源对碳交易价格的影响时主要考虑含碳能源相对价格变化对碳交易价格的影响。由于不同能源的产能效率不同，碳排放量也不同，当煤炭、石油、天然气等不同能源的相对价格不同时，企业出于效益考虑会选择相对价格较低的能源以降低生产成本，这就导致碳排放量的差异，影响碳配额的需求，从而影响碳交易价格。

3.1.3 气候因素

气候因素通过影响人们对煤炭、天然气的使用而影响碳排放总量，进而影响对碳配额的需求从而影响碳排放交易的价格。从学者的研究结果来看，当出现极端天气，无论是过冷还是过热的天气变化，人们都会增加煤炭、天然气等能源的使用量，而能源使用量的增加会导致温室气体排放总量的上升，从而受碳配额限制的主体对于碳排放权的需求会增加，这会导致碳排放权交易价格提高，即极端天气出现的频率与碳交易价格呈正相关关系。

3.1.4 政策因素

碳排放权是由于政府的相关政策规定才成为一种稀缺资源进行交易，因此其价格变化也会受到政策因素的影响。

一方面，配额数量直接从供给方面影响碳配额的价格。我国碳交易体系的设计是以总量控制为基础的，各试点根据国家的相关法规以及交易所的相关交易规则确定控排企业的碳配额，配额的多少直接影响企业可排放的温室气体量，实际的碳排放量高于配额量的需要从市场上购买，而有剩余的则可出售配额，因此总的配额数量会影响市场上总的碳排放供给从而影响碳交易价格。

另一方面，碳配额的分配方式也会影响碳交易价格。目前主要的配额分配方式为免费分配和拍卖，两种方式各有优缺点：通过拍卖的方式进行配额的分配可以充分发挥市场机制，使得资源配置相对更为合理，但这种方式会增加企业的成本，使得企业参与碳交易的积极性下降，在碳交易市场尚不成熟时采用这种方式会局限碳市场的发展。目前，我国各试点的配额多以免费分配为主拍卖为辅的方式进行分配，这种分配方式可以降低企业的减排成本，但这种方式容易造成市场扭曲，降低市场效率。不同的配额分配方式会影响企业的碳排放策略，从而间接影响碳交易价格。

3.1.5　技术因素

企业的减排技术水平直接影响企业的碳排放水平，从而影响其对碳配额的需求，进一步影响碳交易价格。控排企业的减排技术水平与其能否在规定期限内达到减排标准直接相关，若企业不能达到标准，则需要在碳交易市场上购买配额。当减排技术发展到一个较高的水平时，企业的碳排放量会降低，从而对碳配额的总需求下降，碳交易价格就会相应降低。碳排放交易的开展也会促进企业提高自身减排水平从而降低生产成本。但考虑到企业的技术水平难以在短时间内得到大幅度的提高，因此，本文认为技术因素在短期内对碳交易价格几乎不产生影响。

3.2　微观因素

从微观层面上来说，对于作为碳交易市场的参与者的企业个体而言，其碳配额是固定分配的，一般只能调节自身的需求。企业为降低生产成本而调节自身的经营活动，从而调节碳排放量，即影响对碳配额的需求。而企业的经营活动往往又与经济环境、能源价格、政策因素等宏观因素相关，因此本文考虑从宏观因素入手进行实证分析。

4. 碳交易价格的实证分析

基于前文的分析，本文选取 VAR 模型进行实证分析。碳交易价格选取湖北碳排放权交易中心从 2014 年 4 月 2 日到 2015 年 3 月 31 日每个交易日的结算价。欧盟碳交易价格选取 EU ETS 体系下欧洲气候交易所的 EUA 现货 2014 年 4 月 2 日到 2015 年 3 月 31 日每个交易日的结算价，同时为方便对比两者的价格关系，选取人民币兑欧元的每个对应交易日的央行中间价将其转换为人民币价格。能源价格选取原油和煤炭价格进行分析，其中，原油价格选取布伦特原油的日交易价格，煤炭价格选取郑州商品交易所的动力煤期货价格，由于期货合约存在时限性，本文选取当月的主力合约价格进行分析。此外，由于宏观经济数据一般没有日数据，本文选取沪深 300 指数来反映宏观经济状况。

4.1　实证模型分析

基于前文的讨论，同时考虑到数据的可得性等方面的问题，本文选取部分变量进行实证研究，并对模型结果作如下假设。

H1：国内碳排放权交易价格与欧盟碳价格呈负相关关系。

在现实中，为了保证碳市场参与者能够更加灵活地使用碳资产，不同的碳市场之间往往会存在关联（Kanamura，2016）。根据京都协议书的规定，不同国家或地区之间可以进行碳排放权的交易，且清洁发展机制（CDM）允许发达国家与发展中国家展开项目级的合作以降低总体碳排放量，因此我们认为我国碳交易市场价格与欧盟碳价格之间存在一定的相关性。当国外碳价格提高时，国外企业会通过与国内企业展开合作获得核证减排量，国内企业可以获得技术转让和额外的资金支持，从而国内企业的减排技术水平提高，减少温室气体的排放，则国内碳价格下降，即国内碳价格与国际碳价格存在负相关性。

H2：碳交易价格与煤炭、原油等能源价格相关。

在总量控制与交易制度下，排污企业的生产经营活动会同时受到能源价格与碳价格的影响，这两种价格之间存在着联动关系（Sousa 等，2014）。从以往的研究结果来看，能源价格是影响碳价格最为重要的因素之一（Alberola 等，2008；Bredin 等，2011；Sousa 等，2014）：在现实的生产过程中，煤炭、原油等的燃烧会带来温室气体的排放，而温室气体的排放量又直接关系到碳配额的需求，因此我们认为煤炭、原油等能源的价格会影响碳价格。根据前文对相关影响因素的分析，不同能源的相对价格变化会影响碳交易价格。和煤炭相比，原油燃烧效率较高，污染也相对较小，当原油价格上升时，企业为降低生产成本会选择价格相对较低但使用效率也较低的煤炭代替原油，这就导致碳排放量上升，对碳配额的需求增加，从而碳排放权交易价格上升，即假设原油价格与碳交易价格呈正相关关系，与煤炭价格呈负相关关系。但考虑到现实生活中有许多的能源产品可以替代，这种关系可能并不明显或者并不一定成立。

H3：碳交易价格与市场指数呈正相关关系。

Christiansen 等（2005）以及 Bredin 等（2011）认为经济增长是影响碳价格的一个重要因素，经济增长越快，碳价格相应也越高。从理论层面来看，当经济处于繁荣期时，社会需求大，企业的生产规模也会相应扩大，从而生产排放量增加，对碳配额的需求也增加，这将进一步导致碳交易价格上升；而当经济萧条时，社会总需求缩减，企业的生产规模也相应缩小，那么生产所排放的温室气体将会减少，社会对碳配额的总需求下降，其价格也会相应下降。因此，我们认为碳交易价格与经济发展呈正相关关系。

由以上假设，得出碳交易价格的 VAR 模型为：

$$HBEA_t = \sum_{i=1}^{p} \alpha_i HBEA_{t-i} + \sum_{i=1}^{p} \beta_i EUA_{t-i} + \sum_{i=1}^{p} \gamma_i Oil_{t-i} + \sum_{i=1}^{p} \delta_i Coal_{t-i} + \sum_{i=1}^{p} \theta_i Index_{t-i} + \varepsilon_t$$

其中，c 为截距项，ε 为随机波动项，p 为最大滞后期。HBEA 代表湖北碳价格，EUA 表示欧盟碳价格，Oil 表示原油价格，Coal 表示煤炭价格，Index 则表示市场指数。

4.2 碳交易价格波动性分析

湖北碳排放权交易中心自开市以来，交易状况较为良好，一直保持着较为稳定的交易价格，价格保持在 20 与 30 元之间波动。与 EUA 价格相比，湖北碳交易价格明显较低，且其波动性小于 EUA 价格的波动性（如图 1 所示）。

由于所选取的变量的数量级相差较大，本文对各变量进行对数处理，同时也可以消除异方差性。从描述性统计结果来看（如表 1 所示），湖北碳交易价格的波动性较小。

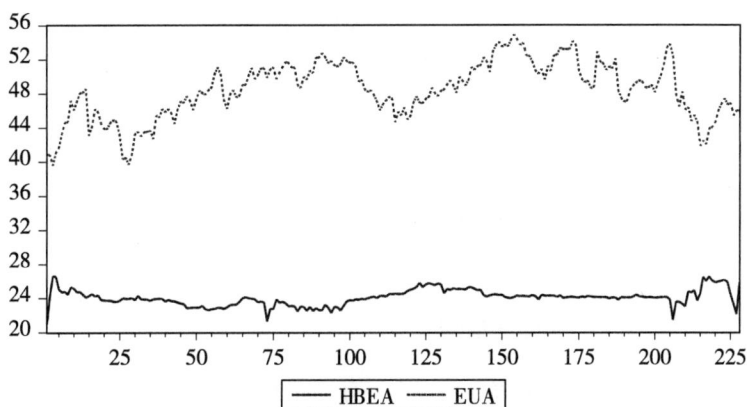

图 1　湖北碳交易价格与 EUA 价格的对比图

表 1 描述性统计结果

变量	均值	中值	最大值	最小值	标准差
lnHBEA	3.180356	3.182004	3.280535	3.044522	0.038377
lnEUA	3.877756	3.882800	4.005878	3.679586	0.070046
lnOil	4.414435	4.560694	4.747537	3.811097	0.298910
lnCoal	6.210564	6.223766	6.292680	6.047372	0.052653
lnIndex	7.874879	7.793883	8.315855	7.656878	0.204716

4.3　变量的平稳性检验

本文通过 ADF 方法对各变量进行单位根检验(如表 2 所示),以判断变量的平稳性。从检验结果来看 lnHBEA 和 lnEUA 序列平稳,而 lnOil、lnCoal 和 lnIndex 序列非平稳,其一阶差分序列平稳。因此,本文将对变量的一阶差分项(即价格的对数收益率)进行实证模型分析。

表 2 ADF 单位根检验结果

变量	检验类型	ADF 统计量	5%置信水平	P 值	检验结果
lnHBEA	$(C, 0)$	−4.327160	−2.874143	0.0005	平稳
lnEUA	$(C, 0)$	−3.176566	−2.874086	0.0227	平稳
lnOil	$(C, 1)$	−2.010363	−3.429834	0.5921	非平稳
lnCoal	$(C, 1)$	−1.279756	−3.429745	0.8902	非平稳
lnIndex	$(C, 1)$	−1.543095	−3.429745	0.8119	非平稳

变量	检验类型	ADF 统计量	5%置信水平	P 值	检验结果
$\Delta \ln Oil$	$(C, 0)$	-12.17245	-3.429834	0.0000	平稳
$\Delta \ln Coal$	$(C, 0)$	-13.20324	-2.874200	0.0000	平稳
$\Delta \ln Index$	$(C, 0)$	-15.19364	-2.874143	0.0000	平稳

注：C 代表截距项，$T=0$ 表示不存在趋势项，$T=1$ 表示存在趋势项。

4.4 模型的滞后阶数选择及平稳性检验

根据五个指标的结果来看(如表 3 所示)，有三个指标应建立 VAR(2)模型，因此选择 VAR(2)模型。

表 3   滞后阶数选择

Lag	LogL	LR	FPE	AIC	SC	HQ
0	2929.413	NA	1.73e-18	-26.70697	-26.62959^{*}	-26.67572^{*}
1	2957.315	54.27514	1.69e-18	-26.73347	-26.26922	-26.54597
2	2985.538	53.61028^{*}	$1.64e-18^{*}$	-26.76290^{*}	-25.91177	-26.41915
3	2998.468	23.97113	1.83e-18	-26.65268	-25.41466	-26.15268
4	3012.165	24.76766	2.04e-18	-26.54946	-24.92456	-25.89321
5	3031.577	34.21455	2.15e-18	-26.49842	-24.48665	-25.68593
6	3049.310	30.44567	2.30e-18	-26.43206	-24.03340	-25.46331
7	3061.307	20.04858	2.61e-18	-26.31330	-23.52776	-25.18831
8	3082.922	35.13743	2.71e-18	-26.28239	-23.10997	-25.00115

对所得到的 VAR(2)模型进行平稳性检验，从结果可以看出所有特征根均小于 1，则所建立的模型是平稳的(如图 2 所示)。

4.5 脉冲响应结果分析

本文进一步运用脉冲响应来分析各研究变量对碳交易价格的对数收益率的影响。图 3 为脉冲响应结果，其中，横轴表示观察期限，纵轴表示冲击程度。由于本文研究数据期限较短，因此选择 10 期的观察期限。

从脉冲响应结果来看，在短期内，HBEA 的对数收益率上升时对其收益率有正的效应，这种效应快速减弱并在第 2 期到第 3 期呈现较小的负效应，第 4 期及以后 HBEA 的对数收益率对自身几乎没有影响。这说明 HBEA 近期价格变动对自身有一定影响，而在远期这种影响几乎不存在。从 EUA 的对数收益率对 HBEA 的对数收益率的脉冲响应结果来

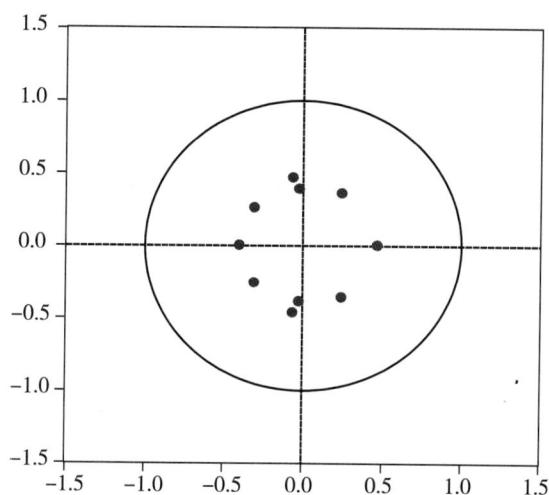

图 2　模型平稳性检验

Response to Cholesky One S.D. Innovations ?2 S.E.

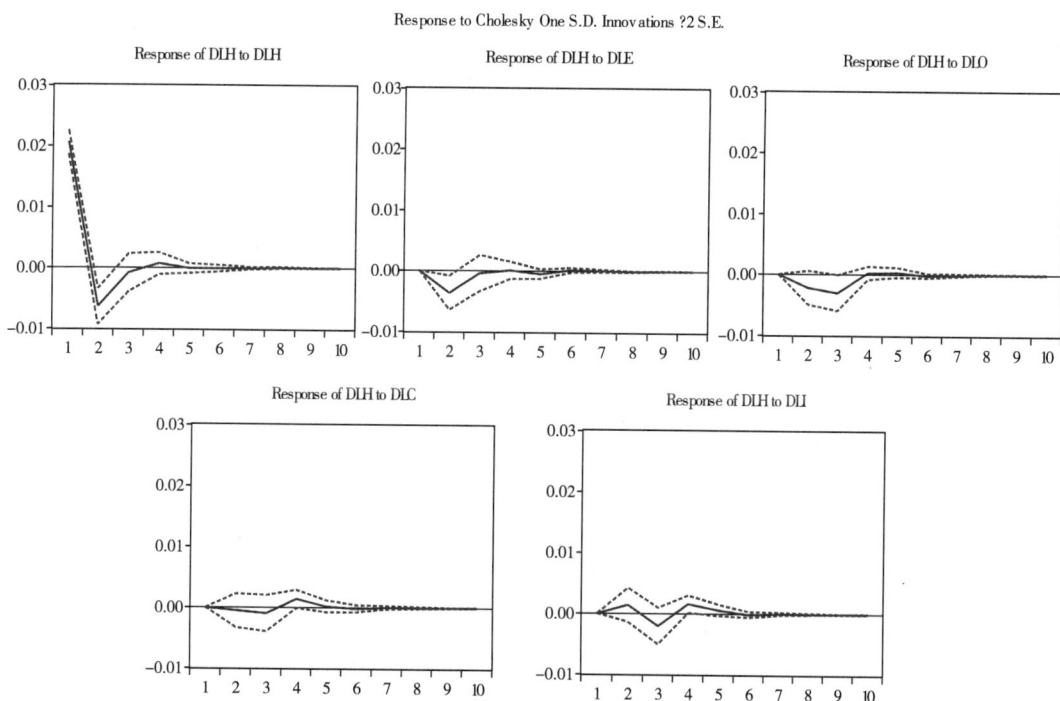

图 3　脉冲响应结果

看，在短期内，其收益率的上升会对 HBEA 的收益率产生微弱的负效应，并且这种效应先增强后减小，到了中后期，EUA 的对数收益率对 HBEA 对数收益率基本没有影响。从原油价格的对数收益率对 HBEA 对数收益率的脉冲响应结果来看，短期内原油价格上涨幅度的冲击会对 HBEA 的收益率产生负的冲击，且这种负效应在短期内呈现先增加后减小的趋势，第 4 期及以后其影响基本不存在了。从煤炭期货的对数收益率对 HBEA 对数收益率的影响来看，短期内煤炭期货价格上涨幅度的冲击会对 HBEA 对数收益率产生微弱的负效应，到了中期，其影响变成微弱的正效应，而在长期，煤炭期货价格的波动幅度对 HBEA 价格波动幅度的影响几乎不存在。从沪深 300 对数收益率对 HBEA 对数收益率的脉冲响应结果来看，沪深 300 指数对数收益率在很短的一段时间内会对 HBEA 对数收益率产生正效应，在第 3 期产生负效应，在 4~6 期产生正的冲击，此后沪深 300 指数对数收益率对 HBEA 对数收益率的冲击基本不存在。

4.6　方差分解

本文进一步通过方差分解来解释各变量对 HBEA 对数收益率的解释程度，以更好地分析碳排放价格的影响因素。

从方差分解结果来看（如表 4 所示），HBEA 对数收益率对自身解释的贡献度逐渐下降，但其贡献率一直保持在 90% 以上，说明 HBEA 对数收益率主要受其自身变动情况的影响，这也说明碳交易市场效率不高，其次是 EUA 对数收益率和原油价格的变动幅度，而动力煤期货价格对数收益率对 HBEA 对数收益率方差预测的解释程度很低。

表 4　　　　　　　　　　　　　方差分解结果

Period	S. E.	DLH	DLE	DLO	DLC	DLI
1	0.020665	100.0000	0.000000	0.000000	0.000000	0.000000
2	0.022095	95.81196	2.748688	0.973021	0.052788	0.413544
3	0.022437	93.05095	2.699308	2.798668	0.228612	1.222458
4	0.022549	92.23076	2.673797	2.781134	0.612396	1.701915
5	0.022565	92.09665	2.717234	2.799759	0.618248	1.768112
6	0.022568	92.07857	2.721918	2.804987	0.623984	1.770542
7	0.022568	92.07531	2.723133	2.806450	0.624260	1.770847
8	0.022568	92.07497	2.723367	2.806442	0.624353	1.770870
9	0.022568	92.07490	2.723424	2.806442	0.624353	1.770879
10	0.022568	92.07488	2.723423	2.806463	0.624355	1.770878

5. 结论及政策建议

本文对碳排放交易价格的理论与实证分析，以湖北碳排放交易价格（HBEA）为研究对象，分析其与欧盟碳排放权价格（EUA）、原油价格、煤炭价格以及市场指数之间的相互关系。实证结果表明，HBEA 对数收益率主要受其自身的历史数据的影响，这说明碳市场的市场效率不高。其次，原油价格的变动幅度与 EUA 对数收益率也对 HBEA 对数收益率有一定的影响，其中，原油价格波动对 HBEA 对数收益率有负的冲击，EUA 对数收益率对 HBEA 对数收益率在短中期有负的冲击。而煤炭期货价格对数收益率和市场指数对数收益率对 HBEA 对数收益率的影响相对较小。与以往的研究相比，本文以中国碳排放权交易市场为背景，选取了湖北碳市场的交易数据进行了实证研究，并且考虑了不同地区碳交易市场之间可能存在的联动效应，分析了我国碳价格与欧盟碳价格之间的关联性，所得到的研究成果有助于我们更好地理解我国碳价格变动的作用机制。

基于对我国碳排放权交易市场的研究以及碳排放交易价格影响因素的分析，本文提出以下几点建议：

（1）完善相关的能源政策，协同促进低碳经济的发展。从理论上来说，能源价格与碳价格有较显著的相关关系，而通过实证发现碳交易价格与煤炭价格相关性不强，这可能与煤炭使用量下降有关，从而其价格对于碳交易价格的影响下降，这也说明《大气污染防治行动计划》等政策效果显现。因此，政府通过完善能源政策并有效地执行，配合碳排放权交易的进行，可以有效控制温室气体的排放。

（2）提高企业的碳交易意识，协调地区之间的差异。从我国目前各试点交易的开展状况来看，各试点的交易价格与成交量都存在一定的差距。此外，由于企业的碳交易意识不够强，很多试点的碳交易并不活跃。这与我国碳交易开展时间不长，企业对碳排放权交易的认识程度不够有一定的关系，此外，被纳入碳排放权交易体系的企业可能会增加企业成本。因此，为促进碳交易的进行应该加强对企业的培训，通过舆情引导等方式提升其对碳交易的认知以及参与意识（郑君君等，2015），同时，协调各试点之间的政策，加强试点之间的交流，促进各试点的协调发展。

（3）推进碳金融衍生市场的建设，提高碳排放权交易的流动性。从国外的交易经验来看，碳金融衍生产品对于碳排放权交易具有价格发现等功能，能够促进碳排放权交易市场的发展。要推进碳金融市场的多样性发展，就需要加强碳金融创新，不断地设计出能够满足市场需求的碳金融创新产品。一方面促进碳排放权贷款、碳资产托管、碳债券、碳基金、碳掉期等金融产品的发展，吸引更多资金流向碳市场，增强碳市场的流动性，从而推动企业减排技术创新。另一方面，逐步推进碳期货市场的建设与发展，利用碳期货市场的价格发现功能以及风险管理功能，使企业能够更加主动地参与碳交易，进一步推动碳市场发展。

◎ **参考文献**

[1]陈伟，宋维明.国际主要碳交易市场价格形成机制及其借鉴[J].价格理论与实践，2014(1).

[2]陈晓红，胡维，王陟昀.自愿减排碳交易市场价格影响因素实证研究——以美国芝加哥气候交易所(CCX)为例[J].中国管理科学，2013，21(4).

[3]方舟，倪玉娟，庄金良.货币政策冲击对股票市场流动性的影响——基于 Markov 区制转换 VAR 模型的实证研究[J].金融研究，2011(7).

[4]李志学,张肖杰,董英宇.中国碳排放权交易市场运行状况、问题和对策研究[J].生态环境学报,2014,23(11).

[5]高铁梅.计量经济分析方法与建模:Eviews应用及实例[M].北京:清华大学出版社,2006.

[6]马艳艳,王诗苑,孙玉涛.基于供求关系的中国碳交易价格决定机制研究[J].大连理工大学学报(社会科学版),2013,34(3).

[7]王军锋,张静雯,刘鑫.碳排放权交易市场碳配额价格关联机制研究——基于计量模型的关联分析[J].中国人口·资源与环境,2014,24(1).

[8]郑君君,李诚志,刘春燕.公众环保参与行为的影响因素研究[J].郑州大学学报:哲学社会科学版,2017,50(3).

[9]郑君君,闫龙,张好雨,等.基于演化博弈和优化理论的环境污染群体性事件处理机制[J].中国管理科学,2015,23(8).

[10]张坤,孙涛,戴红军.初始排污权定价的分散决策模型[J].技术经济,2013,32(7).

[11]朱跃钊,陈红喜,赵志敏.基于B-S定价模型的碳排放权交易定价研究[J].科技进步与对策,2013,30(5).

[12]Agliardi, E., Sereno, L. Environmental protection, public finance requirements and the thing of emission reductions[J]. *Environment and Development Economics*, 2012, 17.

[13]Alberola, E., Chevallier, J., Chèze, B. Price drivers and structural breaks in European carbon prices 2005-2007[J]. *Energy Policy*, 2008(36).

[14]Arouri, M. E. H., Jawadi, F., Nguyen, D. K. Nonlinearities in carbon spot-futures price relationships during Phase II of the EU ETS[J]. *Economic Modelling*, 2012, 29(3).

[15]Balietti, A. C. Trader types and volatility of emission allowance prices. Evidence from EU ETS Phase I[J]. *Energy Policy*, 2016(98).

[16]Benz, E., Trück, S. Modeling the price dynamics of CO_2 emission allowances[J]. *Energy Economics*, 2009, 31(1).

[17]Bredin, D., Muckley, C. An emerging equilibrium in the EU emissions trading scheme [J]. *Energy Economics*, 2011(33).

[18]Bredin, D., Parsons, J. E. Why is spot carbon so cheap and future carbon so dear? The term structure of carbon prices[J]. *Social Science Electronic Publishing*, 2016(37).

[19]Byun, S. J., Cho, H. Forecasting carbon futures volatility using GARCH models with energy volatilities[J]. *Energy Economics*, 2013, 40(2).

[20]Chevallier, J. A model of carbon price interactions with macroeconomic and energy dynamics[J]. *Energy Economics*, 2011, 33(6).

[21]Chevallier, J. Carbon futures and macroeconomic risk factors: A view from the EU ETS[J]. *Energy Economics*, 2009, 31(4).

[22]Christiansen, A. C., Arvanitakis, A., Tangen, K., et al. Price determinants in the EU emissions trading scheme[J]. *Climate Policy*, 2005, 5(1).

[23]Hahn, R. W., Noll, R. G. *Designing a market for tradable emissions permits* [M].

Working Papers, 2000.

[24] Hammoudeh, S. , Nguyen, D. K. , Sousa, R. M. Energy prices and CO_2 emission allowance prices: A quantile regression approach[J]. *Energy Policy*, 2014, 70(7).

[25] Hass, J. E. , Dales, J. H. Pollution, property, and prices[M]. Canada: University of Toronto Press, 1968.

[26] Kanamura, T. Role of carbon swap trading and energy prices in price correlations and volatilities between carbon markets[J]. *Energy Economics*, 2016(54).

[27] Montgomery, W. D. Markets in licenses and efficient pollution control programs [J]. *Journal of economic theory*, 1972, 5(3).

[28] Soest, D. P. van, List, J. A. , Jeppesen, T. Shadow prices, environmental stringency, and international competitiveness[J]. *European Economic Review*, 2006, 50(5).

[29] Sousa, R. , Aguiar-Conraria, L. , Soares, M. J. Carbon financial markets: A time – frequency analysis of CO_2 math container loading mathjax, prices[J]. *Physica A: Statistical Mechanics & Its Applications*, 2014(414).

[30] Zhang, D. , Karplus, V. J. , Cassisa, C. , et al. Emissions trading in China: Progress and prospects[J]. *Energy Policy*, 2014, 75(4).

Research of Carbon Price Influence Factors Based on VAR Model
—A Case Study of Hubei Carbon Emissions Trading

Zheng Junjun[1]   Shao Cong[2]

(1, 2 Economics and Management School of Wuhan University, Wuhan, 430072)

Abstract: This article will analyze the factors that influence the price of carbon emissions trading in both of the angle of macroscopic and microscopic. Then, the article will use VAR model to further the analysis. The empirical results show that HBEA' logarithm yield is mainly influenced by its own historical data, additionally, they are influenced by the volatility of crude oil price and EUA' logarithmic yield. We also find that the volatility of the price of crude oil has negative effects on HBEA' logarithm yields in short term. EUA' logarithmic yield has a negative effect on HBEA' logarithm yields in the short and medium term. While the influence of volatility of coal future price and market index are not so obvious. Finally, we propose to improve relevant energy policies, improve awareness of carbon trading, and promote the development of financial derivatives.

Key words: Carbon market; Carbon prices; Influence factors; VAR model

专业主编: 许明辉